초밥의 모든 것

스시도감

보즈콘냐쿠(후지와라 마사타카) 지음 방영옥 옮김

한스미디어

일반적인 초밥집의 모습. 기본적으로 10종 이상의 초밥 재료를 갖추고 있다.

머리말

이 책은 독자들이 재미있게 '초밥의 세계'를 엿볼 수 있는 계기가 되었으면 하는 의도로 만들었지만 그 이상으로 '올바른 식생활'에 대해 생각해보자는 마음을 담았다.

음식의 세계는 방대하고 다채롭지만 물과 소금 외에는 모두 생물이다. 먹는다는 것은 자연을 파괴하는 일이기도 하고, 인구 증가와 개발도상국가의 근대화로 식량 위기가 찾아올 것은 분명하다. '올바른 식생활'이란 자연도 보호하고 식재료가 부족한 지역도 배려하면서 먹는 것이라 고 생각한다.

그렇다면 '잘못된 식생활'이란 어떤 것일까? 간단하다. 골고루 먹지 않고 한 가지만 먹는 것이다. 육류나 곡물만 먹거나 수산물은 참치나 연어 위주로 먹는 식습관이 잘못된 식생활이다. 정치망(자리그물)으로 잡은 생선을 살펴보면 너무 작거나 어획량이 적어서 먹을 수 있는데도 폐기하는 경우가 적지 않다. 또 인기가 많은 방어나 연어, 참치 같은 어종은 해마다 양식이 늘고 있다. 양식을 부정하지는 않지만 자연과 식

쓰키지 어시장에서 참치를 자르고 있는 모습. 자르는 방법에 따라 가격이 몇 십만 원씩 차이가 나기도 한다.

쓰키지 어시장 안의 초밥 재료 등을 파는 도매상. 진열된 생선들을 보고 있으면 200년 초밥의 역사를 다시 한 번 생각하게 된다.

량이 부족한 사람들을 생각한다면 큰 생선만 먹는 것은 옳지 않다.

'에도마에즈시'는 도쿄만에서 잡은 물고기 가운데 크기가 작고 저렴한 것으로 초밥을 만들면서 시작되었다. 전어, 전갱이, 새끼 도미 같은 작은 생선 1마리를 이용해서 초밥 하나를 만들어 멋을 내고, 항상 단품이 아닌 몇 종류의 재료로 초밥을 만들어 손님에게 제공하므로 짝을 맞추지 않아도 괜찮았다. 초밥은 잡은 생선을 가장 효과적으로 이용할 수 있는 요리인 것이다.

초밥 재료에 대한 지식이 많으면 많을수록 다양한 생선을 먹을 수 있다. 지금까지 몰랐던 생선을 먹고 의외의 맛에 놀라는 일도 많아질 것이다. 또 초밥에 쓰이는 재료를 알고 먹으면 그 즐거움은 배가된다. 이처럼 맛있고 흥미롭고 자연과 사람을 배려한 요리가 바로 초밥이다.

보즈콘냐쿠 (후지와라 마사타카)

정치망 그물에 잡힌 생선들. 도미·광어·전갱이뿐 아니라 100종 가까이 되는 생선이나 오징어가 잡힌다.

CONTENTS

머리말 ………………………… 002
도감 보는 법 …………………… 009
초밥의 역사 …………………… 010

COLUMN
❶ 초밥 전문점의 모습 ………………… 014
❷ 연어의 종류와 특징 ………………… 030
❸ 도표로 알아보는 어패류 …………… 137
❹ 일본 국내 브랜드 어패류 지도 …… 151

붉은 살 생선

참치의 종류와 특징 …………… 016
여러 가지 참치 초밥 …………… 018
참다랑어 혼마구로 ……………… 020
남방참다랑어 미나미마구로 …… 022
눈다랑어 메바치마구로 ………… 023
날개다랑어 빈초마구로 ………… 024
황다랑어 기하다마구로 ………… 025

백다랑어 고시나가마구로 ……… 025
가다랑어 가쓰오 ………………… 026
줄삼치 하가쓰오 ………………… 027
물치다래 히라소다가쓰오 ……… 027
점다랑어 스마 …………………… 028
황새치 메카지키 ………………… 028
청새치 마카지키 ………………… 029

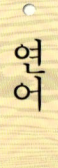

연어

대서양연어 아틀란틱 새먼 …… 032
바다송어 새먼 트라우트 ……… 033
은연어 긴자케 ………………… 034
송어 사쿠라마스 ……………… 035

생선알

- 연어알_{이쿠라} ········· 036
- 청어알_{가즈노코} · 청어알 다시마_{고모치콘부} ··· 037
- 날치알_{도비코} ········· 038
- 열빙어알_{가페린코} ········· 038
- 명란_{다라코} ········· 039
- 대구알_{마다라코} ········· 039

등 푸른 생선

- 전어_{고하다} ········· 040
- 정어리_{이와시} ········· 042
- 청어_{니신} ········· 043
- 샛줄멸_{기비나고} ········· 043
- 학꽁치_{사요리} ········· 044
- 꽁치_{산마} ········· 045
- 고등어_{사바} ········· 046
- 망치고등어_{고마사바} ········· 047
- 전갱이_{아지} ········· 048
- 가라지_{마루아지} ········· 049
- 갈전갱이_{가이와리} ········· 050
- 보리멸_{기스} ········· 051
- 갈치_{다치우오} ········· 052
- 삼치_{사와라} ········· 053
- 날치_{도비우오} ········· 054
- 도루묵_{하타하타} ········· 055
- 새끼 도미_{가스고} ········· 056

장어

- 붕장어_{아나고} ········· 058
- 눈테붕장어_{고텐아나고} ········· 059
- 이라코아나고_{이라코아나고} ········· 060
- 마루아나고_{마루아나고} ········· 061
- 뱀장어_{우나기} ········· 062
- 갯장어_{하모} ········· 063

흰살생선

광어히라메 · · · · · · · · · · · · · · · · · · 064	긴토키다이긴토키다이 · · · · · · · · · · 094
마설가자미오효 · · · · · · · · · · · · · · · 065	범돔가고카키다이 · · · · · · · · · · · · · · 095
문치가자미마코가레이 · · · · · · · · · 066	아오다이아오다이 · · · · · · · · · · · · · · 096
돌가자미이시가레이 · · · · · · · · · · · 067	까치돔메이치다이 · · · · · · · · · · · · · 097
노랑가자미마쓰카와가레이 · · · · · 068	금눈돔긴메다이 · · · · · · · · · · · · · · · 098
범가자미호시가레이 · · · · · · · · · · · 069	도화돔에비스다이 · · · · · · · · · · · · · 099
도다리메이타가레이 · · · · · · · · · · · 070	뻥에돔메지나 · · · · · · · · · · · · · · · · · 100
줄가자미사메가레이 · · · · · · · · · · · 071	벤자리이사키 · · · · · · · · · · · · · · · · · 101
검정가자미가라스가레이 · · · · · · · 072	어름돔고쇼다이 · · · · · · · · · · · · · · · 102
화살치가자미아부라가레이 · · · · · 073	청황돔고로다이 · · · · · · · · · · · · · · · 103
방어부리 · 074	쥐노래미아이나메 · · · · · · · · · · · · · 104
부시리히라마사 · · · · · · · · · · · · · · · 075	임연수어홋케 · · · · · · · · · · · · · · · · 105
잿방어간파치 · · · · · · · · · · · · · · · · · 076	농어스즈키 · · · · · · · · · · · · · · · · · · 106
줄무늬전갱이시마아지 · · · · · · · · · 077	넙치농어히라스즈키 · · · · · · · · · · · 107
참돔다이 · 078	자바리구에 · · · · · · · · · · · · · · · · · · 108
붉돔지다이 · · · · · · · · · · · · · · · · · · · 079	능성어하타 · · · · · · · · · · · · · · · · · · 109
황돔렌코다이 · · · · · · · · · · · · · · · · · 080	붉바리아코우 · · · · · · · · · · · · · · · · 110
감성돔구로다이 · · · · · · · · · · · · · · · 081	홍바리아카하타 · · · · · · · · · · · · · · · 111
새눈치기비레 · · · · · · · · · · · · · · · · · 082	아카진미바이아카진미바이 · · · · 112
청돔헤다이 · · · · · · · · · · · · · · · · · · · 083	다금바리아라 · · · · · · · · · · · · · · · · · 113
오나가오나가 · · · · · · · · · · · · · · · · · 084	마쿠부마쿠부 · · · · · · · · · · · · · · · · 114
자붉돔히메다이 · · · · · · · · · · · · · · · 085	용치놀래기규센 · · · · · · · · · · · · · · · 115
피리돔후에다이 · · · · · · · · · · · · · · · 086	눈볼대노도구로 · · · · · · · · · · · · · · · 116
갈돔하마후에후키다이 · · · · · · · · · 087	게르치무쓰 · · · · · · · · · · · · · · · · · · 117
돌돔이시다이 · · · · · · · · · · · · · · · · · 088	꼬치고기혼카마스 · · · · · · · · · · · · · 118
강담돔이시가키다이 · · · · · · · · · · · 088	애꼬치미즈가마스 · · · · · · · · · · · · · 119
옥돔아마다이 · · · · · · · · · · · · · · · · · 089	쏨뱅이가사고 · · · · · · · · · · · · · · · · · 120
연어병치메다이 · · · · · · · · · · · · · · · 090	쑤기미오코제 · · · · · · · · · · · · · · · · · 121
샛돔이보다이 · · · · · · · · · · · · · · · · · 091	홍살치긴키 · · · · · · · · · · · · · · · · · · 122
황적퉁돔센넨다이 · · · · · · · · · · · · · 092	메누케메누케 · · · · · · · · · · · · · · · · · 123
만다이만다이 · · · · · · · · · · · · · · · · · 093	아코다이아코다이 · · · · · · · · · · · · · 124

불볼락_{오키메바루} ……… 125	말쥐치_{우마즈라하기} ……… 131
조피볼락_{구로소이} ……… 126	대구_{다라} ……… 132
날개줄고기_{핫카쿠} ……… 127	붉은메기_{히게다라} ……… 133
자주복_{도라후구} ……… 128	뱅어_{시라우오} ……… 134
흰밀복_{시로사바후구} ……… 129	멸치_{나마시라스} ……… 135
쥐치_{가와하기} ……… 130	까나리_{이카나고} ……… 136

오징어·문어

갑오징어_{스미이카} ……… 138	지느러미오징어_{소데이카} ……… 145
입술무늬갑오징어_{몽고이카} ……… 139	불똥꼴뚜기_{호타루이카} ……… 146
흰오징어_{아오리이카} ……… 140	참꼴뚜기_{베이카} ……… 147
화살오징어_{야리이카} ……… 141	문짝갑오징어_{구부시메} ……… 147
창오징어_{겐사키이카} ……… 142	참문어_{다코} ……… 148
반원니꼴뚜기_{히이카} ……… 143	대문어_{미즈다코} ……… 149
살오징어_{스루메이카} ……… 144	주꾸미_{이이다코} ……… 150

조개

피조개_{아카가이} ……… 152	홋키가이_{홋키가이} ……… 167
큰이랑피조개_{사토가이} ……… 153	가리맛조개_{아케마키가이} ……… 168
개량조개_{아오야기} ……… 154	대맛조개_{오마테가이} ……… 169
시로가이_{시로가이} ……… 155	굴_{가키} ……… 170
대합_{하마구리} ……… 156	히메샤코가이_{히메샤코가이} ……… 171
왕우럭조개_{미루가이} ……… 158	왕전복_{마다카아와비} ……… 172
코끼리조개_{시로미루} ……… 159	북방전복_{에조아와비} ……… 173
새조개_{도리가이} ……… 160	흑전복_{구로아와비} ……… 174
이시가키가이_{이시가키가이} ……… 161	말전복_{메가이아와비} ……… 174
가리비_{호타테가이} ……… 162	오분자기_{도코부시} ……… 175
히오우기가이_{히오우기가이} ……… 163	아카네아와비_{아카네아와비} ……… 176
키조개_{다이라가이} ……… 164	녹색전복_{아와비} ……… 176
오미조가이_{오미조가이} ……… 165	호주전복_{아카아와비} ……… 177
북방대합_{홋키가이} ……… 166	칠레전복_{로코가이} ……… 177

북방매물고둥·조각매물고둥_{마쓰부} …… 178
아쓰에조보라_{아쓰에조보라} ………… 179
구리이로에조보라_{구리이로에조보라} …… 179
물레고둥_{시로바이} ……………… 180

바이_{바이} ……………………… 181
소라_{사자에} …………………… 182
야광패_{야코가이} ……………… 183

새우·게

단새우_{아마에비} ………………… 184
아마에비_{아마에비} ……………… 185
히메아마에비_{히메아마에비} ………… 185
도화새우_{보탄에비} ……………… 186
보탄에비_{보탄에비} ……………… 187
보탄에비_{보탄에비} ……………… 188
아르헨티나 홍새우_{아카에비} ……… 189
포도새우_{부도에비} ……………… 190
물렁가시붉은새우_{시마에비} ……… 191
보리새우_{구루마에비} …………… 192
홍다리얼룩새우_{아시아카에비} ……… 193

블랙타이거새우_{블랙타이거} ……… 194
바나메이새우_{바나메이} …………… 195
가시배새우_{오니에비} …………… 196
닭새우_{이세에비} ………………… 197
부채새우_{우치와에비} …………… 198
벚꽃새우_{사쿠라에비} …………… 199
왕게_{다라바가니} ………………… 200
청색왕게_{아부라가니} …………… 201
대게_{즈와이가니} ………………… 202
홍게_{베니가니} …………………… 203

기타

갯가재_{샤코} ……………………… 204
성게_{우니} ……………………… 205
새치성게_{에조바훈우니} …………… 206
둥근성게_{기타무라사키우니} ………… 207
분홍성게_{아카우니} ……………… 208
흰수염분홍성게_{시라히게우니} ……… 209
달걀말이_{다마고야키} …………… 210
김_{노리} ………………………… 211

초밥을 즐기기 위한 용어 모음 …… 212
색인 ……………………………… 216
맺음말 …………………………… 223

도감 보는 법

《스시 도감》은 초밥을 이해하고 즐기자는 마음으로 만든 책이다. 초밥집이나 가정에서 간편하게 사용할 수 있도록 초밥과 생선의 사진을 크고 알기 쉽게 넣었다.

표준 일본명
일반적인 어패류 이름

초밥 사진

초밥 재료 이름
초밥집 등에서 쓰는 초밥 재료의 이름. 표준 일본명과 다른 경우도 있다.

DATA
서식지와 제철, 어패류의 별칭 등에 관한 정보

초밥 가격

(최고가) 회전 초밥집과 작은 초밥집에서는 보기 힘든 아주 비싼 초밥

(고가) 고급 초밥

(보통) 회전 초밥집에서도 볼 수 있는 초밥

(저가) 아주 저렴한 초밥

※단, 초밥 가격은 우리나라와 차이가 있을 수도 있다.

색인표
초밥 종류를 한눈에 알 수 있다.

어패류의 실제 사진

초밥 재료로 쓴 어패류 관련 정보와 초밥의 특징

009

초밥의 역사

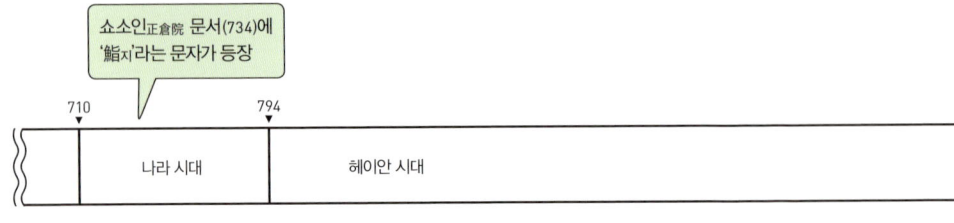

쇼소인正倉院 문서(734)에 '鮨지'라는 문자가 등장

710 | 나라 시대 | 794 | 헤이안 시대

동남아시아에서 건너왔다

시가현 비와코 호수의 '붕어 초밥(후나즈시)'
냄새가 강해서 호불호가 갈린다. 봄에 산란기를 맞은 비와코 호수의 고유종인 '니고로부나'를 잡아 내장을 제거하고 염장한 다음 밥과 함께 반년에서 1년 정도 유산 발효시켜 만든다. 기본적으로 삭아서 죽처럼 된 밥은 버리고 붕어만 먹는다.

시가현 구쓰키의 '고등어 초밥(사바나레즈시)'
냄새가 심하다. 봄철 산란기가 가까워진 참고등어를 소금에 절인 다음 밥을 넣고 발효시킨다. 비교적 약하게 발효시킨 것과 강하게 발효시킨 것이 있다.

일본에서 초밥을 뜻하는 '鮨'와 '鮓'는 모두 '스시'라고 읽으며 기원전후에 중국에서 만들어졌다. 스시를 한자로 '寿司'라고 쓰기도 하는데 본래의 뜻과는 관계없이 적당히 음을 빌려서 표기한 것이다. 여러 설이 있지만 '鮨'는 생선 살 등의 발효 식품으로 원래는 젓갈을 가리키는 말이므로 스시의 바른 한자는 '鮓'라고 할 수 있다.
초밥은 고대 동남아시아의 벼농사 지역에서 시작되었고, 소금에 절인 생선과 밥을 함께 발효시킨 음식이었다. 나라 시대 이전에 일본으로 들어와서 '시다'라는 의미의 '슷파이'에서 '스시'라는 이름이 생겼다.
일본에서 가장 오래된 스시를 '나레즈시'라고 한다. **나레즈시**는 생선이나 해산물을 소금에 절인 다음 물로 씻어낸 후, 밥과 함께 발효시켜서 만들었다. 완성되기까지 짧게는 수개월에서 길게는 몇 년이 걸렸으며 지금의 스시와는 다른 요리였다. 당시 스시는 오히려 '절임'에 가까운

고대 동남아시아의 발효 식품이 일본에 들어와
다양한 형태로 변하면서 가장 마지막에 등장한 것이 '에도마에즈시'

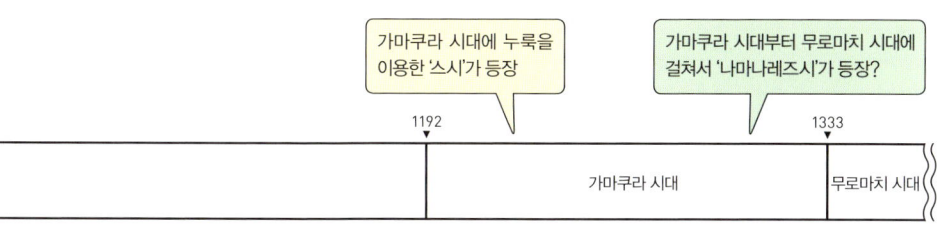

미에현 오와세의 '산마나마레즈시'
'산마나마레즈시'는 '사에라즈시'라고도 한다. 미에현, 와카야마현 등에서 만든다. 밥뿐 아니라 꽁치도 죽처럼 강하게 발효시키기도 하고, 짧게 발효시켜서 밥도 먹을 수 있게 만들거나 봉 초밥 등으로 만든다.

홋카이도의 '연어 밥 초밥'
'밥 초밥(이이즈시)'은 도호쿠와 홋카이도에서 볼 수 있으며 사진은 홍연어로 만든 것이다. 연어, 청어, 가자미 등으로 만들기도 한다. 누룩의 단맛을 느낄 수 있으며 산미는 거의 없다.

이시카와의 '순무 초밥'
순무에 칼집을 내고 방어 살을 넣은 다음 절여서 만든다. 무와 고등어로 만든 '무 초밥(다이콘즈시)'도 있다. 생선보다 순무가 주재료이고 '초밥'이라기보다는 절임에 가깝다. 순무 초밥(가부라즈시)은 이시카와현과 도야마현에서 만들고 있다.

요리여서 헤이안 시대에는 '스시를 반찬으로 밥과 함께 먹었다'고 한다.

이 발효 식품이 가마쿠라 시대부터 무로마치 시대를 거치면서 지금처럼 밥으로 먹는 형태로 변했다. 이것을 **나마나레즈시**라고 한다. 나레즈시는 죽처럼 곰삭은 밥을 버리고 생선만 먹었지만 '나마나레즈시'는 발효 시간을 짧게 해서 생선뿐 아니라 밥도 먹을 수 있게 만들었다.

일본에서 스시를 절임 요리로 먹던 시대는 길었다. 식초를 대량 생산할 수 있었던 에도 시대에도 **나레즈시**를 많이 만들었다.

또 가마쿠라 시대에 생겨났다고 여겨지는 다른 계통의 스시에는 **이이즈시**와 **즈케모노즈시**가 있다. 말린 생선이나 소금에 절인 어패류와 채소를 누룩으로 절인 것이다.

지금도 호쿠리쿠와 도호쿠 같은 지역에 남아 있는데 한랭지에서 발효를 촉진시키기 위해 누룩을 쓴 것으로 추정하고 있다.

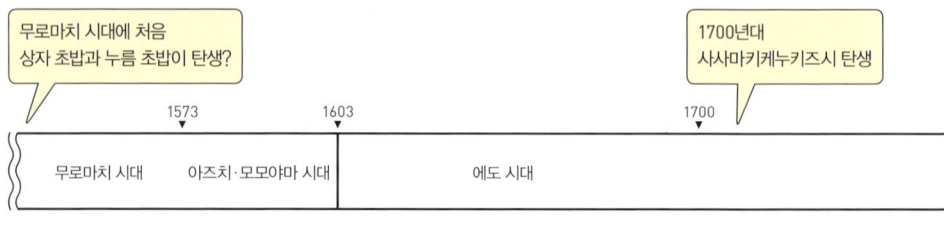

무로마치 시대에 처음 상자 초밥과 누름 초밥이 탄생?		1700년대 사사마키케누키즈시 탄생

1573　　　1603　　　　　　　　　1700

무로마치 시대　　아즈치·모모야마 시대　　　에도 시대

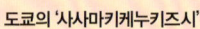

식초로 밥에 간을 하기 시작

교토의 '누름 초밥(오시즈시)'
밥을 균등하게 깔고 '고케라'라고 하는 조리한 어패류를 올린 다음 눌러서 만든다. 발효 과정은 없지만 예전 초밥의 모습이 남아 있다.

도쿄의 '사사마키케누키즈시'
'사사마키케누키즈시'는 18세기 초반이나 후기에 생겼다고 한다. 에도마에즈시 이전에 있었던 것으로 밥에 어패류나 달걀구이를 얹어 봉 모양으로 만든 다음 조릿대 잎으로 싸서 눌러준다. 간사이 지방의 누름 초밥이 변한 것일 수도 있다.

에히메현 우와지마의 '고등어 봉 초밥'
원래 '봉 초밥(보즈시)'은 생선을 소금에 절인 다음 배 속에 밥을 채운 후, 눌러서 발효시킨 것이었다. 지금은 발효 과정이 없어지고 간을 한 밥을 쓴다.

현재 오사카나 간사이 지방 초밥의 원형인 **상자 초밥(하코즈시)**이 등장한 것은 무로마치 시대다. '고케라'라고 하는 생선 토막 등을 밥 위에 올리고 눌러서 만들었다. 지금의 상자 초밥과는 달리 당시에는 아직 발효 단계가 남아 있었다.
'밥에 식초를 넣어 간을 하기 시작한 것'은 에도 시대부터다. 이때는 나뭇잎이나 나뭇가지로 말고 조금 숙성시켜서 먹었다.
식초와 소금으로 조미한 밥을 부채꼴 모양으로 만든 다음 생선 같은 초밥 재료를 올려서 만드는 **쥠 초밥(니기리즈시)**이 처음 등장한 것은 1820년 전후이다. 료고쿠의 하나야 요헤(華屋与兵衛)라는 요리사가 처음 만들었다고 한다. 이것을 **하야즈시** 또는 **에도마에즈시**라고 한다.
에도마에즈시는 빠르게 오사카에도 전해졌지만 간사이 지방에서는 '상자 초밥'과 '봉 초밥'을 주로 만들어서 **에도마에즈시**는 에도 즉 도쿄의 향토 요리에 지나지 않았다.

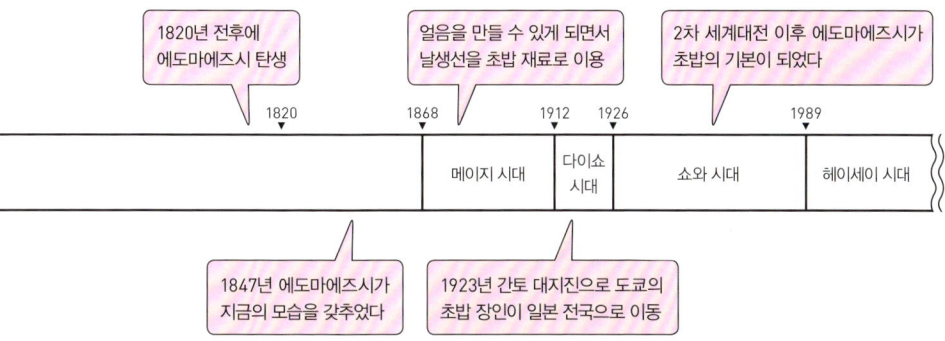

도쿄의 '에도마에즈시'
보통 초밥 1인분은 초밥 7~8개와 김초밥 1개나 ½개로 구성되어 있다. 2차 세계대전 이전에는 초밥의 크기가 지금의 3배 정도여서 초밥 4개가 1인분이었다. 2차 세계대전이 끝나고 1947년부터 실시된 위탁 가공업 시절에 '쌀 1홉에 초밥 10개'라는 기준이 생겨 초밥 1개의 크기가 작아졌다.

그런데 다음과 같은 비극적인 사건을 계기로 에도마에즈시가 일본 전국으로 퍼지게 되었다. 첫째, 1923년 간토 대지진으로 도쿄의 거리가 초토화되어 일자리를 잃은 초밥 요리사들이 일본 전국으로 흩어지면서 **에도마에즈시**를 퍼트리게 되었다.
둘째, 2차 세계대전 후 엄격한 식료품 통제로 음식점 영업이 금지되었을 때 도쿄의 '스시조합'이 '쌀 1홉과 초밥 10개를 교환한다'는 조건으로 영업 허가를 받았다. 이를 계기로 초밥은 대중화의 길을 걷게 되고 지금처럼 발전할 수 있게 되었다. 이 책은 **에도마에즈시**를 중심으로 만들었지만 자세히 살펴보면 예전 초밥의 모습이 아직까지 일본 전역에 남아 있다는 사실을 알 수 있다. 일반적인 **에도마에즈시**뿐 아니라 일본 각지의 초밥을 먹어보았으면 좋겠다.
단언컨대 이 책을 계기로 입을 즐겁게 하는 것에 그치지 않고 역사도 공부할 수 있을 것이다.

초밥 전문점의 모습

일반 초밥 전문점

노렌이 걸려 있는 전통 초밥 전문점

쓰케바 카운터 안쪽의 초밥 요리사가 초밥을 만드는 곳

초밥 요리사
네타케이스
쓰케다이
카운터

지금의 초밥 전문점의 모습은 2차 세계대전 후에 고안되었으며 구조는 기본적으로 같다. 가게에 들어서면 카운터가 있고 테이블석과 좌식 자리를 갖추고 있는 경우도 있다. 카운터 안쪽에 초밥 요리사가 초밥을 만드는 '쓰케바'가 있고, 손님 자리에서 보이지 않는 곳에 재료를 준비하는 주방이 있다. 생선이나 조개 같은 초밥 재료를 넣어두는 '네타케이스' 앞쪽에 카운터보다 조금 높은 '쓰케다이'가 있다. 여기에 손님이 주문한 초밥을 만들어 올린다. 초밥 재료를 직접 손질하고 자르므로 손님의 취향에 맞게 초밥 재료의 크기와 밥의 양을 조절할 수 있다. 또 술을 팔면서 손님이 원하는 안주 등을 만들어 주므로 회전 초밥집과는 분위기가 다르다. 그런데 밖에서 가게 안이 보이지 않아 들어가서 실망하는 경우도 있다.

**포장마차에서 시작하여
포장 초밥, 초밥 전문점이 생기고
회전 초밥까지 등장하면서 초밥의 세계는 급변**

에도 시대에는 **초밥을 돌아다니며 팔거나, 포장마차 같은 노점에서 팔기도 하고, 손님이 포장을 해가는 경우도 있으며 바닥에 앉아서 먹었다.** 요리사는 앉아서 초밥을 만들었고 포장마차에서는 손님이 서서 초밥을 먹었다. 그런데 쇼와 시대가 되면서 요리사가 서서 초밥을 만들게 된다. 2차 세계대전 후에 초밥 재료를 넣는 네타케이스가 등장하면서 지금 같은 초밥 전문점의 모습을 갖추게 되었다. 개인이 운영하는 초밥 전문점을 업계 용어로 **다치미세** 또는 **다치즈시**라고 하는데 '예전에 포장마차에서 손님이 초밥을 서서 먹었기 때문'이라는 설과 '초밥 요리사가 서서 초밥을 만들기 때문'이라는 설이 있다.

회전 초밥은 1958년에 오사카에서 처음 등장했다. 프랜차이즈화가 된 것은 1960년대 후반이다. 컨베이어 벨트 위에 놓인 초밥 2개를 담은 접시가 돌면 손님은 자신이 좋아하는 것을 골라서 먹는다. 초밥 요리사가 타원형의 컨베이어 벨트 안쪽에서 초밥을 만드는 **O레인 회전 초밥**은 일반 초밥 전문점의 형태를 유지하고 가격대를 넓히면서 지금까지 이어지고 있다.

헤이세이 시대에 접어들자 균일한 가격의 저렴한 회전 초밥집에서 초밥을 만드는 요리사의 모습이 사라진다. 손님이 터치 패널로 주문하면 초밥 요리사 대신 미리 준비해둔 초밥 재료로 주방에서 로봇이 초밥을 만들게 된 것이다. 이것을 **T레인 회전 초밥**이라고 한다.

여기에 최근에 늘어나고 있는 서서 먹는 초밥과 1960년대에 등장한 포장 초밥, 슈퍼마켓에서 파는 초밥, 배달 초밥 등이 생기면서 가격도 초밥 재료도 매우 풍성해졌다.

O레인 회전 초밥

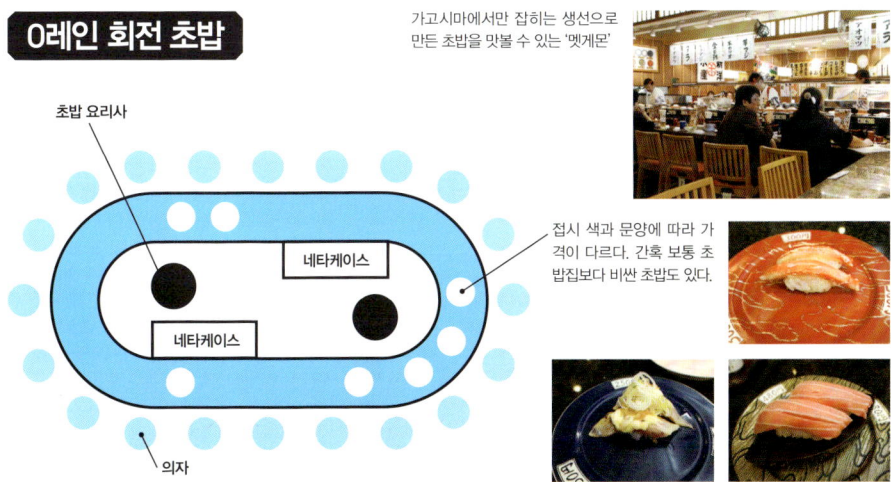

1958년 컨베이어 벨트에서 아이디어를 얻어 만들었다. 기본은 타원형의 컨베이어 벨트 안쪽에 네타케이스가 있고 그곳에서 초밥 요리사가 초밥을 만든다. 밥의 양이 일정하지 않으며 초밥 재료는 가게에서 준비한 것과 가공된 것 2종류를 쓴다. 일반 초밥 전문점의 모습이 많이 남아 있다. 처음 생겼을 때는 저렴해서 주목을 받았지만 최근에는 가격대가 다양해져서 일반 초밥 전문점보다 비싼 초밥도 있고, 그 지역만의 독특한 초밥 재료로 만든 초밥을 손님에게 제공하기도 한다. 술과 회 등을 파는 가게도 있다.

E레인 회전 초밥

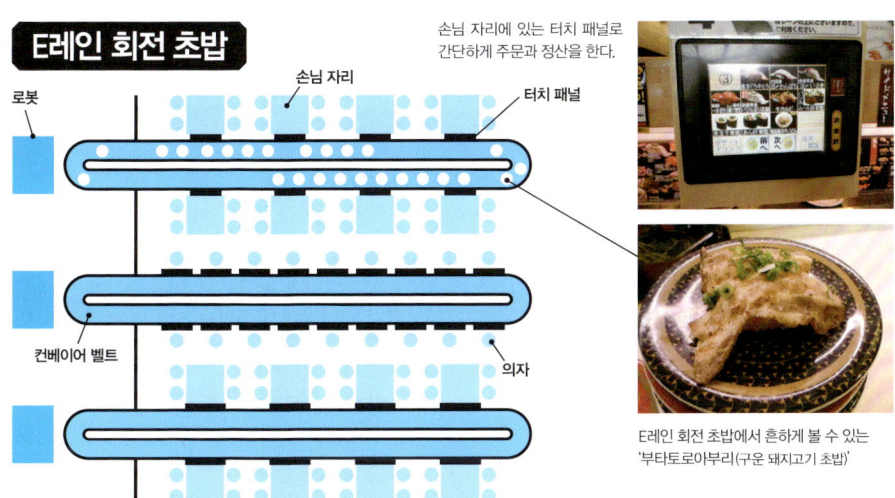

헤이세이 시대에 등장한 'E레인 회전 초밥'은 가게 안에는 컨베이어 벨트밖에 없고 주방이 보이지 않는 곳에 있다. 밥에 올리기만 하면 되는 초밥 재료를 쓰고 밥의 양이 일정하다. 초밥은 로봇이 만들고, 주문과 계산은 터치 패널로 한다. 초밥 재료를 공급하는 회사는 세계 각지에서 다양한 재료를 조달하여 가공하는데 어패류뿐 아니라 고기나 야채 등도 사용한다. 보통 초밥집과는 다른 모습이지만 편하게 초밥을 즐길 수 있고 맛도 점점 진화하고 있다.

붉은살

참치의 종류와 특징

식용 참치는 모두 7종이며 그 세계는 심오하다

참치는 분류학적으로 농어목 고등엇과에 속하는 바닷물고기로 다랑어의 속명(속칭)이다. 일반적으로 북반구와 남반구로 나뉘어 서식하며 고속으로 무리를 지어 회유하는 습성을 지녔다.

식용 참치는 7종이다. 초밥 재료로 쓰이는 참치 중에서 최고급으로 치는 참다랑어라고 부르는 태평양참다랑어와 대서양참다랑어가 있다. 참다랑어 다음으로는 남반구에 분포하는 남방참다랑어가 비싸다. 그리고 저렴한 눈다랑어와 회전 초밥의 등장과 함께 주목받기 시작한 날개다랑어가 있다. 이외에 서일본西日本에 많은 황다랑어와 백다랑어 등이 있다. 참치 가격은 그야말로 천차만별이다. 15억 원 이상에 낙찰되는 참다랑어가 있는가 하면 몇 만 원에 살 수 있는 참치도 있다.

초밥의 장점은 이 모든 종류의 참치를 먹어볼 수 있다는 것이다. 참치 종류에 따른 맛의 장단점과 냉동과 날것의 차이 등 초밥을 먹으면서 참치의 심오한 세계를 엿볼 수 있다.

참치는 대형 생선이어서 머리를 자른 다음 머리에 가까운 앞부분, 가운데, 꼬리에 가까운 뒷부분으로 3등분한다

앞부분 (가미) 내장을 둘러싸고 있는 부위가 많아 중뱃살과 대뱃살의 비율이 높다. 그런데 초밥에 쓰이지 않는 검붉은 살과 내장을 감싸는 갈비뼈가 있고 심줄이 많아 크기에 비해 초밥 재료의 양은 많지 않다.

가운데 (나카) 내장을 둘러싸고 있는 부위가 적어 대뱃살 양도 적다. 붉은 살이 가장 많으며 중뱃살도 어느 정도 있다. 심줄과 검붉은 살이 적어 양질의 초밥 재료를 얻을 수 있다.

뒷부분 (시모) 대뱃살은 없으며 중뱃살의 양도 적다. 대부분이 붉은 살로 심줄이 많다. 3등분한 것 중에 가장 싸다.

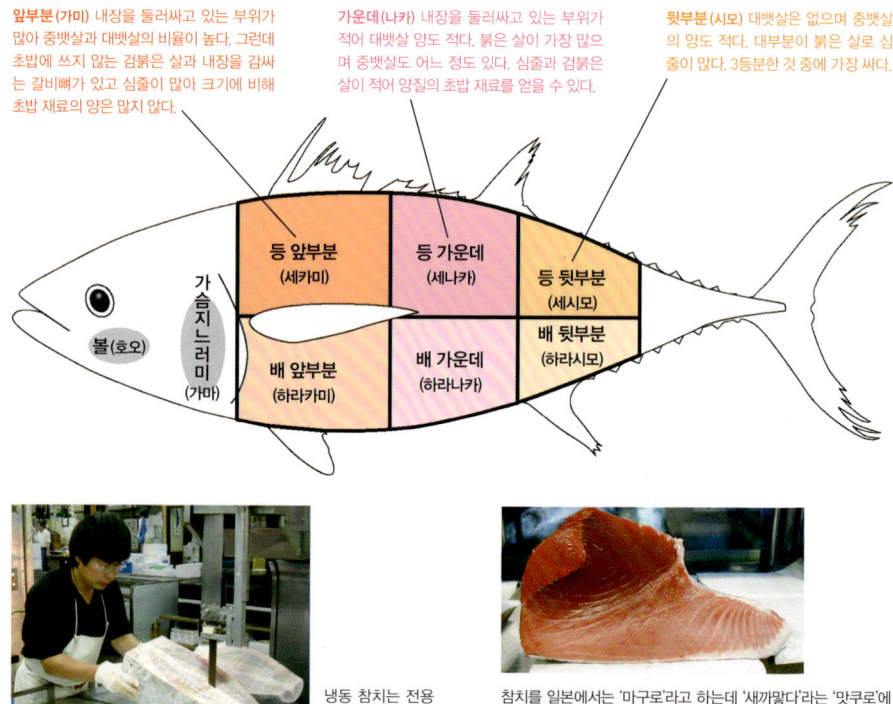

냉동 참치는 전용 기계로 목재를 자르듯 해체한다.

참치를 일본에서는 '마구로'라고 하는데 '새까맣다'라는 '맛쿠로'에서 유래했다고 한다. 몸 색깔이 검어서라는 설과 장시간 공기와 접촉하면 근육이 까맣게 되기 때문이라는 설도 있다.

쓰키지 어시장의 참치 경매장

지중해, 대서양, 남반구 등 세계 각지에서 최상의 참치가 쓰키지 어시장의 참치 경매장으로 들어온다. 참치는 일단 바다 혹은 양식장에서 잡아 바닥에 눕히면 그 방향을 바꾸지 않는다. 위로 향한 쪽이 비싸고 바닥에 닿은 쪽이 싸다. 품질이 좋은 자연산 참치부터 숫자를 적어 1번부터 차례로 놓는다. 일반적으로 늘어서 있는 참치의 배나 꼬리의 일부를 떼어내어 손으로 살을 눌러 지방이 얼마나 올랐는지 살펴본다. 경매가 시작되기 전까지 참치 경매장은 팽팽한 긴장감이 감돈다.

배 안쪽을 만져보거나 꼬리의 단면을 보는 것과 같은 방법으로 지방이 어느 정도 올랐는지 체크한다.

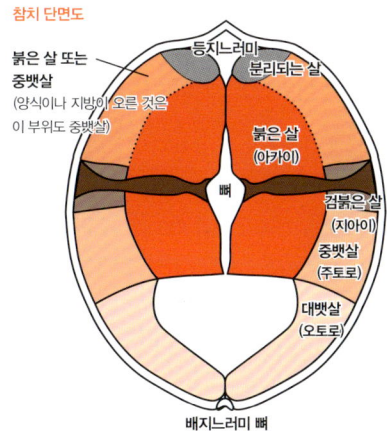

참치 단면도

붉은 살 또는 중뱃살
(양식이나 지방이 오른 것은 이 부위도 중뱃살)

등지느러미
분리되는 살
붉은 살 (아카이)
뼈
검붉은 살 (지아이)
중뱃살 (주토로)
대뱃살 (오토로)
배지느러미 뼈

대뱃살 내장을 둘러싸고 있는 심줄이 많고 지방이 두터운 부위
중뱃살 껍질 아래 지방이 많은 부위로, 양식이나 제철의 대형 참치는 등과 뒤쪽에도 있다.
붉은 살 지방이 적은 선홍색을 띤 가운데 부위
검붉은 살 근육을 붉게 염색하는 미오글로빈이라는 단백질 함유량이 높아 산소를 체내로 보낸다. 초밥 재료로는 쓰지 않으며 껍질에 가까운 부위는 '지아이기시'라고 한다.

참치 전용 칼. 일본도日本刀를 닮았다.

쓰키지 어시장에서는 낙찰받은 참치를 바로 해체한다. 참치를 해체하려면 숙련된 기술이 있어야 하고, 제대로 하려면 10년 이상의 경력이 필요하다.

붉은살

여러 가지 참치 초밥

갈빗살로 만든 초밥. 부드럽고 적당히 산미가 있다. 밥과 잘 어울려 뒷맛이 좋은 것도 특징이다.

꼬리(싯포)

시판되는 네기토로로 만든 군함말이. 네기토로는 등뼈에 붙은 살 등을 긁어서 만들지만 시판되는 네기토로는 몇 종류의 참치에서 떼어낸 여러 부위의 살을 모아서 다진 다음 식용유를 첨가해서 만든다. 제조회사에 따라 맛이 다양하다. 고급 초밥으로 보이지는 않지만 맛은 의외로 괜찮다.

부위에 따라 맛도 다르고 초밥도 다르다

참치를 해체하고 나면 몸통을 앞부분, 가운데, 뒷부분으로 나누고 복부의 검붉은 살과 껍질 등을 제거한 후 조리에 적합한 덩어리로 자른다. 이 덩어리를 초밥용으로 잘라서 초밥을 만드는 것이 기본이다. 머리나 지느러미, 꼬리도 버리지 않는다. 몸통 이상으로 맛있는 부위가 바로 이 부위다.

예전에는 정식으로 팔지 않고 큰 중간 도매업자가 독점으로 사들인 후 팔거나 참치 몸통을 사는 초밥집에 서비스로 주었다고 한다. 이 부위가 머릿살, 볼살, 목살, 갈빗살, 자투리살 등으로 지금은 모두 귀한 초밥 재료로 쓰인다.

초밥이라는 단어만으로는 설명할 수 없는 다양성

우리가 일반적으로 알고 있는 참치 초밥 외에 주로 참치의 붉은 살로 만드는 참치 덮밥(뎃카돈)과 참치 김초밥(뎃카마키), 네기토로로 만든 군함말이, 미국에서 일본으로 역수입된 캘리포니아 롤 등 그 종류가 매우 다양하다.

갈빗살을 대합 껍질로 긁는 모습. 갈빗살, 꼬리, 등지느러미 아래쪽 같은 부위에 붙어 있는 살들을 긁어내는 것을 예전에는 '네쿠', '네기토루'라고 했는데 이것이 오늘날 '네기토로'의 어원이다.

대서양참다랑어 머릿살로 만든 초밥. 전체적으로 부드럽고 심줄이 약하다. 몸통의 지방이 많은 토로와는 또 다른 단맛이 있고 보기보다 지방이 적지 않다.

갈빗살(나카오치)
좌우 중앙의 등뼈에 붙어 있는 살

머릿살 '노텐', '아타마노미', '아타마토로' 등으로도 불린다. '하치노미ハの身'라고 쓰기도 하지만, 머리를 '하치鉢'라고도 하므로 '하치노미鉢の身'라고 쓰기도 한다. 머리에 두 군데에 있으며 눈 위부터 흡관에 걸쳐 있는 긴 원통형의 근육이다. 심줄이 부드럽고 지방도 있다.

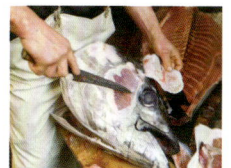

볼살(호오미)

목살(가마토로) 가슴지느러미가 붙어 있는 부위. 사람으로 말하면 어깨에 해당한다. 이 부위의 지방이 있는 살을 말하며, 지방이 대뱃살 이상으로 달다.

눈다랑어 붉은 살로 만든 회덮밥. 중뱃살 등을 쓴 회덮밥은 '토로덴카'라고도 한다. 간단하게 먹는 초밥이라기보다는 한 끼 식사로 든든하다.

눈다랑어 볼살을 불에 살짝 구워서 만든 초밥. 심줄은 강하지만 맛이 좋고 지방이 적당하다.

참치 김초밥은 참치 종류에 관계없이 모든 부위로 만들 수 있다. 김의 향과 밥, 그리고 참치의 산미가 어우러져 계속 먹게 된다.

붉은 살 생선

019

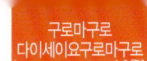

초밥 재료의 왕
참다랑어

本鮪 (혼마구로)

DATA
계통 농어목 고등엇과
서식지 주로 태평양과 대서양 북반구의 온열대 해역에 분포
제철 가을~겨울
명칭 2007년에 태평양에 서식하는 참다랑어는 '흑다랑어(구로마구로)', 대서양에 서식하는 참다랑어는 별종으로 '대서양 흑다랑어(다이세이요 구로마구로)'로 분류했다. 단 일본 어시장에서는 2종을 모두 '참다랑어(혼마구로)'라고 한다.
식용 데이터 일본에서 중뱃살과 대뱃살의 가격이 비싸진 시기는 20세기 초부터다. 그전에 토로는 초밥용으로는 쓰지 않고 파와 간장을 넣고 함께 끓여서 먹는 싼 식재료였다.

대뱃살 맛이 깊고 묵직하다.
(위쪽) 자연산 참다랑어 대뱃살로 만든 초밥. 살이 탄탄한데도 입에 넣으면 사르르 녹는다. 단맛이 강하지만 적당히 산미도 있다. (오른쪽) 양식 참다랑어 대뱃살로 만든 초밥. 지방이 살에 섞여 있어서 선명하지 않고 탁해 보인다. 실온에서 녹기 시작해 입에 넣는 순간 지방의 단맛이 퍼진다. 산미가 적으며 맛이 진하고 감칠맛이 있다.

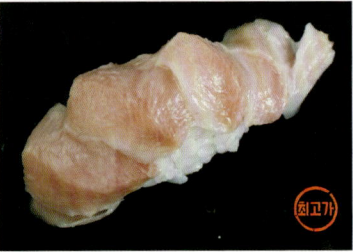

북반구를 회유하는 가장 크고 빠른 참치

초밥 재료로 '참다랑어'라고 하면 '흑다랑어'와 '대서양 흑다랑어'를 말한다. 생김새도 맛도 거의 차이가 없어서 일반적으로 2종을 구별하지는 않는다. 장거리를 헤엄쳐 다니므로 특유의 에너지 대사를 하고 체내에 미오글로빈이라는 단백질 때문에 근육이 빨갛다.

참다랑어의 산란기는 여름으로 이 시기에는 추위를 피해 따뜻한 해역까지 남하하지만 산란이 끝나면 새끼 다랑어와 함께 먹이를 찾아 다시 북상한다.

해마다 감소해 몸값이 귀한 대형 참다랑어

일본 국내 산지는 홋카이도, 아오모리현, 니가타현, 미야기현, 와카야마현, 시마네현 등이다. 대서양에서는 캐나다, 미국, 멕시코, 지중해 등에 서식한다. 특히 홋카이도 도이와 아오모리현 오마에서 잡은 참다랑어를 최고급으로 치고, 2013년도 첫 경매에서 아오모리현 오마산 참다랑어가 1마리에 약 15억 5400만 원에 팔리기도 했다. 어획량을 엄격하게 규제하면서 점점 양식이 늘고 있다. 가끔은 쓰키지 수산 시장의 경매에 나오는 대부분이 양식인 경우도 있다.

중뱃살 지방과 감칠맛의 균형이 가장 좋은 부위. 지방이 입속에서 기분 좋게 녹고 산미도 약간 느껴져 참치 본연의 맛을 즐길 수 있다.

참치 붉은 살 간장절임 참치의 붉은 살인 아카미는 에도시대 후반에 대중적으로 먹기 시작하면서 가장 인기가 많았던 부위다. 뒷맛이 좋아 계속 손이 간다.

새끼 참다랑어 뱃살 아부리 새끼 참다랑어는 '메지'라고 한다. 메지는 추울 때가 제철이지만 연중 맛이 좋아 큰 참다랑어의 맛이 떨어지는 여름철에 진가를 발휘한다. 지방은 적지만 참치의 산미가 느껴지고 껍질에 불맛을 더하면 특유의 풍미가 살아난다.

계절에 따라 맛이 변하는 생다랑어와 연중 맛이 변하지 않는 냉동 다랑어

참다랑어의 제철은 가을에서 겨울까지로 이 시기에 지방이 올라 대뱃살의 양이 많다. 그렇지만 산란기인 초여름을 지나는 순간 급격하게 맛이 떨어져 어시장에서는 인기가 없다.

초여름 이후에도 생다랑어를 고집하는 초밥 전문점에서는 20kg 정도 되는 '메지'를 쓴다. 메지도 추울 때 맛이 좋지만 여름에도 크게 맛이 떨어지지 않는다. 맛의 깊이나 지방의 양으로는 큰 참다랑어에 미치지 못하지만 깔끔하면서도 적당한 산미가 있어서 매력적인 초밥 재료다. 반면 냉동 다랑어는 연중 구할 수 있고 가격도 맛도 다양하다.

참치 붉은 살, 대뱃살, 중뱃살의 맛을 알고 날것과 냉동, 제철과 제철이 아닐 때의 맛의 차이 등을 구별할 수 있다면 가히 참치 박사라고 할 수 있다.

미나미마구로

참다랑어보다 비싼 여름철 남반구산
남방참다랑어

南鮪 (미나미마구로)

DATA
계통 농어목 고등엇과
서식지 남반구의 태평양, 인도양, 대서양
제철 봄~여름
명칭 인도양에서 많이 잡혀서 '인도마구로'라고도 부른다.
식음 데이터 생선으로는 드물게 잠시 숙성시켰다가 먹으면 맛이 좋아진다. 참치 전문 요리사는 어느 정도 숙성시켜야 맛있는지 안다.

대뱃살 양식 남방참다랑어의 대뱃살로 만든 초밥. 참다랑어와 비교하면 약간 산미가 강하다. 맛에 깊이가 있고 살살 녹는 지방의 단맛이 일품이다.

사진: 일본 독립행정법인 수산종합연구센터

붉은 살 맛이 매우 깊고 산미와 단맛의 균형이 절묘하다. 감칠맛이 강하지만 뒷맛은 깔끔하다.

북반구는 참다랑어, 남반구는 남방참다랑어

남반구의 중위도에 분포하므로 여름에 지방이 올라 맛이 좋고 참다랑어 다음으로 크다. 2차 세계대전 후에 어장을 개척하여 주낙으로 잡았다. 어업국은 일본, 호주, 뉴질랜드, 남아프리카, 한국, 필리핀 등이다. 지금은 남획으로 수가 줄어서 엄격하게 어획량을 제한하고 있으며 이를 양식으로 보충하고 있다. 참치의 종류 중에서 양식 대상이 되는 것은 남방참다랑어와 참다랑어 2종뿐이다.

'오토로'는 참다랑어와 남방참다랑어에서만 나온다?

최근에는 '토로'라는 말이 '지방이 있는 부위'라는 말과 같은 의미로 참치 외에도 쓰인다. 그러나 원래 '토로'는 참치의 생선 살에만 쓰이던 말이었으며 특히 '오토로'는 남방참다랑어와 흑다랑어에만 쓰였다. 감칠맛과 산미가 강해서 남방참다랑어를 선호하는 초밥 요리사도 적지 않다. 남방참다랑어 초밥은 흑다랑어 다음으로 비싼 초밥이다.

`메바치마구로`

참치 중의 참치
눈다랑어

眼撥鮪 (메바치마구로)

DATA
계통 농어목 고등엇과
서식지 세계의 온열대 지역에 넓게 분포하며 흑다랑어나 남방참다랑어보다 따뜻한 해역에 분포
제철 가을~겨울
명칭 일본 어시장에서는 '바치' 또는 '바치마구로'라고 한다.
식용 데이터 초밥뿐 아니라 일반적으로 '참치회'라고 하면 눈다랑어를 말한다.

중뱃살 눈다랑어 살의 기본은 중뱃살이다. 부드러운 산미와 단맛으로 절묘한 맛의 균형을 느낄 수 있다.

눈다랑어 붉은 살 간장절임 깊은 감칠맛과 간장이 어우러져 초밥과 궁합이 잘 맞는다.

참치 중의 참치, 보통 참치라고 하면 눈다랑어

적도를 기준으로 북반구와 남반구의 온열대 해역에 넓게 분포한다. 무게가 200kg이 넘는 큰 눈다랑어도 있지만 주로 몸길이 1m 전후의 무게 100kg 정도다. 작고 통통한 체형으로 참다랑어와 비교해서 눈이 크고 지느러미가 길다. 연망延網이나 선망旋網으로 잡으며 어획량도 많다. 대부분 냉동으로 유통되고 있으며 생눈다랑어는 귀하다.

비싸지만 맛이 아주 좋은 생눈다랑어

냉동과 날것은 가격 차이가 매우 크다. 회전 초밥집과 슈퍼마켓에서는 주로 냉동 눈다랑어를 사용한다. 특히 가을에 잡히기 시작하는 산리쿠산 눈다랑어는 비싸게 거래된다.

참치의 붉은 살인 아카미 부위가 가장 많고 중뱃살 부위도 있다. 대뱃살 부위는 이전에는 없다고 했지만 최근에는 내장을 감싸고 있는 지방이 많은 부위를 대뱃살이라고 부른다. 선명한 붉은빛을 띠고 있는 모습은 누가 봐도 참치다. 부드러운 산미와 지방의 단맛이 있고, 감칠맛이 강해서 초밥에 쓰이는 참치 중에서는 눈다랑어가 일반적이다.

빈나가마구로

초밥 재료로 등장한 지는 오래되지 않은, 싸고 맛있는 참치
날개다랑어

鬢長鮪 (빈초마구로)

DATA
계통 농어목 고등엇과
서식지 세계의 아열대, 온대 지역에 분포
제철 연중
명칭 일본 어시장에서도 초밥의 세계에서도 '빈초'라고 하며, 지방이 오르면 '빈토로'라고 한다.
식용 데이터 일본에서 참치 통조림의 소비가 가장 많은 지역은 오키나와다. 소면을 삶고 채소와 참치를 함께 볶아서 만드는 오키나와 요리인 '소면 찬푸르'에 쓰인다.

날개다랑어의 뱃살 부위인 '빈토로'로 만든 초밥. 지방이 듬뿍 올라 살이 하얗게 보인다. 입에 넣는 순간 지방이 사르르 녹아 맛이 달다.

빈토로를 불에 살짝 구워서 만든 초밥. 지방의 단맛과 감칠맛에 불맛이 더해져 맛이 좋다. 녹은 지방에서 느껴지는 특별한 맛이 매력적이다.

통조림에 쓰였던 날개 달린 작은 참치

북반구와 남반구에 무리를 지어 분포한다. 참치 중에서는 크기가 작으며 몸길이 1m 이하의 무게 10~20kg 정도의 날개다랑어만 잡힌다. 참치 경매장에서는 크기가 클수록 앞쪽에 위치하는데 날개다랑어는 가장 뒤쪽에 놓는다. 가슴지느러미가 매우 길기 때문에 어시장에서는 '돈보(잠자리)'라고 부른다. 오래전부터 참치 통조림의 원재료로 사용되었다.

초밥 재료로 쓰인 지는 그리 오래되지 않은 참치

산지에서는 지방이 오른 날개다랑어가 맛있다는 사실을 알고 있어서 초밥 재료로 썼지만, 일본 전역에서 쓰이기 시작한 시기는 회전 초밥이 급속도로 확산된 1970년대부터다. 지방이 오른 시기에 잡은 날개다랑어의 뱃살 부위를 '빈토로'라고 하는데 회전 초밥집에서 인기가 많다. 살이 붉지 않고 하얀 빈토로는 지방의 단맛이 강하고 산미가 거의 없다.

기하다마구로	고시나가마구로

제철은 여름
황다랑어

黃肌鮪 (기하다마구로)

크기가 가장 작은 참치
백다랑어

腰長鮪 (고시나가마구로)

핑크색에 가까운 황다랑어 초밥은 맛이 담백해 질리지 않는다.

담백하면서 단맛과 산미도 있어 먹기 시작하면 멈추기 힘들다.

DATA
- **계통** 농어목 고등엇과
- **서식지** 세계의 온열대 지역에 분포
- **제철** 봄~여름
- **명칭** 오사카에서는 참치를 '하쓰'라고 부르는데 맛이 좋아 '혼하쓰'라고도 한다.
- **식食 데이터** 참치 통조림에 사용되는 원재료 중 하나

DATA
- **계통** 농어목 고등엇과
- **서식지** 서부 태평양, 인도양, 홍해에 분포
- **제철** 가을
- **명칭** 어시장에서는 '바케'라고 부른다.
- **식食 데이터** 참치 중에서 가장 대중적인 참치

오사카를 비롯한 간사이 지방에서 사랑받는 참치

고치와 와카야마 같은 서일본에서 주로 잡힌다. 간토關東 지방에서는 다른 참치보다 살의 색이 연해서 인기가 없다. 따뜻한 시기가 제철인 황다랑어는 날것은 주로 간사이關西 지방을 중심으로 유통되는데 이 지역에서는 초밥 재료로 인기가 많다. 적당한 지방과 산미가 있어 담백하고 맛이 깔끔하다.

규슈 북부와 산인 지방에서는 가을을 대표

규슈 북부와 산인 지방 등에서는 가을을 대표하는 먹거리 중 하나. 가다랑어가 잡히지 않는 이 지역에서 백다랑어는 붉은 살 생선으로 귀한 대접을 받는다.
생선 살 대부분이 붉은 살이어서 지방의 단맛과 산미 같은 참치 특유의 맛은 약하지만 은은하고 담백한 맛 때문에 선호하는 사람이 적지 않다.

가쓰오

에도 사람들이 좋아했던 생선이지만 초밥 재료로는 늦게 등장했다

가다랑어

鰹 (가쓰오)

하쓰가쓰오의 껍질을 구워서 만든 초밥. 지방이 덜 올라 단맛이 약하고 감칠맛이 있다.

모도리가쓰오를 날것으로 만든 초밥. 표면의 지방층에서 부드러운 단맛과 산뜻한 산미가 느껴진다. 만족도가 높다.

DATA
계통 농어목 고등어과
서식지 세계의 온열대 지역에 분포하며, 동해에서는 거의 볼 수 없다.
제철 봄가을. 지방이 오르는 시기는 가을.
명칭 '혼가쓰오(참가다랑어)'라고도 한다. 가다랑어를 '딱딱한堅 생선魚' 즉 '鰹'라고 표기하는 것은 말리거나 가다랑어포 등으로 먹기 때문이다.
식食 데이터 손질한 가다랑어를 삶아서 훈연한 후 곰팡이를 피워 만든 가쓰오부시(가다랑어포)는 일본 요리의 기본이 되는 맛국물을 낼 때 꼭 필요한 식재료다.

봄철 '하쓰가쓰오'와 가을철 '모도리가쓰오'의 차이

가다랑어는 세계의 온열대 지역에 분포하는데 일본 근해에서는 봄부터 여름에 북상하고 가을이 되면 다시 남하한다. 북상하는 가다랑어를 '하쓰가쓰오'라고 하고, 먹이를 먹어 지방이 한껏 올라 남하하는 가다랑어를 '모도리가쓰오'라고 부른다. 같은 종류이지만 시기에 따라 맛이 다른데 하쓰가쓰오는 에도 사람들이 '부인을 저당잡혀서라도 먹고 싶어 했다고' 한다.

왜 가다랑어는 초밥 재료로 늦게 등장했을까?

초밥 세계에서는 가다랑어를 '이소가시이 네타'라고 한다. 가다랑어는 체내에 단백질 분해 효소가 많아서 상하기 쉬우므로 초밥집에서는 구매한 그날 소진하고 싶어 한다. 이런 이유로 가다랑어가 초밥 재료로는 늦게 등장하게 되었다.

가다랑어를 초밥으로 만들 때 하쓰가쓰오는 껍질을 구워서 만들고 모도리가쓰오는 날것 그대로 또는 절임해서 만든다. 최근에는 냉동 유통되므로 생선 살이 계절과 크기에 따라 천차만별이다. 일반적으로 회전초밥집에서 저렴하게 파는 것은 냉동일 확률이 높고 맛도 날것과는 다르다.

하가쓰오	히라소다가쓰오

가다랑어보다 인기가 많다
줄삼치
歯鰹 (하가쓰오)

동해의 가다랑어
물치다래
平宗太鰹 (히라소다가쓰오)

껍질과 생선 살에 감칠맛이 살아 있다. 표면을 살짝 구워서 초밥으로 만들면 그 맛에 감탄하게 된다.

가다랑어보다 산미가 적고, 감칠맛과 단맛이 초밥과 잘 어울린다.

DATA
- **계통** 농어목 고등엇과
- **서식지** 한국, 일본, 인도양, 태평양 지역에 분포
- **제철** 가을~겨울
- **명칭** 간토 지방에서는 '도산'이라고 부른다.
- **식食 데이터** 이빨이 날카로워 '하가쓰오(이빨다랑어)'라고 한다.

DATA
- **계통** 농어목 고등엇과
- **서식지** 세계의 온열대 지역에 분포
- **제철** 가을~겨울
- **명칭** 미야기현에서는 '복을 부른다'는 의미의 '후쿠라이福来'라고 부른다.
- **식食 데이터** 호쿠리쿠 지방에서는 맛국물을 내는 가다랑어포를 만들 때 이용한다.

살이 부드럽고 맛이 좋지만 금방 상한다
몸길이는 1m 이하다. 서일본에 많고 규슈에서는 가다랑어보다 줄삼치를 더 좋아한다. 살의 색은 연하지만 초밥 재료로는 일품이다. 진한 감칠맛, 지방의 단맛, 초밥과의 궁합, 씹히는 맛도 적당한데 특정 지역에서만 사랑받는 것이 안타깝다.

가을에 지방이 오른 물치다래는 최고의 맛을 자랑
제철에 먹는 물치다래의 맛은 감탄할 만하다. 지방의 단맛이 강하지만 붉은 살의 맛도 충분히 즐길 수 있어서 멈추기 힘들다. 맛은 농후하고 뒷맛이 좋은데다 적당히 부드럽고 초밥과도 잘 어울린다. 가을에 잡히는 큰 물치다래는 참다랑어보다 맛이 좋다.

스마	메카지키

맛이 좋은 가다랑어
점다랑어
縞鰹 (스마)

가다랑어나 다랑어와 유사하지만 산미와 깊은 감칠맛, 뒷맛이 좋아 산지에서 사랑받는 초밥.

DATA
계통 농어목 고등엇과
서식지 한국의 남해와 제주도, 일본, 하와이, 서부 태평양에 분포
제철 가을~겨울 (일본산)
명칭 가슴지느러미 아래에 뜸을 뜬 것 같은 검은 반점이 있어서 '야이토'라고도 부른다.
식食 데이터 오키나와에서는 초된장을 곁들여 회로 먹는다.

어획량은 적지만 맛이 좋은 붉은 살 생선
오키나와에서는 가다랑어 종류 중에서도 특히 맛이 좋아 '마가쓰오'라고 부른다. 맛이 담백해 더운 지역에서 선호한다. 오키나와와 규슈를 비롯한 와카야마 등에서는 초밥 재료로 인기가 있고 붉은 살 생선 중에서는 새치류보다 점다랑어를 좋아한다.

대뱃살과 중뱃살 부위도 있다
황새치
眼旗魚 (메카지키)

독특한 풍미에 단맛이 강해서 황새치만 먹으면 별로지만 초밥과 만나면 훌륭한 조화를 이룬다.

사진: 일본 독립행정법인 수산종합연구센터

DATA
계통 농어목 황새칫과
서식지 세계의 온열대 지역에 넓게 분포
제철 여름~가을 (일본산)
명칭 '슈토메' 또는 '하이나'
식食 데이터 세계 여러 나라에서 먹는 국제적 생선

생선 살이 하얄수록 감칠맛이 강하고 달다
세계의 바다에서 잡히며 몸길이 3m에 달하는 대형 바닷물고기다. 산리쿠 지방 등에서는 다랑어와 함께 홍백 회로 먹는다.
참치처럼 대뱃살과 중뱃살 부위가 있으며 지방이 많아 인기가 높아지고 있다.

> 마카지키

예전에 참치는 싼 생선이었고 청새치는 고급 생선이었다?

청새치

真旗魚 (마카지키)

DATA
계통 농어목 청새칫과
서식지 인도양, 태평양의 온열대에 분포. 가다랑어 등도 먹는 육식성 어류.
제철 가을~겨울
명칭 호쿠리쿠에서는 '사와라'라고 부른다.
식용 데이터 쓰키지 어시장의 참치 경매장은 항상 주목을 받지만, 같은 대형 어류인데 새치 경매장은 한산하다. 예전에는 새치가 참치보다 인기였다.

언뜻 보기에는 참치 붉은 살 같지만 자세히 보면 지방과 살색이 참치와는 다르다. 먹어보면 의외로 담백하면서도 감칠맛이 깊다.

뱃살의 내장을 감싸고 있는 살을 구워서 만든 초밥. 고소한 불맛이 먹는 사람을 기분 좋게 해준다.

사진: 일본 독립행정법인 수산종합연구센터

외형은 붉은 살 생선이지만 고급스러운 맛

에도 시대에 참치는 서민들이 먹던 생선이었고, 청새치는 귀족이나 지위가 높은 사람들이 먹던 귀한 생선이었다. 지금도 일본의 고급 요릿집에서는 참치보다 청새치를 높게 평가하기도 한다.

붉은 속살이 담백하면서 고급스럽고 뒷맛이 좋다. 초밥으로 만들어도 맛이 담백해서 부드러운 지방을 선호하는 요즘은 인기가 시들하다. 단 일본산 고급 청새치를 먹어보면 그 맛에 분명히 놀랄 것이다. 참치와는 전혀 다른 맛을 느낄 수 있다.

그물도 낚시도 아닌 작살로 잡는 새치

일본 각지의 어항漁港에서 뱃머리가 긴 '청새치잡이 어선'을 볼 수 있다. 뱃머리 끝에서 수면 가깝게 헤엄쳐 다니는 새치를 긴 작살로 잡는다. 이렇게 작살로 잡은 새치는 비싸게 거래되며 초밥 재료로 손색없다.

② COLUMN

연어의 종류와 특징

DATA
양식명 시나노유키마스
종명 고레고누스 마레나
학명 Coregonus lavaretus maraena (Bloch, 1779)
원산지 동부 유럽, 러시아
양식지 나가노현

고레고누스로 만든 초밥. 초밥만 봐서는 연어라는 생각이 들지 않는다. '지방이 오른 도미'라고 말한 초밥 요리사도 있다. 감칠맛과 단맛이 매우 강하고 초밥 재료로는 상급이다.

새먼 세계를 정복할 것만 같은 양식 연어

일본 국내에서 먹는 연어(연어과)에는 **사케**라는 표준 일본명이 붙여진 태평양연어, 일본에서는 거의 잡히지 않는 **베니사케**, 연어 통조림의 원료로 사용되는 **가라후토마스**, 유통되는 대부분이 양식인 **긴자케(은연어)**와 **니지마스, 대서양연어(아틀란틱 새먼)**가 있으며 모두 **6종**이다. 킹 새먼과 송어(사쿠라마스)도 있지만 앞의 6종에 비하면 양적으로 적다.

연어과에는 항산화 작용 등으로 주목받고 있는 물질인 아스타크산틴을 함유하고 있는 것과 없는 것이 있다. 아스타크산틴은 붉은 색소인데 연어의 생선 살이 '새먼핑크색'를 띠는 것은 이 물질 때문이다. 일본 국내의 연어는 '연어=아스타크산틴을 많이 함유한 붉은 살의 연어과 생선'이라고 생각하면 이해하기 쉽다.

연어 중에서 세계적으로 양식되고 있는 것은 **은연어, 바다송어, 대서양연어** 3종이다.

바다송어와 **은연어**는 일본에서도 양식을 하고 있지만 칠레나 노르웨이 등에서 대량 수입하고 있으며 **대서양연어**는 노르웨이, 미국, 호주 등에서 수입한다.

DATA
표준 **일본명** 이와나
학명 Salvelinus Richardson, 1836
서식지 시코쿠를 제외한 규슈부터 홋카이도 하천의 상류에 분포
양식지 일본 각지

이케지메한 이와나로 만든 초밥. 보기에는 그냥 흰살 생선이다. 그러나 연어 특유의 맛을 확실히 즐길 수 있다. 양식이기 때문에 지방이 올라 달고 초밥 재료로도 훌륭하다.

초밥 재료로는 바다송어와 대서양연어를 주로 쓰고, 은연어는 적게 쓰는 편이다. 그중에서도 세계적으로 증가하고 있는 것이 바다송어다. 바다송어는 '새먼 트라우트'라는 이름으로 인공적으로 만들어져 바다에서 양식되며 초밥 재료 세계에서 참치의 왕좌를 빼앗을 기세로 인기가 높아지고 있다.

연어과에는 붉은 살 생선만 존재하지 않는다!
세계에는 생선 살이 붉지 않은 연어과 생선도 있으며 초밥 재료로도 쓰이고 있다는 사실을 아는가. 유라시아 대륙에 서식하는 **고레고누스**(p.30)와 일본 국내에 살고 있으면서도 바다로 내려가지 않는 연어과 생선 중에는 살이 붉지 않은 종이 있다.

고레고누스는 나가노현과 후쿠시마현에서 양식하고 있으며 일본 국내에서도 먹을 수 있다. 바다로 내려가지 않고 하천이나 계곡에서 일생을 보내는 연어과에는 **야마메, 아마고, 이와나**(p.31) 등이 있다. 이 연어들도 자연산은 드물고 대부분 양식하고 있으며 지금은 대중적인 초밥 재료가 되었다.

유럽 연어
대서양연어

Atlantic salmon (아틀란틱 새먼)

입에 넣으면 표면이 사르르 녹으면서 은은하게 연어의 풍미가 퍼진다.

DATA
계통 연어목 연어과
서식지 대서양과 북극해에 분포
제철 양식이라 연중 맛이 좋다.
명칭 일반적으로 '연어'라고 부른다.
식용 데이터 현재 다양한 종류의 연어가 양식되고 있다. 대서양연어는 가장 빨리 노르웨이에서 양식이 시작되었다. 세계의 어식 지도를 새롭게 바꾼 생선이기도 하다.

보통 말하는 연어는 대서양연어

연어라고 해도 대서양연어류와 태평양연어류는 다른 종이다. 대서양연어는 은연어와 함께 오래전부터 양식을 해왔던 연어이며, 일본에서 식용으로 수입하는 것도 모두 양식이다. 주요 산지는 노르웨이, 호주 등으로 점점 늘어나고 있다. 일본에서는 은연어, 대서양연어, 바다송어를 3대 수입 양식 연어라고 부른다.

냉동이 아닌 저온 냉장 방식으로 수입

흔히 '수입 생선'이라고 하면 냉동 생선'이라고 알고 있지만 대서양연어는 산지로부터 저온 냉장하여 항공편으로 수입된다. 냉동을 하지 않기 때문에 비교적 식감이 좋고 지방이 올라 빛깔이 아름답다. 대서양연어 초밥은 바다송어 초밥보다 맛도 가격도 고급이다.

> 니지마스

인공적으로 만든 양식어
바다송어
Salmon trout (새먼 트라우트)

DATA
계통 연어목 연어과
서식지 무지개송어지만 자연계에는 존재하지 않는다.
제철 양식이라서 연중 맛이 좋다.
명칭 '연어(새먼)' 또는 '송어(트라우트)'
식용 데이터 일본의 슈퍼마켓에서 파는 연어는 대부분 바다송어

날것으로 초밥을 만드는 것이 기본. 생선 살이 적당히 부드럽고 지방의 단맛이 있어 초밥과 잘 어울린다. 초밥의 기본 메뉴 가운데 하나.

살짝 구운 바다송어에 바질 페스토를 올렸다. 이런 이탈리안 스타일도 의외로 잘 어울린다.

인공적으로 만든 해면 양식용 송어

강에서 태어나 바다에서 생활하다 산란을 위해 태어난 강으로 되돌아오는 연어류를 'Salmon'이라 하고, 일생을 민물에서 사는 송어류를 'Trout'라고 한다. 바다송어는 민물에 서식하는 무지개송어를 인공적으로 해면 양식용으로 개량한 것을 말한다. 1990년대 후반에 양식 연어가 자연산 연어를 생산량에서 앞질렀는데 이때 바다송어가 중요한 역할을 하였다. 일본에서도 양식을 하고 있지만 주요 산지는 칠레 등이다. 토막을 내거나 머리와 내장을 제거한 상태로 냉동 수입된다.

회전 초밥집에서 나오는 연어는 바다송어

일본의 슈퍼마켓에서 파는 연어 초밥이나 회전 초밥집에서 나오는 연어는 일단 바다송어라고 생각하면 된다. 생산량이 안정되고 싸고 맛이 좋아 매년 인기가 상승하면서 붉은 살 생선의 대표 초밥이 되었다. 게다가 붉은빛이 강하고 연어 특유의 냄새가 거의 없다. 비교적 저가 생선이라 마요네즈나 치즈 등을 섞거나 살짝 굽는 등 다양하게 응용하여 요리한다.

> 긴자케

은연어에서 시작된 일본의 양식 연어
은연어

銀鮭 (긴자케)

DATA
계통 연어목 연어과
서식지 북태평양
제철 봄~여름
명칭 '긴'이라고도 부른다.
식을 데이터 일본 편의점 삼각 김밥에 들어가는 연어의 대부분이 은연어일 때도 있었다. 저렴한 칠레산보다 일본에서 양식되는 은연어가 맛이 좋다.

미야기현 오나가와산 은연어로 만든 초밥. 먼저 아름다운 생선 살에 감탄하고 먹어보면 그 맛에 또 한 번 감탄하게 된다.

일본 해역에는 서식하지 않는 양식 연어

태평양연어류 중에서는 고급 종에 속하며 일본 연안에는 서식하지 않는다. 예전에는 북태평양에서 잡은 자연산 은연어가 일본에도 들어왔지만 지금은 거의 볼 수 없다. 일본은 1976년에 미야기현에서 은연어 양식을 시작하여 전성기인 1991년에는 2만 7000톤까지 생산했는데 가격이 싼 칠레산에 밀려 생산량이 줄어들었다. 지금은 일본산보다 칠레산이 주류다.

연어를 구별할 수 있다면 예비 초밥 전문가

일반적으로 바다송어는 일본산이 적어 수입산을 초밥 재료로 쓴다. 그런데 은연어는 미야기현 등에서 양식하는 것으로 초밥을 만드는 경우가 많고 '다테노킨' 같은 은연어 브랜드도 있다. 날것으로 유통되어서 식감이 좋고 빛깔이 아름답다. 초밥의 세계에서 '연어 맛의 차이를 알면 초밥 전문가'가 되는 날이 멀지 않았다고 할 수 있다.

사쿠라마스

연어과 중 가장 고급 어종
송어
桜鱒 (사쿠라마스)

DATA
계통 연어목 연어과
서식지 가나가와현, 야마가타현 이북, 홋카이도 하천
제철 봄~초여름
명칭 '마스' 또는 '혼마스'
식용 데이터 벚꽃이 필 무렵에 잡혀서 '사쿠라마스'라고 한다. 야마가타현에서는 특별한 날에 먹는 요리이기도 하다.

급속 냉동한 것을 일정 기간 보관했다가 만든 초밥. 감칠맛이 강하고 은은한 단맛이 있다.

호쿠리쿠와 도호쿠 지방에 봄을 알리는 생선

송어류에는 바다로 내려가는 강해형降海型과 하천 또는 계곡에서 일생을 보내는 육봉형陸封型이 있다. 강해형을 '송어'라 부르고 육봉형을 '산천어'라고 구별하여 부른다. '사쿠라마스'는 강해형이다. 벚꽃이 피는 계절에 어업이 최전성기를 맞이하므로 일본에서는 '사쿠라마스(벚꽃송어)'라고 부른다. 여자아이의 건강과 행복을 기원하는 히나마츠리(3월 3일)에도 먹는다.

한 번 냉동한 것을 초밥 재료로 사용

날것으로 먹으면 그 맛이 일품이지만 기생충에 감염될 가능성이 높기 때문에 잡아서 급속 냉동한 다음 일정 기간 두었다가 초밥 재료로 쓴다. 제철일 때는 지방이 올라 냉동한 것도 맛이 떨어지지 않는다. 도야마현의 명물인 '마스노스시'도 사쿠라마스로 만든다. 살이 촉촉하면서 부드럽고 지방의 단맛이 고급스럽다. 동해쪽에서는 중요한 초밥 재료다.

사케

연어보다 귀한 초밥 재료
연어알

イクラ (이쿠라)

DATA
계통 연어목 연어과
서식지 한국, 일본, 러시아, 알래스카주, 캐나다, 캘리포니아를 포함한 북태평양
제철 봄~가을(생연어)
명칭 연어알이 난소막에 싸여 있을 때는 '스지코'라고 부른다.
식용 데이터 지금은 소금이나 간장에 절여서 먹지만 예전에는 국에 넣어 먹거나 익혀서 먹었다.

연어알 군함말이(소금절임) 난소막에서 꺼낸 연어알을 소금에 절여 만든 초밥으로 연어알 본연의 맛을 즐길 수 있다.

연어알 군함말이(간장절임) 난소막에서 꺼낸 연어알을 간장에 절여 만든 초밥으로 수분이 많아 배달 초밥 메뉴로는 적당하지 않다. 연어알에 간장의 감칠맛이 더해져 입속이 즐겁다.

군함말이의 등장으로 주목받는 새로운 초밥 재료
예전에 연어알은 소금을 약간 넣고 절인 얼간 연어 같은 가공품 등을 만들면서 생기는 부산물이었고 홋카이도 같은 산지에서만 먹었다. 그런데 러시아에서 상어 알(캐비어)을 염장하는 것을 보고 실험적으로 연어알을 염장하면서 지금처럼 먹게 되었다. 요즘은 소금뿐 아니라 간장에 절여서도 먹는다. 러시아에서 생선 알을 '이크라'라고 부르는 말이 일본에 정착해 일본식 발음인 '이쿠라'가 되었다.

연어알 초밥의 기본은 군함말이
연어의 방류와 미국 등에서 연어를 수입하면서 그 수가 증가하게 되고 '군함말이'라고 하는 새로운 초밥이 등장하면서 연어알을 초밥 재료로 쓰게 되었다. 그런데 연어알은 성숙해지면 탁구공처럼 딱딱해지므로 미성숙한 싱싱한 연어알을 가공한 것이 품질이 좋다. 초밥으로 만들 때는 대개 소금이나 간장에 절여서 군함말이로 만든다.

설날에 먹는 음식
청어알·청어알 다시마
数の子(가즈노코)·子持ち昆布(고모치콘부)

DATA
계통 청어목 청어과
서식지 북극해, 일본 북부, 한국 연근해 등의 서부 태평양에 분포
제철 특별히 없다.
명칭 도호쿠와 홋카이도에서는 청어를 '가도'라고 부른다. 청어알은 '가도노코'라고 하는데 이 말이 변형되어 '가즈노코'가 되었다.
식音 데이터 설날에 자손 번영을 비는 의미로 청어알을 먹는다.

청어알 초밥 오독오독 씹히는 식감이 좋고 씹으면 씹을수록 감칠맛이 난다. 거기에 초밥이 어우러지면 일품.

청어알 다시마 초밥 청어알의 감칠맛에 다시마의 은은한 단맛이 더해졌다. 최상급 맛을 두 배로 즐길 수 있는 초밥.

한때는 '노란 다이아몬드'라고 불리는 최고급품

도호쿠와 홋카이도 등에서 잡은 산란기 청어의 난소를 말리거나 염장한 것을 '가즈노코'라고 하고, 산란을 하여 다시마에 두꺼운 알 층을 만든 것을 '고모치콘부'라고 한다. 청어는 싼 생선이지만 청어알은 오래전부터 설음식으로 먹던 고급 식재료다. 2차 세계대전 이후 청어 어획량이 줄어 '노란 다이아몬드'라고 불리며 가격이 폭등한 적도 있었다. 지금은 어획량을 서서히 회복하고 있는데 일본에서 유통되는 대부분이 캐나다 등에서 수입한 것이다.

저렴한 수입산이 인기에 불을 붙였다

청어알도 청어알 다시마도 오래전부터 쓰던 초밥 재료다. 전에는 고급 초밥 재료였지만 수입을 하면서 누구나 편하게 먹을 수 있게 되었다.
소금기를 빼고 초밥을 만드는 것이 기본이고 간장에 살짝 절여서 만들기도 한다. 솜씨가 좋은 초밥 요리사가 정성스럽게 만든 청어알 초밥을 먹어보면 그 매력에 흠뻑 빠지게 된다.

도비우오	가라후토시샤모
지금은 대부분이 수입산 # 날치알 飛び子 (도비코)	시샤모의 유사종 # 열빙어알 カペリン子 (가페린코)

입속에서 톡톡 터지는 식감이 즐거운 날치알 군함말이.

오징어와 열빙어알 군함말이. 아주 진한 열빙어알의 맛을 오징어의 단맛이 잡아준다.

DATA (날치알)
계통 동갈치목 날칫과
서식지 한국, 일본, 대만 등에 넓게 분포
명칭 '도비우오노코'가 '도비코'가 되었다.
식食 데이터 원래는 초여름에 북상하는 '혼도비우오'라는 생선의 알이 주류였다.

DATA (열빙어알)
계통 바다빙어목 바다빙엇과
서식지 북태평양 전 해역과 대서양의 한대 해역에 분포
명칭 예전에는 열빙어를 '시샤모', 열빙어알은 '시샤모코'라고 불렀다.
식食 데이터 시샤모는 비싼 생선이다. 시샤모라고 생각하고 산 생선이 열빙어인 경우가 많으니 주의한다.

군함말이보다 흩뿌림 초밥 등에 제격인 재료
예전에는 시각 효과를 위해 일본 요리에 날치알을 썼는데 요즘은 회전 초밥집 등에서 군함말이 재료로 많이 등장한다. 원래 날치알은 베이지색이지만 빨갛게 물을 들여서 쓴다. 톡톡 터지는 식감과 적당히 짠맛이 초밥과 잘 어울린다. 날치알에 오이나 두릅을 넣고 마요네즈를 섞어도 그만이다.

일본에서는 거의 잡히지 않는 열빙어
시샤모와 열빙어는 생선 살과 알에서 달고 쌉싸름한 맛이 난다. 그런데 이 맛에 빠지면 끊을 수가 없다. 다른 생선에는 없는 독특한 감칠맛이 초밥과 신기하게 잘 어울린다. 열빙어알은 맛이 진해서 오이 등과 같이 먹어도 맛있다.

스케토다라	마다라

명란
명태보다 인기가 많다

鱈子 (다라코)

명란 군함말이. 맛이 진하고 짭조름한 명란에 오이를 곁들였다. 한 번 먹어보면 계속 생각난다.

DATA
계통 대구목 대구과
서식지 한국 동해, 북부 오호츠크해, 베링해, 알래스카주에 걸친 북태평양 해역에 분포
명칭 명란은 색이 붉어서 '모미지코'라고도 부른다.
식食 데이터 명태는 어묵 등의 재료로 쓰인다.

군함말이나 말이 초밥에 사용
다양한 종류의 명란젓이 시중에 나오는데 어떤 것을 선택할지는 개인의 취향이다. 보통 명란은 군함말이나 말이 초밥에 쓴다.
품질이 좋을수록 명란젓의 쌉싸름한 맛이 적고 은은한 단맛이 난다. 감칠맛이 강하고 맛이 진해서 상큼한 오이를 곁들여도 맛있다.

대구알
주로 산지에서 먹는다

真鱈子 (마다라코)

부드럽고 거부감이 없는 대구알 초밥.

DATA
계통 대구목 대구과
서식지 한국, 일본, 알래스카주 등의 북태평양 연안에 분포
명칭 일본에서는 대구알을 '특대명란'이라고 팔기도 한다.
식食 데이터 세계에서 사랑받는 대구 수컷의 정소인 이리는 최고급 식재료

흔하지 않은 식재료
명태의 알인 명란에 비해 흔하지 않다. 안타깝게도 산지 외에는 거의 볼 수가 없어 아는 사람이 별로 없다. 대구알은 감칠맛이 부족하다지만 은은하고 부드러운 대구알 군함말이를 먹어보면 초밥 재료로 제법 잘 어울린다고 느끼게 된다.

고노시로

에도마에즈시의 기본, 초밥 전문가가 되는 첫걸음
전어

小鰭 (고하다)

DATA
계통 청어목 청어과
서식지 동중국해, 일본의 중부 이남, 한국 남해
제철 고하다는 가을이 제철이고, 성장 단계에 따라 사시사철 먹는다.
명칭 '쓰나시' 또는 '하쓰코'라고도 부른다.
식食 데이터 효고현 히메지 시에서는 '누름 초밥'의 재료로 쓰인다. 전어는 초밥을 대표하는 생선.

신코(몸길이 4~10cm) 갓 태어난 전어를 입에 넣으면 사르르 녹으면서 등 푸른 생선 특유의 맛과 단맛이 어우러져 행복해진다.

왼쪽은 몸길이 10cm의 '고하다', 오른쪽은 몸길이 4cm의 '신코'.

전어를 먹는 지역과 먹지 않는 지역이 있다

수심 30m 이내의 연안에 주로 서식하고 일본에는 전어를 먹는 지역과 먹지 않는 지역이 확실히 구분된다. 봄에 잡는 신코의 대표 산지는 가고시마현 이즈미 시, 아이치현 미카만, 시즈오카현 하마나코 호수 등이다.

작을수록 비싸고 생선 중에서는 드물게 역출세어

전어는 에도마에즈시를 대표하는 생선이다. 자라면서 이름이 바뀌는 생선을 출세어라고 하는데 전어는 역출세어다. 치어인 '신코'의 맏물(첫물)은 비싼 가격에 거래되므로 초여름에 처음 등장하는 신코 가격이 일본 어시장의 최대 관심사다. '고하다', '나카즈미', '고노시로'로 이름이 바뀌는 전어는 크기가 커질수록 가격은 싸진다. 어시장에서 '고하다'의 크기를 중요시해서 초밥 재료로 쓸 때는 전어를 '고하다'라고 부른다.

에도 시대에는 포장마차에서 팔던 평범한 초밥 재료였다. 전어는 초절임을 하는 것이 기본이다. 계절과 지방이 오른 정도 등에 따라 소금의 양과 식초에 절이는 시간 등을 조절해야 하므로 전어 초밥을 먹어보면 초밥 요리사의 실력을 가늠할 수 있다.

고하다(몸길이 10~14㎝) 심줄이 없고 담백한 초밥. 약간의 산미와 고하다 특유의 감칠맛을 입속에서 충분히 느낄 수 있다.

나카즈미(몸길이 15~18㎝) 고하다와 고노시로의 중간 크기라서 '나카즈미'라고 부르는지도 모르겠다. 잔뼈가 신경 쓰이지만 맛이 가장 깊다. 나카즈미는 의외로 초밥 전문가가 좋아하는 재료다.

고노시로(몸길이 18㎝ 이상) 엄격한 초밥 장인은 쳐다보지도 않는다. 잔뼈가 많고 감칠맛이 떨어지지만 사실은 맛이 좋고 껍질에 독특한 풍미가 있다.

초밥 1개의 무게와 가격

사진은 무게 5g의 신코 5마리로 초밥 1개를 만든 것이다. 초밥 원재료의 무게는 25g이다. 6월에 구매할 때 100g에 약 7만 6000원이었으므로 초밥 재료의 원가는 약 1만 9000원인 셈이다. 신중하게 만져도 살이 부서지는 신코를 초밥 장인이 몇 시간 동안 손질해서 만들었다면 이 초밥의 가격은 얼마일까?

※주의: 생선의 몸길이는 절대적인 것이 아니라 하나의 기준이다.

> 마이와시

장마철부터 가을까지 활약하는 상급 초밥 재료
정어리

鰯 (이와시)

DATA
계통 청어목 청어과
서식지 한국, 일본, 오호츠크해, 동중국해, 대만에 분포
제철 장마철~가을
명칭 몸통에 6~9개의 검은 점이 있어서 어시장에서는 '나나쓰보시(북두칠성)' 등으로 부른다.
식술 데이터 많이 잡히는 시기와 잡히지 않는 시기가 수십 년 주기로 찾아온다. 어획량이 적은 시기에는 1마리에 약 3만 5000원이나 한다.

여름부터 가을에 걸쳐 두꺼운 지방층을 만드는 정어리를 입에 넣는 순간, 지방이 녹아 단맛이 느껴지면서 지방 아래에 있는 등 푸른 생선 특유의 맛이 퍼진다.

제철이 지나 지방이 없는 정어리는 초절임하여 초밥을 만든다. 등 푸른 생선의 감칠맛에 식초의 산뜻함이 더해져 초밥이 달다.

참돔보다 비쌀 때도 있다

일본 열도를 둘러싸듯이 회유하는 정어리는 다랑어나 청새치 같은 육식 어류의 먹이가 되기도 하고, 플랑크톤을 먹으므로 '바다의 초식 동물로도 불린다. 일본인들에게는 아주 친숙하며 볕이나 쪄서 말린 다음 가공해서 먹는다. 하품 생선으로 취급받기도 하지만 무라사키 시키부도 좋아했다고 한다. 수십 년 주기로 잘 잡히는 시기와 잡히지 않는 시기가 찾아오는데 잘 잡히지 않을 때는 가격이 올라 참돔보다 비싸다.

잡으면 금방 죽고 선도도 떨어진다

선도가 떨어지기 쉽기 때문에 오래전부터 열을 가해서 먹었지만 회로 먹는 것은 산지만의 특권이었다. 그런데 유통이 발달하면서 도시에서도 정어리를 회로 먹을 수 있게 되었다.
장마철이 시작되면 맛이 좋아지고 추워지면 맛이 떨어지는 정어리는 지금도 계절감을 강하게 느끼게 해주는 초밥 재료다.

니신	기비나고
주로 가공품으로 먹는다 # 청어 鯡 (니신)	은색 띠를 한 왕자 # 샛줄멸 黍魚子 (기비나고)

한겨울 홋카이도에서 잡은 청어를 가볍게 식초에 절여서 만든 초밥. 정어리보다 맛이 가볍고 깔끔하다.

샛줄멸 2마리 위에 생강과 파를 올려 만든 초밥. 은색 띠가 아름답고 맛이 짙다.

DATA
계통 청어목 청어과
서식지 백해 등의 북극해, 일본 북부, 한국 연근해 등의 서부 태평양 지역에 분포
제철 가을~봄
명칭 '헤로키'라고 부르는 지역도 있다.
식食 데이터 회보다는 가공품으로 먹는다.

DATA
계통 청어목 청어과
서식지 한국, 일본, 중국 동남해, 타이완 등에 분포
제철 가을
명칭 '기미이와시' 또는 '하마고이와시'
식食 데이터 규슈에서는 말리거나 젓갈, 튀김, 회 등으로 먹어서 샛줄멸이 없는 식생활은 생각할 수 없을 정도라고 한다.

홋카이도에서 전국으로 확산 중

홋카이도 같은 지역에서 사용하던 초밥 재료였는데 맛이 좋아 서서히 다른 지역에서도 인기를 얻게 되었다. 청어 특유의 감칠맛이 강한 것이 특징이다. 단맛이 있고 초에 절여도 특유의 맛이 남는다. 싱싱하고 좋은 정어리를 만나면 초밥 요리사의 눈이 반짝인다.

규슈 사람들이 사랑하는 작고 아름다운 생선

산지인 규슈에서는 일반적인 초밥 재료. 폭이 넓은 은백색의 가로띠는 껍질을 벗겨도 남는다. 맛이 좋지만 작아서 여러 마리로 초밥을 만든다. 안타깝게도 날것으로 만든 초밥은 산지가 가깝지 않으면 먹을 수 없다. 한 번 먹어본 사람은 규슈까지 먹으러 가고 싶어진다.

사요리

맛을 보장하는 화려한 외형
학꽁치

針魚 (사요리)

DATA
계통 동갈치목 학꽁칫과
서식지 중국, 일본, 한국 연근해에 분포
제철 겨울~봄
명칭 대형 학꽁치는 '간누카'
식용 데이터 외형은 아름답지만 뱃속이 검은 점막으로 덮여 있다. 일본에서는 속이 검고 음흉한 사람을 '학꽁치 같은 사람'이라고 한다.

하얀 생선 살에 푸른 비늘이 시각적으로 매우 아름답다. 입에 넣으면 등 푸른 생선의 깊은 감칠맛과 단맛이 나고 쌉쌀한 뒷맛이 봄을 연상시킨다.

식초에 씻은 학꽁치 반 마리로 만든 초밥. 일본에서는 전통적으로 접힌 부분에 생선가루인 오보로를 올린다. 쌉쌀한 맛과 오보로의 단맛이 절묘하다.

학꽁치 초절임 초밥. 이런 모양의 초밥을 '하치마키(머리를 수건 등으로 동여매는 것)'라고 하지만 바른 표현인지는 불분명하다. 담백하면서도 학꽁치 특유의 풍미를 느낄 수 있어 먹는 것을 멈추기 힘들다.

봄을 알리는 물고기

잔잔한 해역의 해수면 근처를 가늘고 길게 뻗은 아래턱으로 작은 갑각류 등을 잡아먹으며 헤엄쳐 다닌다. 몸이 투명한 것은 육식 어류로부터 몸을 보호하기 위해서다. 일본의 주요 산지는 하마나코 호수, 세토나이카이, 호쿠리쿠, 와카사만 등이다. 도쿄 앞바다도 봄이 되면 학꽁치 어업이 한창이다. 봄 학꽁치는 '니가미'라고 부른다. 이시카와현에서는 학꽁치를 봄을 알리는 물고기라고 하여 한자로 '화견어花見魚'라고 쓴다. 추운 겨울이 지나고 서서히 따뜻해지면 미나리나 파드득나물 같은 봄나물과 조개, 학꽁치의 쌉쌀한 맛이 생각난다. 소금구이도 잘 어울린다.

늘씬한 외형에 맛이 좋고 특유의 쓴맛이 있다

늘씬한 외형의 학꽁치는 초밥으로 만들어도 아름답다. 투명감이 있고 언뜻 보기에는 흰살생선이지만 등 푸른 생선의 진한 감칠맛과 적당히 쓴맛이 감돈다. 가늘고 긴 생선이다 보니 초밥 요리사가 고민하며 다양한 모양을 만드는 것으로도 유명하다. 생선가루인 오보로를 초밥 위에 올리면 보기에 좋다.

> 산마

계절의 변화를 느낄 수 있는 지방층의 두께
꽁치

秋刀魚 (산마)

DATA
계통 동갈치목 꽁칫과
서식지 동해와 남해, 북태평양 해역에 분포
제철 가을
명칭 '사요리' 또는 '사이라'라고 부른다.
식食 데이터 꽁치는 태평양산과 동해산 2종이 있다. 보통 일본에서 꽁치라고 하면 태평양산을 말하고, 동해산 꽁치는 지방이 없어서 관심을 받지 못한다.

지방층이 생긴 9월에 잡은 꽁치로 만든 초밥. 입속에서 녹는 깊은 맛을 차조기 잎의 향이 부드럽게 완화시켜준다.

동해에서 잡은 지방이 없는 꽁치를 초절임하여 만든 초밥. 깔끔하고 담백하지만 꽁치 특유의 감칠맛은 강하다.

일본 각지에 서식하고 있지만 태평양산이 최고

보통 근해에서 무리지어 살며 계절에 따라 이동한다. 겨울은 일본의 남부 해역에서 보내고 봄과 여름 사이에 북쪽으로 이동하여 동해안 부근에서 알을 낳는다. 일본에서는 꽁치의 치어를 '사요리'라고 부르는데 연필보다 가늘다. 이 치어가 자라면서 서서히 북상한다. 일본에서 꽁치를 날로 먹기 시작한 시기는 그리 오래되지 않았고, 1900년대에 꽁치회는 드물었다. 그런데 유통이 발달하면서 흔히 볼 수 있게 되었다.

지방층이 두꺼워지는 초가을이 제철

7월경에 홋카이도에서 그해 첫 꽁치를 잡으면 다음날 일본 전국으로 유통된다. 초밥 재료로도 이 시기에 처음 등장하는데 지방은 적어도 비싼 초밥이다. 도호쿠 지역에서도 꽁치를 잡기 시작하는 초가을이 되면 지방층이 두꺼워져서 참치 대뱃살 같은 식감을 즐길 수 있다.

마사바

'저렴한 초밥 재료'라는 말은 옛말
고등어

鯖 (사바)

DATA
계통 농어목 고등엇과
서식지 태평양, 대서양, 인도양의 온대 및 아열대 지역에 분포
제철 가을~겨울
명칭 '혼사바' 또는 '히라사바'
식품 데이터 고등어는 우리 몸에 좋은 생선이다. 혈액을 맑게 해주고 성인병을 예방해주고 눈도 좋아지게 한다. 또한 피부가 매끄러워지고 머리가 좋아진다고 한다.

지방이 오른 가을 고등어를 초절임하여 만든 초밥. 입속에서 살이 살짝 부서지면서 단맛이 느껴지고, 식초 향과 산미가 산뜻하게 퍼져 뒷맛도 좋다.

양식 고등어로 만든 초밥. 마치 참치의 대뱃살 같다. 실온에 두어도 표면의 지방이 녹는다. 입에 넣으면 지방이 녹으면서 단맛이 매우 강해지고 깊은 맛이 난다.

예전에는 주목받지 못했다

일본 열도 주변을 남북으로 길게 회유하는 고등어와 비교적 좁은 지역을 회유하는 고등어 2종이 있는데 보통 후자가 맛이 좋다고 한다. 예전에는 구이나 조림, 초절임을 하는 것이 일반적이었지만 지금은 날것으로도 먹는다. 이런 일대 혁명을 가져온 계기가 바로 1980년대 이케지메 처리를 한 고등어의 등장이다.
산지 한정 고등어회가 간토 지방 등에 알려지면서 최고급 생선으로 다시 태어났다. 지금은 일본 각지에서 싱싱한 자연산 고등어와 양식 고등어를 볼 수 있다.

쥠 초밥이 등장하기 전부터 사용

초밥을 만들 때는 지방이 오른 싱싱한 고등어를 고른다. 일본의 산지는 가나가와현, 지바현, 도호쿠, 오이타현 등이다. 초밥용 고등어는 초절임을 하는 것이 기본이지만 요즘은 날것을 그대로 초밥에 올리기도 한다. 양식 고등어는 참치의 대뱃살처럼 지방이 올라 있는 것도 있다.

고마사바

고등어보다 조금 따뜻한 해역에 산다
망치고등어

胡麻鯖 (고마사바)

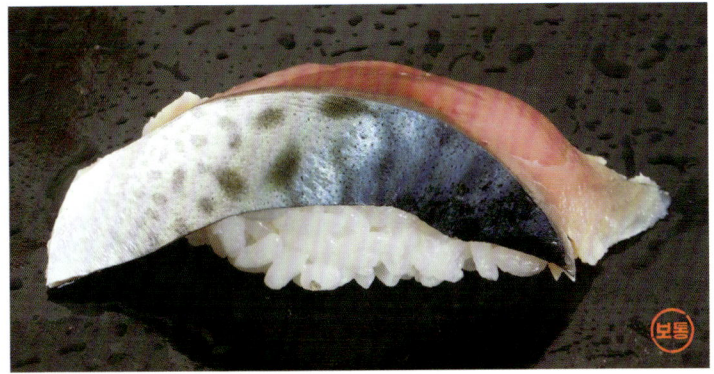

미에현에서 잡은 망치고등어를 초절임하여 만든 초밥. 지방이 오른 초가을 망치고등어로 진한 감칠맛을 식초와 초밥으로 고급스럽게 재탄생시켰다.

DATA
계통 농어목 고등엇과
서식지 남홋카이도 이남
제철 산란기가 긴 망치고등어는 연중 좋은 것을 구할 수 있다.
명칭 '마루사바'라고도 부른다.
식용 데이터 메밀국수 츠유에 사용하는 '사바부시'의 원료이며, 메밀국수의 맛을 결정하는 생선

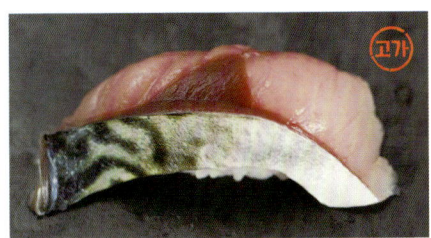

살아 있는 망치고등어의 머리를 꺾어 즉사시켜서 만든 초밥. 탄력이 강해서 씹으면 식감이 쫄깃쫄깃하다. 초밥과 잘 어울린다고 할 수는 없지만 맛은 최고다.

저렴한 생선이었는데 산지에서 맛이 좋다고 어필

생김새가 고등어와 유사하지만 배 쪽에 작은 회흑색 반점이 산재해 있는 것이 다르다. 해수면 가까이에서 헤엄을 치므로 '우키사바'라고도 부른다. 원래는 맛국물을 내는 가쓰오부시처럼 말려서 썼지만 요즘은 물이 좋은 망치고등어를 접할 기회가 많아졌다.

망치고등어의 가치를 바꾼 것은 망치고등어 브랜드인 고치현 사도시미즈 시의 '시미즈사바'와 가고시마현 야쿠시마의 '구비오레사바'다. 2종 모두 날것으로 먹을 수 있고, 다른 지역에서도 망치고등어의 고선도화를 위해 노력 중이다.

참고등어 대용품에서 벗어나 고급 초밥 재료로

미야자키현 등에서는 지방이 오른 망치고등어를 급속 냉동하여 날것으로 먹을 수 있다. 초절임을 하면 고등어 대용품 같지만 날것으로 만든 초밥은 오히려 망치고등어가 고등어보다 낫다. 날것으로 만들면 식감이 쫄깃쫄깃한 고급 초밥이 되고 초절임하면 평범한 초밥이 된다. 날것으로 만든 망치고등어 초밥은 한마디로 최고다.

> 마아지

예전에는 초절임을, 지금은 주로 날것을
전갱이

鯵 (아지)

DATA
계통 농어목 전갱잇과
서식지 타이완, 동중국해, 일본 남부, 한국 등 북서 태평양의 열대 해역에 분포
제철 봄~여름
명칭 '혼아지' 또는 '히라아지'
식食 데이터 '맛이 좋다'를 일본어로는 '아지가이이'라고 한다. 전갱이의 맛이 좋아 '아지'라는 이름이 생겼다고 한다. 여러 설이 있지만 전갱이는 감칠맛이 뛰어나므로 가장 설득력 있다.

시마네현 하마다 시의 '돈칫치아지'로 만든 초밥. 지질 10%의 오토로 상태. 입에 넣는 순간 체온에 의해 지방이 녹기 시작하면서 초밥과 잘 어울린다.

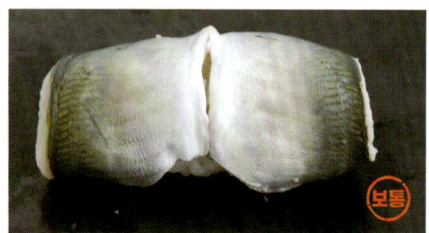

작은 전갱이 1마리를 초에 절여 만든 초밥. 크기는 작아도 지방이 올라 달고 뒷맛은 깔끔하다.

일본 전국에 브랜드 전갱이가 있다

일본 연안에서 흔히 볼 수 있다. 육지에서 떨어진 바다에 사는 가늘고 긴 검은전갱이보다 얕은 곳에 사는 작고 통통한 노랑전갱이가 맛도 좋고 비싸다.
일본 전국에 브랜드 전갱이가 있는데 산지 이름만으로 가격이 오르는 아와지시마산 외에도 전갱이의 지방 함유량을 재어 출하하는 시마네현 하마다 시의 '돈칫치아지', 이케지메를 하여 출하하는 오이타현 사가노세키의 '세키아지', 나가사키현의 '도키아지', 미야자키현 노베오카 시의 '기타우라나다아지' 등이 유명하다.

등 푸른 생선의 대표 격

도쿄 앞바다에서도 많이 볼 수 있는, 대표적인 등 푸른 생선 중 하나. 전갱이는 초에 절여서 초밥을 만드는 것이 기본이다. 날것으로 초밥을 만들기 시작한 시기는 일본의 고도성장기 이후로 요즘은 선도가 높은 전갱이를 유통한다. 제철인 봄부터 여름은 날것으로, 그 외의 계절에는 반드시 초에 절여서 초밥을 만드는 완고한 초밥 요리사가 적지 않다.

> 마루아지

대용품 취급을 받는 것이 아까운 생선
가라지

丸鰺 (마루아지)

DATA
계통 농어목 전갱잇과
서식지 타이완, 동중국해, 일본 남부, 한국 남부 등의 해역에 분포
제철 가을~여름. 맛이 그다지 떨어지지 않는다.
명칭 '아오아지'라고도 부른다.
식흠 데이터 텔레비전 등에서 전갱이라고 당당하게 소개하기도 한다. 이런 모습을 보면 어시장 사람들은 웃지만 전문가도 가끔 구별하지 못한다.

검붉은 살이 많은 것이 단점이지만 이 부위가 맛있다. 지방의 단맛과 검붉은 살의 산미가 독특한 맛을 낸다.

초절임을 한 작은 가라지 반 마리를 껍질째 올린 초밥. 담백하고 세련된 맛이다. 초밥의 산뜻한 맛과 단맛이 잘 어울려 먹기 시작하면 멈추기 힘들다.

전갱잇과지만 전갱이와는 다르다

비교적 따뜻한 해역에 서식한다. 전갱잇과 중에서도 가장 종이 많은 갈고등어속이다. 일본에서는 생선 가게나 슈퍼마켓 등에서 가라지를 전갱이라고 속여 팔기도 하는데 전갱이보다 저렴하고 맛이 좋기 때문이다. 대표 산지나 브랜드는 없고 선망 어업을 하여 대량으로 잡은 것보다 정치망으로 잡아 정성스럽게 손질한 것을 상품上품으로 친다.

연중 지방이 올라 있는 가라지

연중 맛이 좋다. 전갱이보다 저렴한 초밥 재료다. 저렴한 이유는 검붉은 살 부위가 많기 때문이다. 약간 산미가 느껴지지만 이 산미가 가라지의 맛이다. 다랑어나 가다랑어 같은 붉은 살 생선의 맛도 지니고 있다. 작은 것은 초에 절여서, 큰 것은 날것으로 초밥을 만드는 등 다양하게 응용할 수 있다.

가이와리

전갱잇과지만 도미와 비슷
갈전갱이
貝割 (가이와리)

DATA
계통 농어목 전갱잇과
서식지 타이완, 동중국해, 인도양 해역과 북서태평양 해역에 분포
제철 봄~여름
명칭 '긴아지', '멧키', '핏카리'
식食 데이터 가나가와현 사가미만에서는 '가쿠아지'라고 부르는 명물

줄전갱이와 비슷하지만 지방 분포가 다르다. 전체적으로 지방이 올라 생선 살이 하얗게 보인다. 입에 넣으면 지방이 녹으면서 단맛이 느껴지고 서서히 깔끔한 감칠맛이 퍼진다. 초밥과도 기분 좋게 어울리는 최고의 재료.

껍질째 불에 살짝 구워서 만든 초밥. 불맛을 입혀 껍질은 고소하고 지방이 녹으면서 깊은 단맛과 감칠맛이 입속 한가득이다. 초밥이 뒷맛을 깔끔하게 정리해준다.

전갱이 중에서는 이단아

비교적 따뜻하고 수심이 깊은 바다에 사는 몸이 납작하고 둥근 물고기. 외형도 예쁘지만 맛이 좋기로 유명하다. 줄전갱이보다 낫다고 평가하는 사람도 적지 않다. 규슈 등에서 볼 수 있다. 사가미만 주변에서 특히 갈전갱이를 좋아하며 이 고장의 명물이기도 하다. 어획량이 적어 대부분 산지 부근에서 소비되는데 도쿄 등에서도 평이 좋다. 연중 맛이 좋은 편이다.

등 푸른 생선과 흰살생선의 중간 맛

작아도 맛이 좋아서 어시장에서는 손바닥 정도의 크기부터 취급한다.

생선 살에 적당히 탄력이 있고 잘랐을 때 모양과 맛이 좋아 초밥 재료로는 최상급이다. 원래는 산지 주변에서 초밥 재료로 썼지만 다른 지역에서도 서서히 인기를 얻어가고 있다.

시로기스

모래에 사는 귀부인
보리멸

鱚 (기스)

DATA
계통 농어목 보리멸과
서식지 서부 태평양, 인도양, 지중해 등의 열대해역에 분포
제철 봄~여름
명칭 비슷한 생선에 '청보리멸(아오기스)'이 있는데 맛이 좋지 않다. 30㎝ 전후의 큰 보리멸은 '히지타타키'라고 한다.
식食 데이터 짐 초밥에는 빠지지 않는 재료지만 튀김용으로도 인기가 많다. 특히 초여름에 먹는 보리멸 튀김은 맛이 일품.

몸길이 20㎝ 정도 되는 보리멸 반 마리로 만든 초밥. 선도가 높은 생선 살이 아주 투명하다. 맛이 고급스럽고 감칠맛이 강하다. 감귤류나 소금을 곁들여 먹는 것이 좋다.

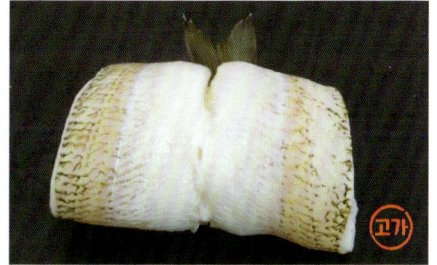 

보리멸 1마리를 전통 방식으로 초절임하여 만든 담백하고 단정한 모양의 초밥. 생선을 손질하여 꼬리까지 사용하는 것은 옛 방식이다.

고급 요릿집이나 선물용으로 쓰이던 생선

비교적 따뜻하고 얕은 바다의 모래 바닥에서 산다. 도쿄만에서는 옛날부터 친숙하지만 안타깝게도 대량으로 잡히지 않는다. 초밥뿐 아니라 튀김이나 고급 요릿집의 맑은국에 사용하므로 어시장에서는 수량이 부족하여 항상 비싸다.
대표 산지는 미카와만, 세토나이카이, 니가타현 등이다. 일본산만으로는 부족하여 동남아시아나 남반구에서 수입을 하기도 한다.

'에도마에즈시'라는 말이 제격

도쿄 도심에서 멀지 않은 곳에서 지금도 잡히며 도쿄만을 대표하는 생선이기도 하다. 작은 생선을 이용하면서 시작된 에도마에즈시 이후 지금까지 쓰여온 초밥 재료. 1마리로 1~2개의 초밥을 만들 수 있어서 인기가 많다.
예전에는 껍질째 초에 절여서 썼지만 지금은 주로 껍질을 벗긴 다음 날것으로 초밥을 만든다.

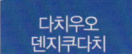

비늘도 꼬리지느러미도 없는 은백색의 괴상한 생선

갈치

太刀魚 (다치우오)

다치우오 초밥. 요즘은 주로 갈치의 껍질을 살짝 구워서 만든다. 금방 구워서 표면의 지방이 액체 상태일 때 입에 넣으면 고소함과 단맛, 깊은 감칠맛을 한 번에 느낄 수 있다.

DATA
계통 농어목 갈칫과
서식지 한국의 서해와 남해, 일본, 중국을 비롯한 세계의 온대 또는 아열대 해역에 분포
제철 여름이 제철이지만 산란기가 길어서 연중 맛이 좋은 갈치가 잡힌다.
명칭 '가타나' 또는 '사베루'라고 한다.
식食 데이터 갈치의 몸 표면을 덮고 있는 것은 비늘이 아니라 은백색의 구아닌이라는 먹을 수 있는 물질이다. 구아닌을 그대로 먹는 것이 맛이 좋다.

1m가 넘는 덴지쿠다치의 껍질을 벗겨서 만든 초밥. 놀랄 만큼 지방이 올라 맛이 달고 초밥과 어울리는 뒷맛이 아주 고급스럽다.

다치우오

덴지쿠다치

최고급 생선인 대형 갈치

일본에서 갈치라고 하면 일본 열도에 넓게 분포하는 '다치우오'와 아열대·열대 해역에 많은 '덴지쿠다치' 2종을 말한다. 덴지쿠다치는 오키나와 같은 지역을 제외하고는 볼 수 없었는데 지금은 온난화의 영향 탓인지 입하량이 늘고 있다.

일반적으로 이 2종을 따로 구별하지는 않는다. 다치우오도 덴지쿠다치도 클수록 맛이 좋아 대형은 비싼 가격에 거래된다. 대표 산지는 와카야마현.

산지에서 쓰던 초밥 재료가 이제는 전국으로

시즈오카현 같은 산지에서 예전부터 초밥 재료로 써왔는데 최근에는 일본 전국에서 인기가 있다. 껍질째 만든 초밥과 껍질을 벗겨서 만든 초밥은 맛이 다르다. 은백색의 껍질 자체에 특유의 맛이 있어서 산지에서는 껍질을 중요하게 생각한다. 단, 대형 갈치의 껍질은 딱딱해서 호불호가 갈린다. 그래서인지 최근에는 껍질을 살짝 구워서 초밥을 만든다. 지방이 오른 제철의 대형 갈치는 최고급 재료이므로 아주 비싸다.

사와라

누름 초밥에 빠지지 않는 생선
삼치

鰆 (사와라)

DATA
계통 농어목 고등엇과
서식지 북서 태평양의 온대 해역에 분포
제철 겨울~봄
명칭 성장 시기에 따라 '사고시(사고치)', '야나기', '사와라'라고 이름을 구별하여 부르는 출세어
식食 데이터 보통 '가라스미'는 숭어알을 건조한 것을 말하는데 가가와현에서는 삼치의 난소로도 만든다. 숭어알과는 또 다른 맛이다.

생선 살이 투명한 것보다 하얀 것이 지방이 많다. 사르르 녹는 식감에 강한 단맛이 참치 뱃살과는 또 다른 맛이다.

사고시의 껍질을 살짝 구워서 만든 초밥. 작은 '사고시'는 대형 '사와라'와 맛이 다르다. 사고시는 껍질 자체에 향이 있다.

등 푸른 생선

서식지를 점점 넓혀가는 삼치

주로 남일본南日本에 서식하는데 점점 서식지를 북쪽으로 넓혀 최근에는 홋카이도에서도 잡힌다. 전갱이나 고등어 등을 공격하는 1m 이상의 육식성 어류다. 몸길이 50㎝ 이하를 '사고시(사고치)', 70㎝ 전후를 '야나기', 그 이상의 삼치를 '사와라'라고 부르는 출세어다. 동해에서의 어획량이 늘었지만 식문화로 보면 세토나이카이가 유명하다. 쥠 초밥 이전의 누름 초밥이나 흩뿌림 초밥 등에 빠지지 않는 생선이었다.

간사이 지방에서 주로 사용하는 초밥 재료

세토나이카이나 간사이 지방에서는 일반적인 초밥 재료로, 네타케이스 안에서 참치보다 눈에 띈다. 큰 것이 맛이 좋지만 매우 비싸다. 크기가 작은 삼치를 껍질째 살짝 굽거나 초에 절여서 만든 초밥은 비교적 저렴하게 즐길 수 있어서 인기 만점.

도비우오

사계절 내내 다른 종류가 어시장에 진열
날치

飛魚 (도비우오)

DATA
계통 동갈치목 날칫과
서식지 한국, 일본, 대만 등에 분포
제철 봄~가을
명칭 봄날치, 여름날치, 가을날치처럼 계절을 뜻하는 말이 앞에 붙는다.
식용 데이터 말리거나 쪄서 다양한 가공품으로 만든다.

큰 봄날치를 날것으로 사용하여 파와 생강을 올린 초밥. 감칠맛이 강하고 뒤에 단맛이 느껴진다.

여름날치의 껍질을 살짝 구워서 만든 초밥. 껍질에 특유의 단맛을 느끼게 하는 향이 있다. 지방이 오른 초여름 날치는 입속에서 사르르 녹는다.

가을날치를 식초에 절여서 만든 초밥. 감칠맛이 강하고 검붉은 살에 산미가 있는 등 푸른 생선 특유의 맛을 식초로 완화시켜 뒷맛이 깔끔하다.

매화가 피기 전부터 단풍이 들 때까지 계속 입하

거대한 가슴지느러미를 가지고 있으며 종에 따라서는 바다 위를 600m도 난다. 도쿄에는 매화가 피는 시기부터 초여름까지 야쿠시마와 이즈제도에서 봄날치(하마토비우오)가 들어온다. 초여름에는 여름날치(쓰쿠시토비우오/혼토비우오)가, 9월에는 가을날치(도비우오)가 들어온다. 일본의 슈퍼마켓 등에서 쉽게 볼 수 있지만 모두 '도비우오'라고 불러서 헷갈리기 쉽다.

저렴하고 맛이 좋은, 계절을 느낄 수 있는 날치

초봄의 봄날치 외에는 비교적 저렴해서 회전 초밥집에도 등장한다. 그런데 날치가 식용 생선이라는 사실을 모르는 사람이 의외로 많다. 주로 날것으로 초밥을 만들지만 식초에 절이거나 껍질을 살짝 구워서 쓰기도 한다. 맛이 담백하고 거부감이 없으며 등 푸른 생선의 풍부한 감칠맛을 느낄 수 있다.

> 하타하타

말리거나 찌개로만 먹기에는 아까운 생선

도루묵

鰰 (하타하타)

DATA
계통 농어목 도루묵과
서식지 알래스카주, 사할린, 캄차카반도, 동해 등의 북태평양 해역에 분포
제철 가을~봄
명칭 도토리현에서는 '시라하타'라고 부른다.
식용 데이터 아키타현에서는 도루묵 난소를 구운 '부리코'를 즐겨 먹는다.

은백색의 아름다운 모습만큼이나 맛이 고급스럽고 담백하다. 적당히 달아 계속 손이 간다.

껍질은 조금 딱딱하지만 씹으면 씹을수록 깊은 감칠맛과 독특한 풍미가 느껴진다.

> 등 푸른 생선

홋카이도와 동해 등에 넓게 분포

비교적 차가운 수역의 깊은 모래 지역에 서식하는데 산란기가 되면 얕은 곳으로 이동한다. 오래전부터 산지 아키타현에서는 산란 회유하는 도루묵을 잡아 '시라코', '부리코'라고 부르는 알로 전골을 해 먹거나 구워 먹었다. 도루묵을 한자로 '뢰鰰'로 표기하는 것은 천둥과 벼락이 치고 물결이 거셀 때 많이 잡히기 때문이다.

최근에는 산란기 외에도 먼바다로 나가 도루묵을 잡는다. 덜 자란 도루묵이지만 지방이 올라 맛이 좋다.

봉 초밥이나 쥠 초밥에 어울리는 재료

산지에서는 예전부터 도루묵을 봉 초밥이나 쥠 초밥에 써왔다. 기본적으로 식초에 절여서 쓴다. 도루묵이 잡히는 시기와 쥠 초밥에서는 빠지지 않는 전어의 입하량이 불안정한 시기가 겹쳐서 도루묵을 초밥 재료로 사용한 것 같다.

마다이·지다이·기다이

17세기 초부터 써온 전통 초밥 재료
새끼 도미

春日子 (가스고)

새끼 참돔 색이 조금 탁한 새끼 참돔은 살이 단단하고 감칠맛이 강하다. 새끼 도미 중에서 맛이 가장 좋다고 평가하는 요리사도 있다.

DATA
제철 참돔은 가을부터 겨울이 제철이고, 붉돔과 황돔은 연중 맛이 좋다.
참조 참돔→78, 붉돔→79, 황돔→80

도쿄만의 얕은 곳에서 무리를 지어 다닌다

도밋과의 바닷물고기. 큰 도미는 먼바다에서 살지만 새끼들은 비교적 얕은 곳에서 무리를 지어 다닌다. 에도 시대에는 도쿄만에서도 새끼 도미가 많이 잡힌 덕분에 포장마차에서 가볍게 먹는 초밥에 올라오기도 했다. 물론 큰 물고기도 잡혔지만 좋은 것은 신분이 높은 집에서 사갔으므로 비싸게 팔렸을 것이다.

초밥은 19세기 초에 급속도로 늘어났고, 당시에는 도쿄 앞바다의 싸고 맛있는 작은 생선을 이용하는 것이 기본이었다. 새끼 도미 가스고는 '등 푸른 생선 삼존三尊'이라고도 부른다.

종에 따라 맛이 다른, 일본 3대 도미의 치어

참돔, 붉돔, 황돔은 일본의 '3대 도미'라고 할 수 있다. 수입산 도미나 열대 해역 등에서 잡은 도미, 뱅에돔 등도 있지만 참돔, 붉돔, 황돔이 일반적이다. 요즘은 '가스고'라고 하면 새끼 붉돔을 가리키는 경우가 많고, 어시장에서도 새끼 붉돔을 가장 많이 볼 수 있다.

새끼 붉돔 벚꽃이 연상되는 새끼 붉돔은 고운 빛깔을 살리기 위해 초밥 요리사가 세심한 주의를 기울이는 재료다. 육질이 적당히 부드럽고 초밥과도 잘 어울려 기분 좋은 단맛을 느낄 수 있다.

새끼 황돔 간토 지방에서는 보기 힘든 새끼 황돔은 주로 간사이 지방에서 사용하는 초밥 재료. 황적색 바탕에 노란 무늬가 있다. 식초에 절여도 고급스럽고 뒷맛이 좋아 질리지 않는다.

> 마아나고

간토 지방에서는 삶고, 간사이 지방에서는 굽는다
붕장어

穴子 (아나고)

머리 쪽 부위를 상미, 꼬리 쪽 부위를 하미라고 한다. 상미는 껍질이 위로, 하미는 생선 살이 위로 향하도록 놓고 초밥을 만든다. 일반적으로 하미가 맛이 좋아 초밥집 등에서는 상미가 마지막까지 남는다. 입에서 녹을 정도로 부드럽게 삶아 초밥을 만들기 직전에 겉을 살짝 굽는다. 삶은 붕장어 초밥은 고추냉이를 곁들이지 않는다.

오사카의 어시장에서 구워서 만든 초밥. 간사이 지방에서는 초밥뿐 아니라 다양한 요리에 구운 붕장어를 활용한다. 껍질에 불맛을 더해 고소하고 맛이 강하다. 초밥의 산미와 궁합이 좋고 고추냉이와도 잘 어울린다.

DATA
계통 뱀장어목 붕장어과
서식지 대서양·인도양·태평양에 분포
제철 여름
명칭 '하카리메' 또는 '하무'라고도 한다.
식용 데이터 도시에 가까운 내만內灣에 많아서 친숙한 생선이다. 주로 간토 지방에서는 삶고 간사이 지방에서는 굽는다. 튀김용으로도 쓴다.

내만에서 흔히 볼 수 있는 붕장어
도시가 있는 내만에서도 볼 수 있다. 야행성으로 낮에는 구멍에 들어가 생활을 하므로 일본에서는 '아나고'라고 부른다.
장어류 중에서는 붕장어의 어획량이 가장 많다. 오래 전부터 도쿄만 하네다 앞바다 등에서 잡히는 붕장어가 유명하며 최고급으로 친다. 이외에 조반 지방과 미카와만, 세토나이카이 등 산지가 많다. 한국산도 품질이 좋아 일본에서 비싸게 팔린다.

이케지메한 붕장어 중 사후경직 전의 것을 선택
이케지메한 붕장어가 크기별로 분류되어 어시장으로 입하된다. 초밥집에 따라서 크기와 삶는 방법 등이 다르다. 삶은 붕장어를 그대로 쓰는 곳이 있는가 하면 살짝 구워서 만드는 곳도 있다. 기본적으로 크기가 작은 붕장어는 1마리를 다 사용하고 중간 크기로는 초밥 2개, 큰 붕장어는 잘라서 초밥을 만든다. 또 간토 지방에서는 삶은 붕장어를, 간사이 지방에서는 구운 붕장어를 쓰지만 최근에는 간사이 지방에서도 삶은 붕장어를 선호하는 초밥집이 있다.

고텐아나고

지방은 많지 않아도 훌륭한 맛
눈테붕장어

御殿穴子 (고텐아나고)

DATA
계통 뱀장어목 붕장어과
서식지 일본 각지의 얕은 모래에 서식
제철 봄~여름
명칭 '시로아나고', '긴아나고', '메바치'
식용 데이터 튀김도 초밥도 맛있지만 붕장어보다 못하다.

입속에서 녹을 정도로 삶아, 고추냉이를 넣고 만든 초밥. 붕장어보다 맛이 가벼우면서 단맛이 강한데 초밥과의 일체감이 느껴진다.

눈 뒤쪽에 아이섀도를 한 것 같은 짧은 심줄이 보인다.

꼬리 쪽 부위를 구워서 만든 초밥. 지방의 단맛보다 감칠맛과 불맛의 고소함이 더 느껴진다. 초밥과의 조화가 절묘하다.

붕장어와는 다른 비교적 깨끗한 모래에 서식

일본 각지의 얕은 바다의 모래 바닥에 서식한다. 그물 등으로 잡지만 붕장어보다 어획량이 적다. 효고현 아카시 등에서는 '시로아나고'라고 하여 가격이 많이 떨어진다. '고텐아나고'라는 뜻은 눈 뒤쪽에 눈 화장을 한 것처럼 보이는 거무스름한 부분이 있기 때문이다. '마치 신분이 높은 집에서 일하는 시녀의 화장 같다'고 해서 붙여진 이름이다.

붕장어에 비해 고급스럽고 담백한 맛

일본에 유통되는 붕장어과는 눈테붕장어, 붕장어, 은붕장어 등 3종이 있다. 그중에서 붕장어가 가장 맛이 좋고 나머지 2종은 지방이 적고 감칠맛이 떨어진다. 눈테붕장어의 생선 살은 흰살생선처럼 맛이 담백하고 은은하다. 눈테붕장어를 먹어보면 지방이 올라 입속에서 녹는 것만이 장어의 장점이 아니라는 사실을 알게 된다. 원래 삶은 장어는 고추냉이를 넣지 않고 초밥을 만들지만 눈테붕장어는 고추냉이와도 잘 어울린다.

이라코아나고

'아나고'라는 이름으로 유통되는 심해어
이라코아나고

伊良子穴子 (이라코아나고)

DATA
학명 Synaphobranchus kaupii Johnson, 1862
계통 뱀장어목 긴꼬리장어과
서식지 홋카이도 이남부터 동중국해
제철 모두 가공품이므로 특별히 제철이 없다.
명칭 이바라키현 이시노마키에서는 '오키하모'라고 부른다.
식용 데이터 일본의 슈퍼마켓 등에서 붕장어보다 많이 볼 수 있다. 아주 저렴하고 맛도 나쁘지 않다.

양념하여 구워서 파는 가공품을 초밥집에서 겉만 살짝 구워 만든 초밥. 생선 살의 탄력은 조금 떨어지지만 살이 부드럽고 붕장어와 식감이 비슷하다.

입 중앙 위에 눈이 있다.

붕장어처럼 간장, 술, 설탕으로 조려서 만든 초밥. 의외로 생선 살이 담백하고 맛에 깊이가 있다.

한자로 '穴子'라고 표기하는 것이 문제

홋카이도 이남의 수심 3000m 이상의 해저에 서식하는 심해어. 이라코아나고는 붕장어과가 아니라 긴꼬리장어과에 속한다. 줄 모양의 비늘이 확실하게 보이고 점액이 없는 것이 특징이다. 저인망 어업으로 잡기 때문에 미야기현 등의 항구에서는 흔하게 볼 수 있는 어종이다. 옛날에는 쓰보다이를 잡는 그물에 섞여서 올라오는 귀찮은 생선 취급을 받으며 먹지도 않았지만 요즘은 양념을 하여 구워서 가공품으로 만든다.

주요 산지는 미야기현과 홋카이도다. 안타깝게도 물이 좋은 이라코아나고는 거의 유통되지 않는다.

E레인 회전 초밥집에도 등장

붕장어와는 전혀 다른 생선이기 때문에 식감과 맛 등도 다르다. 껍질과 생선 살은 부드러운데 맛에는 특별한 특징이 없다. 가공품으로 만들어진 것을 주로 초밥 재료로 쓰므로 가공품을 만드는 곳의 기량이 필요하다. 양념하여 구워서 사용하는 것이 일반적이다.

마루아나고

지구 반대편에서 온 생선
마루아나고

丸穴子 (마루아나고)

DATA
학명 Ophichthus remiger Valenciennes
계통 뱀장어목 바다뱀과
서식지 남미의 서쪽 해안
제철 수입하므로 특별히 제철이 없다.
명칭 일본에서는 단순히 '아나고'라고 부른다.
식용 데이터 분류학적으로 바다뱀과에 속하지만 맛이 좋아서 식용하며 아주 인기가 많다.

마루아나고를 삶아서 만든 초밥. 붕장어처럼 맛이 진하지는 않다. 지방이 적어 뭔가 부족하다고 느끼는 사람도 적지 않다. 그러나 담백하면서도 거부감이 없어 초밥 재료로는 괜찮다.

사진: 《새로운 얼굴의 생선》 복각판(아베 기하루 지음, 만보사)

바다뱀과에 속하지만 파충류가 아니라 어류

남북아메리카 대륙의 서쪽 해안에 서식한다. 바다뱀과라고 하면 놀랄 수도 있지만 크게 분류하면 뱀장어에 속한다. 바다뱀과의 기본이 된 생선을 사가미만에서 '바다뱀'이라고 불렀기 때문에 이런 헷갈리는 과명(科名)이 붙여졌다.

주요 산지는 페루다. 현지에서는 맛이 좋아 식용한다. 바다뱀과 물고기는 세계에 약 250종이 있지만 거의 식용하지 않는데 마루아나고는 드물게 식용한다. 일본에서는 세계의 해양 자원을 조사하던 1980년대부터 식용해온 것으로 알려져 있다.

지방이 거의 없고 담백한 맛

1980년대 말, 일본에서 붕장어의 개체 수가 현저히 줄어들어 그 대용품을 찾고 있을 때 마루아나고가 혜성같이 등장했다.

당시에는 붕장어에 비해 지방이 적고 맛에 개성이 없다는 낮은 평가를 받았지만, 이 말은 바꾸어 말하면 누구나 거부감 없이 먹을 수 있는 담백한 맛을 가진 생선이라는 뜻이기도 하다. 담백한 맛을 좋아하는 사람들에게 안성맞춤인 초밥 재료다.

우나기

도쿄의 후카가와(深川)에서 양식을 시작한 지 130년
뱀장어
鰻 (우나기)

DATA
계통 뱀장어목 뱀장어과
서식지 한국, 일본, 중국, 대만, 필리핀, 유럽에 분포
제철 자연산 뱀장어는 가을부터 초겨울이 제철이고, 양식 뱀장어는 초여름이 제철
명칭 치어를 '시라스', 뱀장어의 형태를 갖추기 시작한 작은 것을 '구로메', 초대형을 '오오우나기'라고 구별하여 부른다.
식솔 데이터 간사이 지방에서는 배 쪽을 잘라서 펼치고 간토 지방에서는 등 쪽을 잘라서 펼친다.

양념을 바르지 않고 구워서 만든 초밥. 초밥을 만들기 직전에 살짝 구워서 소금을 뿌리고 고추냉이를 곁들였다. 양념을 발라서 구운 가바야키보다 담백하고 뱀장어 본연의 맛을 즐길 수 있다. 고추냉이가 조금 무거운 맛에 잘 어울린다.

가바야키는 초밥을 만들기 직전에 구워 따뜻할 때 먹는 것이 가장 좋다. 먹기 전에 향을 음미한 다음 달콤 짭짤한 소스와 함께 사르르 녹는 부드러운 살이 초밥과 어우러지는 맛을 즐기면 된다. 기분까지 행복해지는 초밥.

뱀장어로 여름 더위를 이기는 풍습은 17세기 초부터

괌 인근의 깊은 바다에서 산란하여 버드나무 잎처럼 생긴 치어가 난류를 타고 북상한 다음 하천에서 성장한다. 몇 년간 하천에서 성장한 성어는 산란을 하기 위해 다시 바다로 내려간다. 19세기 중후반부터 양식을 했는데 지금은 자연산 뱀장어가 거의 없다. 가을부터 겨울까지 실뱀장어를 잡아 장어를 먹는 복날인 '도요노우시노히'를 대비해서 키운다. 원래 자연산은 가을부터 겨울까지가 제철이어서 여름에는 가게를 열어도 손님이 없었다. 이를 고민한 장어 상인들을 위해 학자인 히라가 겐나이(平賀源内)가 '도요노우시노히에 장어나 뱀장어를 먹으면 여름 더위를 이길 수 있다'는 말을 만들었다고 한다.

가바야키의 본고장은 규슈

가바야키는 초밥을 만들기 직전에 구운 다음 소스를 발라 따뜻할 때 손님에게 내는 것이 기본이다. 간토 지방 주변에서는 고도성장기 때부터 가바야키를 만들기 시작했다. 규슈 지방이 역사적으로는 오래되었다. 초밥과의 궁합도 좋고 뱀장어를 중국에서 수입도 하므로 지금은 회전 초밥집에서 자주 볼 수 있다.

하모

교토의 기온마츠리에서 20만 개가 소비
갯장어

鱧 (하모)

> **DATA**
> **계통** 뱀장어목 갯장어과
> **서식지** 남해와 서해, 일본과 중국 인근 해역, 호주 북부에 이르는 서부 태평양에 분포
> **제철** 여름
> **명칭** '혼하모' 또는 '우미우나기'
> **식食 데이터** 오사카 등에서는 갯장어 껍질과 오이 등을 넣고 초무침을 해 먹는다.

호네기리를 한 갯장어의 표면을 살짝 구워서 만든 초밥. 확 퍼지는 단 향과 입속에서 녹는 식감이 일품이다. 고추냉이 간장에 찍어 먹어도 좋고 영귤과 소금을 곁들여도 맛있다.

호네기리를 한 갯장어를 뜨거운 물에 살짝 데친 것을 교토에서는 '오토시', 오사카에서는 '지리'라고 한다. 고명으로 매실초를 올린 갯장어 초밥은 모양이 화사하고 맛이 고급스럽다.

바다에서 떨어진 교토에서 만든 갯장어 요리

따뜻하고 얕은 해역에 서식한다. 뱀장어와 비슷하지만 이빨이 매우 날카롭다. 암컷이 수컷에 비해 크고 식용하는 것도 주로 암컷이다.

생명력이 강하므로 바다에서 떨어진 교토에 보내도 죽지 않는다. 활어를 구하기 힘들던 교토에서는 갯장어가 귀했지만 온몸이 뼈로 덮여 있어서 먹기 힘들었다. 그래서 생선 살에 촘촘하게 칼집을 넣어 잔뼈를 잘라주는 '호네기리'라는 기술이 생겼다. 이 기술 덕분에 사람들은 갯장어를 먹기 시작했고 고급 생선으로 다시 태어나게 되었다.

간사이 지방이 본고장이지만 이젠 전국으로

교토나 오사카 외에도 갯장어의 가장 큰 산지인 규슈 그리고 간토 지방에서 맛있는 갯장어 초밥을 먹을 수 있다. 교토 지역에서는 갯장어를 구워서 달콤 짭조름한 소스를 바른 다음 전통 봉 초밥을 만들거나 쥠 초밥으로 만든다. 호네기리하여 뜨거운 물에 살짝 익힌 다음 초밥 위에 매실초를 올리기도 한다.

히라메

고급 흰살생선의 최고봉
광어

鮃 (히라메)

DATA
계통 가자미목 넙칫과
서식지 한국, 중국, 일본의 인근 해역에 분포
제철 가을~겨울
명칭 옛 일본에서는 광어와 가자미를 구분하지 않고 모두 가자미라고 불렀다. 광어는 '오구치가레이' 또는 '오가레이'라고 했다.
식을 데이터 크면 클수록 맛이 좋다.

아오모리산 자연산 광어의 등살로 만든 초밥. 조금 두툼하게 잘라 흰살생선 특유의 감칠맛을 느낄 수 있다.

지느러미살인 '엔가와'는 쫄깃쫄깃한 식감이 좋으며 안에서 흘러나오는 지방이 달고 입속에서 감칠맛이 퍼진다.

특상特上의 초밥 재료

몸길이가 1m 정도 되는 대형어로 생선 중에서는 손꼽히는 고급 생선이다. 출세어로 1kg 전후를 '소게', 약 2kg까지를 '다이소게', 그 이상을 '히라메'라고 한다. 위에서 봤을 때 모양이 둥글고 옆에서 봤을 때 두툼한 것이 상품이다. 또 아침까지 살아 있던 광어를 그 자리에서 잡아 초밥으로 만든다.

작은 것보다 큰 것이 초밥 재료로 적당하다. 추운 시기에는 어떤 생선으로도 대체하기 힘든 최고의 맛을 자랑한다. 그런데 봄이 되는 순간 큰 광어는 맛이 떨어지기 때문에 연중 맛이 무난한 '소게'를 주로 쓴다.

'엔가와'는 덤이 아니다

큰 광어 1마리에서 지느러미살인 '엔가와'는 네 쪽 정도 나온다. 엔가와는 초밥의 맛을 아는 손님에게 내는 특별 부위다. 북쪽 바다에서 흔하게 잡히는 가자미에 비해 지방은 적지만 깊은 맛과 씹는 식감은 가자미와 비교할 수 없다.

오효

다다미보다 더 크게 자라는 거대어
마설가자미

大鮃 (오효)

DATA
계통 가자미목 가자밋과
서식지 일본 북부, 오호츠크해, 베링해, 멕시코 북부 등에 분포
제철 여름
명칭 '오가레이' 또는 '마스가레이'
식용 데이터 미국에서는 광어보다 높이 평가한다.

오래전부터 초밥을 만들어온 초밥 장인은 '이건 김초밥에 쓰는 생선가루로나 만들 생선'이라고 싫어하지만 은은한 단맛이 나는 마설가자미는 버리기에 아깝다. 천천히 맛을 음미하고 싶은 초밥이다.

맛이 담백해서 자꾸 손이 간다

산지가 홋카이도 같은 북쪽 지방이라 산지 외에는 보기 힘듬. 몸길이가 3m까지 자라는 세계에서 가장 큰 가자미다. 선도가 좋으면 놀랄 만큼 맛이 좋아 미식가였던 작가 가이코 다카시 開高健도 그 맛을 인정했다. 오래전부터 냉동 유통되어 김초밥에 들어가는 생선가루인 '오보로'의 원료로 사용되었다. 그런데 지금은 주로 날것으로 유통되므로 그대로 초밥 재료로 쓴다. 투명감이 느껴지는 아름다운 흰살생선인 마설가자미는 맛이 담백하고 은은하다.

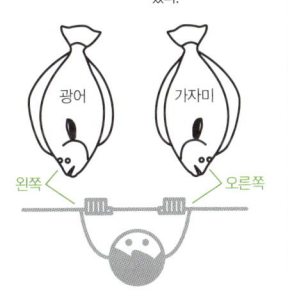

광어와 가자미 구분법

광어는 검은 부분을 위로 향하게 하고 머리를 앞쪽으로 놓았을 때 눈이 왼쪽에 몰려 있다.

가자미는 검은 부분을 위로 향하게 하고 머리를 앞쪽으로 놓았을 때 눈이 오른쪽에 몰려 있다.

※종에 따라서 예외도 있다.

흰살생선

> 마코가레이

초밥 재료로 '가자미'라고 하면 단연코
문치가자미

鰈 (마코가레이)

DATA
- **계통** 가자미목 가자밋과
- **서식지** 홋카이도, 동중국해, 한국 연안에 분포
- **제철** 초여름~가을
- **명칭** 입이 작아 '구치보소'라고도 부른다.
- **식욕 데이터** 여름에는 생선 살이 맛있고 겨울에는 알이 맛있다.

맛이 담백하고 고급스러운 문치가자미 초밥은 단맛이 한 번에 느껴지지 않고 서서히 느껴진다. 입속에서 초밥과 생선 살이 어우러지면 맛이 더욱 깔끔해 먹고 나면 다시 손이 가는 초밥이다.

감칠맛과 단맛을 얇은 껍질이 싸고 있는 '엔가와'는 씹는 식감이 좋다. 문치가자미 1마리에서 초밥 4개를 만들 수 있는 분량밖에 나오지 않아 단골이 아니면 먹지 못하는 초밥집도 더러 있다.

잡는 방법과 입하 상태에 따라 가격이 다르다

일본에서 가자미라고 하면 문치가자미를 말한다. 몸은 달걀 모양의 타원형으로 두 눈 사이가 좁고 입이 작다. 저인망 어업(트롤링)보다 소형 어선의 자망(刺網) 등으로 잡은 1kg 전후의 활어가 가장 비싸다. 보통 가격의 10배 이상이다.

대표 산지는 홋카이도와 도호쿠, 도쿄만, 세토나이카이 등이다. 특히 오이타현 히지초의 '시로시타가레이'를 최고로 친다.

원래는 따뜻한 시기가 제철

나무에 새싹이 돋아나면 쓰키지 어시장의 경매장을 구경하고 싶어진다. 이곳에서 문치가자미를 찾는 사람은 대부분 고급 초밥집에 생선을 공급하는 중간 도매업자다. 이들은 초밥집의 영업시간에 맞춰 생선을 배달한다. 엄격한 기준으로 고른 문치가자미로 만든 초밥은 일반적인 흰살생선 초밥의 개념을 뛰어넘는다. 요즘은 문치가자미의 제철이 길어져 그 맛을 오래 즐길 수 있다.

> 이시가라레이

죽은 돌가자미는 '그냥 줘도 받지 않는다'
돌가자미

石鰈 (이시가레이)

DATA
계통 가자미목 가자밋과
서식지 한국, 일본, 중국, 대만에 분포
제철 여름
명칭 '이시모치가레이'라고도 부른다.
식술 데이터 몸 표면에 진짜 돌이 있다. 비늘이 변해서 생긴 것인데 여기에서 냄새가 난다고 한다. 돌처럼 딱딱해서 요리하기 전에 제거해야 한다.

반나절 정도 숙성시킨 돌가자미로 만든 초밥으로 마치 새하얀 눈을 보는 것 같다. 맛도 모양처럼 단정하고 단맛과 감칠맛이 깔끔하지만 씹히는 식감을 음미하다 보면 그 종합적인 맛에 감동할 수밖에 없다.

생돌가자미의 '엔가와'는 살이 도톰하고, 강한 단맛과 감칠맛이 입속 가득 퍼진다.

도쿄에서만 고급 생선으로 대우

홋카이도부터 규슈, 동중국해 등의 얕은 모래 진흙 바닥에 서식하는 대형 가자미다. 어획량이 풍부해 산지에서는 저렴한 가자미로 유명하다. 그런데 여름에 흰살생선이 귀한 도쿄에서는 17세기 초부터 돌가자미를 고급 생선으로 취급해왔다. 지금도 여름이 가까워지면 농어와 함께 가격이 오른다.

초밥 재료나 회로 먹는 것은 원칙적으로 활어다. 가자미 종류는 죽으면 감칠맛 성분이 빠르게 감소하므로 이케지메를 해도 그다지 좋은 평을 받지 못한다. 도쿄의 어시장에서는 돌가자미, 문치가자미, 농어를 여름 3대 활어라고 한다.

호불호가 갈리는 돌가자미만의 독특한 풍미

오래전부터 돌이 붙어 있는 껍질에서 냄새가 난다고 알려져 있는데 돌을 제거한 활어에서도 냄새가 난다는 요리사가 있다. 담백하고 독특한 풍미가 있는 돌가자미는 초밥 재료로 손색없다. 초밥 전문가들도 그만 이 맛에 감동한다.

흰살생선

마쓰카와가레이

맛이 좋아 양식도 하는 신비로운 북쪽 가자미
노랑가자미

松皮鰈 (마쓰카와가레이)

노랑가자미의 앞쪽 등 부위로 만든 초밥. 약간 붉은빛이 도는 생선 살의 맛은 진한 편인데 초밥과 어우러져 입속에서 사라져도 뒷맛이 남는다.

DATA
계통 가자미목 가자밋과
서식지 한국, 일본, 쿠릴열도, 사할린, 오호츠크해 등에 분포
제철 가을~겨울
명칭 미야자키현 시오가마에서는 '하다가레이'라고 부른다.
식盦 데이터 일본의 북쪽 지방에서는 광어보다 높게 평가한다. 어획량이 적고 자연산은 아주 귀하다.

쫄깃쫄깃하게 씹히는 식감이 좋은 '엔가와'를 입에 넣으면 서서히 감칠맛이 느껴진다.

검은색 줄이 있는 지느러미.

맛이 환상적인 자연산

비교적 북쪽 지방에서 잡히는 대형 가자미. 소나무 껍질처럼 까슬까슬한 비늘이 있어 '마쓰카와가레이'라고 부른다. 노랑가자미보다 남쪽에 서식하는 범가자미와 같은 종이다. 가나가와현 요코하마 주변에서는 범가자미를 마쓰카와가레이라고 부른다.

예전부터 고급 가자미로 유명했지만 어획량이 점점 감소하여 한때는 거의 찾아볼 수 없었다. 지금은 치어의 방류와 양식으로 감소한 어획량을 보충하고 있다. 시중에 유통되는 노랑가자미 중에 자연산은 드물어서 아주 귀하다. 가을부터 겨울이 제철인 노랑가자미는 도호쿠와 홋카이도에서 도쿄 어시장으로 들어온다.

광어보다 최고급 생선으로 대접받는다

북쪽 지방에서는 흰살생선이라고 하면 광어와 가자미 종류를 말한다. 그 최고봉에 있는 것이 노랑가자미다. 네타케이스 안에서도 중앙에 놓여 있다. 고급스럽고 담백할 뿐 아니라 단맛과 감칠맛이 강하다. 비싸지만 먹어볼 가치가 있다.

호시가레이

최상급의 '엔가와'를 자랑
범가자미

星鰈 (호시가레이)

가자미 중에서는 맛이 진하다. 영귤을 짜서 뿌린 다음 취향에 따라 소금이나 간장과 함께 먹는다. 소금을 뿌려 먹으면 범가자미 본연의 맛을 느낄 수 있고 깔끔하다.

DATA
계통 가자미목 가자밋과
서식지 한국, 일본, 중국, 연해 지방 등 북서 태평양의 아열대 해역에 분포
제철 봄~가을
명칭 '모치가레이' 또는 '우구이스'
식용 데이터 17세기 초부터 식감에 대한 이야기가 전해 내려올 만큼 도쿄 앞바다를 대표하는 생선. 요즘 도쿄 앞바다에서 잡히는 범가자미는 아주 귀하다.

범가자미의 '엔가와'는 가자미 중에서도 최상급이다. 쫄깃쫄깃하게 씹히는 식감이 좋고 감칠맛이 퍼지면서 절묘한 맛이 난다.

검은색 둥근 점이 있는 지느러미.

노랑가자미보다 남쪽에 서식

생김새가 노랑가자미와 매우 흡사하다. 범가자미는 지느러미와 몸통에 둥근 점이 있고, 노랑가자미는 검은 줄이 있는 것이 다르다. 무늬가 없다면 2종을 구별하기 힘들 정도다. 고급 생선으로 알려져 있지만 어획량이 해마다 감소하여 일본 각지에서 치어를 부화시키거나 방류하고 있다.

산리쿠 지방과 규슈 북부 등 범가자미를 귀하게 여기는 곳이 많은데 특히 도쿄에서 인기 만점이라고 할 수 있다. 어시장의 중간 도매업자 중에서는 광어나 문치가자미 이상으로 범가자미의 맛을 높게 평가하는 사람들이 적지 않다.

이케지메도 좋지만 역시 활어

오래전부터 도쿄 사람들이 좋아했다. 도쿄만에서 잡은 범가자미를 최고로 치는데 지금은 보기 힘들다. 대신 산리쿠를 비롯하여 일본 각지에서 도쿄로 들어온다. 도쿄에서 고가로 거래되므로 쓰키지 어시장에는 가장 좋은 범가자미가 진열되어 있다. 흰살생선 중에서 맛이 좋기로 유명하며 초밥 재료로도 최상급이다.

메이타가라레이
나가레메이타

가자미의 왕
도다리

目板鰈 (메이타가레이)

DATA
계통 가자미목 가자밋과
서식지 북서 태평양의 온대 해역에 분포
제철 봄~여름
명칭 눈 부위가 높이 솟아올라 있어서 '메다카가레이'라 부르기도 하고, 단맛이 강해 '아마테'라고도 부른다.
식습 데이터 세토나이카이를 대표하는 생선 중 하나

간장을 찍어 먹어도 좋지만 특유의 풍미와 독특한 감칠맛은 감귤류의 과즙과 소금을 뿌려 먹어야 배가된다. 초밥과 어우러져도 존재감이 살아 있으며 흰살생선 중에서는 맛이 진하다.

무늬가 일정하지 않은 메이타가레이.

나가레메이타가레이 초밥. 메이타가레이와 아주 비슷해서 기대하고 먹으면 배신감을 느끼게 된다. 은은한 맛은 있지만 감칠맛이 떨어져서 생선 맛이 초밥 맛에 묻힌다.

지느러미와 몸통 전체에 둥근 무늬가 있는 나가레메이타가레이.

서식지가 넓은 도다리

홋카이도 이남과 서일본의 얕은 바다에 서식한다. 눈 사이에 판 모양의 뼈가 있어서 일본에서는 '메이타가레이'라고 부른다. 오랫동안 도다리는 맛이 좋은 것과 맛이 떨어지는 2종이 있다고 믿어왔는데 최근에 맛이 떨어지는 것은 '나가레메이타가레이'라는 도다리와는 다른 물고기라는 사실이 밝혀졌다. 도다리가 맛이 좋다는 사실이 증명된 것이다.

산리쿠나 간토 지방 근해 등에서 도다리가 들어오는 도쿄에서는 인기가 없고 싸다. 반면 세토나이카이와 서일본에서는 인기가 많다. 지금도 좋은 도다리는 서쪽에서 들어온다.

은은한 솔잎 향이 나는 맛이 독특한 생선

껍질에서 솔잎 냄새가 난다고 '마쓰바가레이'라고 부르는 지역도 있다. 껍질 아래의 생선 살은 아주 맛이 좋지만 간토 지방에서는 이 냄새 때문에 싫어한다. 도다리는 일반적으로 진한 감칠맛이 나고 씹는 식감이 좋다. 간사이 지방의 미식가는 '가자미의 왕'이라고도 한다. 물론 초밥 재료로도 손색없다.

사메가레이

못생겨서 가격이 싼 생선의 대명사
줄가자미

鮫鰈 (사메가레이)

흰살생선이지만 입에서 살살 녹고 맛이 달다. 식감이 참치 대뱃살을 먹는 것 같지만 가자미 맛도 확실하다.

DATA
계통 가자미목 가자밋과
서식지 북태평양의 온대 해역에 분포
제철 초여름~가을
명칭 산리쿠에서는 '혼다가레이', 니가타현에서는 '돈비호치'
식食 데이터 생선조림이나 튀김, 뫼니에르로 요리해도 맛있다.

'엔가와' 특유의 씹는 식감을 즐길 수 있는 줄가자미 초밥은 지방이 올라 달고 감칠맛이 난다. '엔가와'인데 참치 뱃살을 연상시킨다.

북쪽으로 갈수록 크기가 커진다

일본 각지에 서식하지만 북쪽에 많다. 대량의 점액을 분비하며 생선 표면이 상어 가죽처럼 거칠다. 어선들이 정박해 있는 항구에서 흐물흐물한 액체 덩어리가 들어 있는 컨테이너를 들여다보면 줄가자미일 확률이 적지 않다. 또 초등학생이 풍선에 매달아 날린 편지가 15년 후에 줄가자미 점액에 붙어 올라온 적도 있다. 지저분해 보이는 이 껍질 아래의 살은 지방이 잔뜩 올라 있다. 오래전부터 산지의 어부들은 '맛이 좋은 가자미'라고 하여 줄가자미를 즐겨 먹었지만 못생겨서 싼 생선의 대명사이기도 했다.

마치 참치 대뱃살 같은 지방

처음 초밥으로 만들었을 때 시식을 한 초밥 장인이 '흰살생선의 오토로'라고 외쳤다고 한다. 하필 시식한 초밥이 지방이 많이 오른 것이었지만 보통 줄가자미도 참치 뱃살 정도의 지방의 단맛을 느낄 수 있고 입속에서 살살 녹는다.

최근에는 줄가자미의 고선도화가 진행되어 초밥 재료로 주목받고 있다. 회전 초밥에도 등장한다.

가라스가레이

은가자미라는 이름으로 저렴한 초밥 재료였다

검정가자미

烏鰈 (가라스가레이)

DATA
계통 가자미목 가자밋과
서식지 일본, 오호츠크해, 북극해, 베링해, 멕시코해, 북대서양 등 주로 북반구의 냉수역에 분포
제철 대부분 냉동이므로 특별히 제철이 없다.
명칭 '긴가레이' 또는 '후유가레이'
식食 데이터 가시를 바른 냉동 검정가자미의 생선 토막이 대량 유통되어 일본의 슈퍼마켓 등에서 팔린다. 검정가자미의 엔가와는 생선 토막을 만들 때 생기는 부산물이었다.

갓 잡은 검정가자미로 만든 초밥. 식감도 적당하고 지방이 올라 참치의 중뱃살처럼 달다. 검정가자미야말로 흰살 생선의 주토로라고 할 수 있다. 맛이 일품이다.

요즘은 검정가자미의 엔가와로 만든 초밥이 인기가 많다. 양질의 지방이 한껏 올라 있고 의외로 뒷맛이 좋다.

기름진 생선이라고 멀리하던 검정가자미

홋카이도 이북의 오호츠크해와 베링해, 북아메리카 대륙 해안의 수심이 얕은 곳부터 깊은 곳까지 넓게 분포한다. 도호쿠東北 지방 등에 많은 화살치가자미와 생김새가 비슷하지만 몸높이가 조금 낮고 '가라스가레이'라는 이름에서 알 수 있듯이 가라스(까마귀)처럼 색이 검다. 일본산은 적고 주로 캐나다, 알래스카주, 그린란드 등에서 수입한다.

예전에는 북태평양에서 주로 잡혀 생선 통조림이나 가공품으로 만들었다. 껍질 아래가 전부 지방이라고 할 만큼 지방이 많은데 열을 가하면 녹는다.

광어의 '엔가와' 대용품으로 유명

검정가자미의 엔가와가 회전 초밥집에서 아주 당당하게 '광어의 엔가와'로 등장했던 때가 있었다. 그러나 일본의 법 개정으로 이 명칭은 쓸 수 없게 되어 지금은 그냥 '엔가와'라고 한다.

'광어'라는 단어를 뺀 후에도 인기가 떨어지지 않는 것은 맛이 좋은 덕분이다. 근해에서 잡은 선도가 좋은 검정가자미는 흰살생선으로서도 훌륭하다는 사실을 모르는 사람이 의외로 많다.

> 아부라가레이

전신이 지방이라서 예전에는 생선 기름의 원료로도 사용
화살치가자미

油鰈 (아부라가레이)

DATA
계통 가자미목 가자밋과
서식지 일본 북부, 오호츠크해, 베링해 등 북태평양 해역에 분포
제철 초여름~가을
명칭 후유가레이
식용 데이터 살이 잘 분리되고 잔가시가 없다. 생선 살이 하얗고 보기 좋아 인기가 많으며, 튀김 요리 등에 쓰인다.

냉동 화살치가자미 '엔가와' 초밥. 탄력이 있어서 씹는 식감이 좋고 근육 안에서 달콤한 지방이 흘러나온다. 감칠맛이 진하고 인상에 강하게 남는 초밥이다.

회전 초밥집에서 대활약

북태평양 어업이 활발했을 때는 검정가자미와 함께 방대한 양이 잡혀 생선 기름을 만드는 원료로도 쓰여서 일본에서는 '아부라가레이'라고 한다.
전에는 회전 초밥집 같은 곳의 '엔가와' 대부분이 검정가자미의 엔가와였는데 검정가자미의 어획량이 줄고 가격이 급등하게 되면서 그 대용품으로 화살치가자미가 등장했다. 지금은 회전 초밥집에서 화살치가자미의 '엔가와'가 주류를 이룬다.

'엔가와'란?

생선의 지느러미를 움직이는 근육이 '엔가와'다. 모든 지느러미에 있으며 지느러미를 많이 움직이는 생선에 발달되어 있다.
가자미나 광어의 '엔가와'가 유명한 것은 등지느러미와 꼬리지느러미가 매우 길고 지느러미 근육도 길기 때문이다. 게다가 지느러미 근육이 추진력 역할을 해서 잘 발달되어 있다. 모든 가자미에는 긴 '엔가와'가 있으며 좌우 두 쪽씩 모두 네 쪽의 '엔가와'가 나온다.

엔가와 (지느러미 근육) 앞뒤쪽을 합해 모두 네 쪽
등지느러미
꼬리지느러미
뒷지느러미 (항문지느러미)
가슴지느러미
배지느러미

> 부리

계절에 따라 맛이 다른, 겨울철 생선
방어

鰤 (부리)

DATA
계통 농어목 전갱잇과
서식지 북서 태평양의 남중국해, 타이완, 동중국해, 일본, 한국 등에 분포
제철 가을~겨울
명칭 출세어로 간토 지방에서는 자라면서 이름이 '와카시→이나다→와라사→부리'로 바뀐다.
식습 데이터 추운 겨울철에 '방어 무 조림(부리다이콘)'을 일품요리로 내놓는 초밥집도 있다.

간장이 찍히지 않을 정도로 지방이 오른 방어 초밥. 사진은 고추냉이를 넣어서 만들었지만 같은 무와 폰즈로 먹는 사람도 적지 않다. 지방의 강한 단맛과 방어 고유의 맛을 확실히 느낄 수 있다.

한겨울에 잡은 이나다(새끼 방어)로 만든 초밥은 산미와 감칠맛이 적당하고 뒷맛이 좋다.

계절에 따라 다른 방어의 맛

초봄에 남쪽에서 태어나 해조류에 숨어 북상한다. 봄이 끝날 쯤에는 몸길이 20㎝ 전후까지 자라는데 간토 지방에서는 이 시기의 방어를 '와카시'라고 부른다. 여름에는 '이나다', 다음해에는 '와라사', 몇 년이 지나면 10㎏ 전후의 '부리'로 성장한다. '이나다' 정도까지 자라면 초밥 재료로 쓴다.

간사이 지방에서는 이나다를 '하마치'라고 부르는데, 지방이 충분히 오르지는 않아도 이 시기부터 감칠맛이 증가하고 저렴해진다. 기온이 떨어지는 가을부터 겨울 방어는 맛이 좋아 고급 초밥 재료로 쓰이며 가격 이상으로 맛이 그만이다.

요즘 유통되는 방어는 대부분 양식

어시장에서는 대개 양식 방어를 '아부라미'라고 부른다. 요즘 초밥 재료로 사용하는 방어 대부분이 기름 덩어리 같은 양식이기 때문이다. 경험이 부족한 젊은 초밥 요리사는 이것이 방어의 맛이라고 착각하여 선배 요리사가 자연산 방어를 권하면 '맛이 없다'고 한다. 방어를 지방으로만 평가하면 오산이다.

히라마사

방어와 생김새가 비슷하지만 제철은 정반대
부시리

平政 (히라마사)

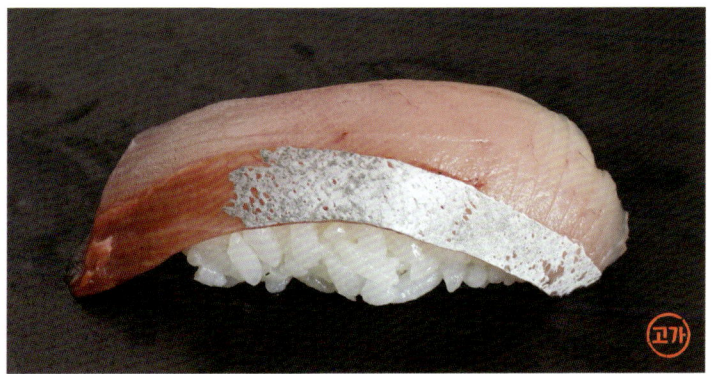

> **DATA**
> **계통** 농어목 전갱잇과
> **서식지** 한국·일본·타이완을 포함한 남태평양에 분포
> **제철** 여름~가을
> **명칭** '히라소' 또는 '히라스'라고 한다.
> **식會 데이터** 방어는 회로 많이 못 먹지만 부시리 회는 계속 먹어도 질리지 않는다.

입에 넣으면 회유어 특유의 산미가 있고 산뜻함이 느껴지는 부시리 초밥. 감칠맛도 지방도 적당하다. 하나로는 부족해서 추가로 주문하고 싶은 그런 맛이다.

 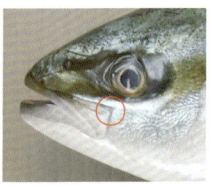 

방어와 부시리 구별법 위턱의 주상악골 (입꼬리) 끝부분이 둥글면 부시리(왼쪽), 각이 져 있으면 방어(오른쪽)

따뜻한 바다를 좋아하고 여름부터가 제철

홋카이도 오호츠크해에서 대량으로 잡히는 방어와 수적으로는 적지만 홋카이도 이남의 따뜻한 해역에서 잡히는 방어가 있다. 부시리는 후자와 아주 비슷하다. 추운 시기가 제철인 방어에 비해 부시리는 따뜻할 때가 제철이다. 요리의 세계에서도 인기가 있지만 낚시인들 사이에서는 슈퍼스타다. 낚시꾼들이 동경하는 생선이라고 할 수 있다.

어시장에서는 부시리를 '마사'라고 부른다. 방어의 맛이 떨어지는 여름부터 어시장에서 부시리를 사는 프로를 보면 왠지 멋있어 보인다. 유명 산지는 사인 지방과 산리쿠인데, 먹이를 잔뜩 먹어 지방이 오른 부시리가 잡힌다.

경험이 풍부한 초밥 요리사가 선호

초밥 장인들은 '요즘 젊은 요리사들은 책에 나오는 대로 생선을 고른다'며 걱정한다. 부시리 같은 생선은 생선을 보는 안목이 있어야만 살 수 있다. 흰살생선이 주류를 이루는 여름철에 독특한 맛을 가진 부시리는 초밥 재료에 변화를 줄 수 있다. 방어의 맛이 지방의 단맛이라고 한다면 부시리는 생선 본연의 맛을 즐길 수 있는 생선이다.

간파치

지방이 많지만, 남녀노소 누구나 좋아하는 맛
잿방어
間八 (간파치)

DATA
계통 농어목 전갱잇과
서식지 뉴기니, 인도네시아, 남태평양, 타이완, 일본, 동중국해, 한국 등 온열대 해역에 분포
제철 가을~겨울
명칭 어릴 때는 붉은빛을 띠며 성장하다가 황색으로 변해서 '아카' 또는 '아카히라'라고 부른다.
식食 데이터 시마네현에서는 잿방어를 도톰하게 썰어 전골로 만들어 먹는데 그 맛이 일품이다.

양식 잿방어로 만든 초밥. 지방이 고르게 퍼져 있어서 생선 살이 하얗게 보인다. 입에 넣는 순간부터 맛있다고 느끼게 된다.

몸길이 20㎝ 정도 되는 첫물 잿방어로 만든 초밥. 크기는 작아도 지방이 적당하고 감칠맛도 있다. 입속에서 가을 냄새가 난다.

방어 중에서는 가장 크고 열대에도 서식

따뜻한 바다에 사는 작은 물고기를 잡아먹으며 회유하는 2m가 넘는 대형 육식성 어류. 성장하면서 이름이 바뀌는 출세어로 고치현에서는 치어를 '아카', 조금 더 성장하면 '시오', 중간 크기는 '네이리', 성장이 끝난 성어는 '가타'라고 부른다.

간토 지방에서는 가을에 잡히는 작은 크기의 잿방어를 귀하게 생각한다. 산지는 이즈제도, 와카야마, 시코쿠, 규슈 등이다.

유통되는 잿방어 대부분이 양식

자연산은 계절감을 강하게 느낄 수 있다. 여름에는 손바닥 정도 크기의 잿방어가 잡히는데 이 작은 잿방어로 만든 초밥이 가장 맛있다. 가을에 입하되는 중간 크기와 큰 것도 초밥 재료로 그만이다. 양식은 연중 지방이 올라 있고 시코쿠와 규슈에서 살아 있는 상태로 어시장에 들어온다. 양식 잿방어를 일본에서 가장 많이 소비하는 간토 지방에서는 그 대부분을 초밥 재료로 사용한다. 물론 회전 초밥집에서도 볼 수 있다.

> 시마아지

자연산은 아주 귀하고 양식도 고급 생선
줄무늬전갱이

島鯵 (시마아지)

DATA
계통 농어목 전갱잇과
서식지 동부 태평양을 제외한 태평양 전 해역, 대서양, 인도양 등의 온대 해역에 분포
제철 봄~가을
명칭 이즈제도의 크고 작은 섬에서 많이 잡히므로 '시마아지(섬전갱이)'라고 하며 이즈제도에서는 특대 사이즈를 '오카미'라고 부른다.
식용 데이터 소금구이로 먹기에는 아깝다.

기분 좋은 풍미가 살아 있는 자연산 줄무늬전갱이 초밥. 씹는 식감이 좋고 전갱이 특유의 진한 감칠맛을 느낄 수 있다. 초밥 하나에 이렇게 맛과 향이 조화를 잘 이루는 초밥은 없다.

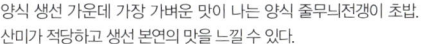

양식 생선 가운데 가장 가벼운 맛이 나는 양식 줄무늬전갱이 초밥. 산미가 적당하고 생선 본연의 맛을 느낄 수 있다.

어시장에서 연중 가격이 떨어지지 않는 생선

간토 지방 이남의 따뜻한 해역에서 볼 수 있는 최고급 생선이다. 한자로 '縞鯵'라고 표기하기도 하지만 이것은 복수의 전갱이류 치어를 가리키는 말로도 사용되므로 적당한 표기가 아니다. 정확하게는 이즈제도의 크고 작은 섬에서 잡히므로 '島鯵'라고 표기해야 한다. 줄무늬전갱이는 낚시꾼들도 동경하는 바닷물고기다. 초대형 줄무늬전갱이를 '오카미'라고 하는데 낚시꾼들의 금자탑이다. 아주 큰 것보다 작은 것이 인기가 많으며 몸길이 60cm까지가 초밥 요리사들이 선호하는 크기다. 양식도 많이 하고 남반구 쪽에서 냉동으로 수입도 한다.

여름에 잡히는 작은 것부터 성어까지 모두 고급

간토 지방에는 작은 사이즈가 많고 오래전부터 사용해오던 초밥 재료다. 한 번에 많이 잡히지 않으므로 식당보다 초밥집에서 환영받는다. 전갱잇과 3대 양식 생선인 줄무늬전갱이, 잿방어, 방어 중에서 가장 비싸고 양식도 최고급 생선으로 친다. 지방이 적당하여 식감이 좋고 고급스러운 초밥 재료다.

077

> 마다이

꽃은 벚꽃, 생선은 참돔
참돔
鯛 (다이)

DATA
계통 농어목 도밋과
서식지 동남아시아, 타이완, 남중국해, 일본, 한국 연근해 등 북서 태평양의 아열대 해역에 분포
제철 가을~봄
명칭 봄에 잡히는 참돔은 '사쿠라다이', 가을에 잡히는 참돔은 '무기와라다이'
식용 데이터 예부터 1~2kg 정도의 중간 크기가 가장 맛이 좋다는데, 3kg 정도까지도 맛있다.
참조 참돔의 치어→p.56

1kg 정도 되는 아카시산 참돔으로 만든 초밥. 끓는 물을 부어 껍질만 살짝 익혔다. 친숙하고 일반적인 초밥 재료로 지방의 단맛은 없지만 생선 살의 깔끔한 단맛과 자연산 특유의 풍미를 느낄 수 있다. 초밥 하나에 다양한 맛이 들어 있다.

양식 참돔 초밥. 지방의 단맛과 깊은 감칠맛, 쫄깃쫄깃한 식감이 아주 좋다. 그렇지만 참돔 본래의 맛이 이것이라고 생각하지는 말았으면 한다.

연중 맛이 좋은 참돔이 잡히는 일본

홋카이도부터 남중국해까지 서식지가 넓다. 일본은 고대부터 참돔을 귀하게 여겨 경사스러운 날이나 설날에 참돔이 빠지지 않았다.
산란 후인 여름을 제외하고는 맛이 좋다. 도쿠시마현 나루토산과 효고현 아카시산을 가장 알아주고 와카사, 도쿄만, 세토나이카이, 분고스이도 등에 산지가 있다.

'썩어도 도미'라고 하지만 좋은 것을 고르는 것이 중요

참돔은 잡은 후에 다루는 방법에 따라 맛이 크게 달라진다. 최고로 쳐주는 것은 낚시로 잡은 참돔. 그리고 일정 기간 동안 활어조에 두었다가 잡은 것이 초밥 재료로는 최상이다. 최근 회전 초밥집에서 참돔을 볼 수 있는 이유는 양식 덕분이다. 활어 상태로 들어온 것을 초밥 재료로 쓰는데 양식장에 따라 맛이 다르다. 요즘은 자연산으로 초밥을 만들면 지방이 오르지 않았다고 말하는 손님도 더러 있다. 참돔의 맛은 지방으로 정해지는 것이 아닌데 말이다.

> 지다이

가련한 여인을 연상시키는 외양
붉돔

血鯛 (지다이)

DATA
계통 농어목 도밋과
서식지 한국, 일본, 동중국해, 타이완, 필리핀 등 서부 태평양의 온대 해역에 분포
제철 봄~가을
명칭 간토 지방 주변에서는 '하나다이'라 부르고, 참돔보다 작아서 '고다이'라고도 부른다.
식용 데이터 예전에는 붉돔구이를 혼례 음식에 올렸다.
참조 붉돔의 치어→p.56

양식 참돔 맛에 익숙해진 사람에게는 맛이 부족하다고 느낄 정도로 담백한 붉돔 초밥. 먼저 껍질에서 풍미가 후각으로 전달되고 그다음에 단맛과 감칠맛이 입속에 퍼지는데 뒷맛이 은은하고 고급스럽다.

참돔의 맛이 떨어지는 여름에도 맛이 좋다

홋카이도부터 규슈까지 참돔 서식지와 서식지가 겹치는데, 참돔보다 크기가 작고 얕은 해역에 산다. 어릴 때는 등지느러미가 곧게 뻗어 아름답지만 성어가 되면 수컷은 양눈 사이의 이마 부위가 솟아오른다. 여름부터 가을에 걸쳐 산란하며 참돔보다 늦다. 간토 지방에서는 낚시 대상으로 인기가 많고 붉돔을 잡으려고 여러 명의 낚시꾼들이 함께 배에 오르기도 한다.

고급 생선이지만 수분이 많고 감칠맛이 부족해 참돔보다 저렴하다. 생선회뿐 아니라 구이로도 손색없다.

붉은빛을 띨수록 비싸고 노란빛이 강하면 저렴

간토 지방에서는 새끼 붉돔인 '가스고'를 초밥 재료로 더 중요하게 생각한다. 성어는 참돔의 대용품이라는 이미지가 강하지만 '꽃도미(하나다이)'라고 불릴 정도로 몸 빛깔이 아름답고 도미 특유의 고급스러운 맛이 난다. 초밥 재료로도 꾸준히 사랑받고 있다. 주로 날것으로 초밥을 만들지만 끓는 물을 부어 껍질만 살짝 익혀서도 만든다.

기다이

참돔의 맛이 떨어지는 시기에 쓰인다
황돔

連子鯛 (렌코다이)

DATA
계통 농어목 도밋과
서식지 인도양과 서부 태평양 온열대 해역에 분포
제철 봄가을이 제철이지만 연중 맛이 좋다.
명칭 '시바' 또는 '시바다이'. 예전에는 '시바'가 작다는 의미였다.
식食 데이터 생선의 맛은 으깨었을 때 잘 알 수 있다. 시마네현에서는 다양한 생선으로 어묵을 만드는데 황돔으로 만든 어묵을 최고로 친다.
참조 황돔의 치어→p.56

껍질을 벗기지 않고 살짝 구워서 만든 초밥. 약간 수분이 많지만 담백한 맛을 껍질의 단맛이 충분히 보완해준다. 황돔 초밥은 요리사의 창의성과 노력이 빛을 발하는 초밥이다.

이맛살로 만든 초밥. 지방이 오른 시기에는 생선 살이 달고 담백하면서도 뒷맛이 좋다. 연이어 두세 개를 먹고 싶어진다.

어획량이 많아 도밋과 생선 중에서는 비교적 저렴

참돔보다 수심이 깊은 남쪽에 서식하며 서일본에서 잘 잡힌다. 참돔이나 붉돔과는 계통이 다르고 크기도 가장 작다. 산란기는 봄가을 두 번이다. 참돔의 맛이 떨어지는 시기에 귀한 초밥 재료가 된다.
예전에는 동중국해에서 저인망 등으로 잡아서 다양한 가공품을 만들던 싼 생선이었다. 대표 산지는 나가사키현, 후쿠오카현, 야마구치현 등이다.

황금색 껍질의 색을 살려야

서일본을 여행하다 보면 네타케이스에서 자주 볼 수 있다. 큰 것은 날것으로, 작은 것은 초에 절여서 초밥을 만든다. 지방이 오른 대형 황돔은 맛이 매우 좋아서 초밥집에서 자신 있게 권한다. 껍질을 벗기지 않고 끓는 물로 살짝 익혀서 만든 황돔 초밥은 보기에도 아름다우며 담백하고 거부감이 없는 도미 특유의 맛을 느낄 수 있다.

> 구로다이

검은 껍질 아래 숨어 있는 아름다운 생선 살
감성돔

黑鯛 (구로다이)

DATA
계통 농어목 도밋과
서식지 한국 서·남해, 홋카이도 이남, 황해, 동중국해에 분포
제철 여름~초봄
명칭 간토 지방에서는 어릴 때 모두 수컷이므로 '진진', 30㎝ 전후는 '가이즈', 그 이상을 '구로다이'라고 부른다.
식食 데이터 지바현에서는 치어인 '진진'을 가을에 잡아 설날에 먹는 떡국의 밑국물로 쓴다.

김 생산량이 가장 많은 효고현 아카시에서 '김을 먹고 자란 감성돔'으로 만든 초밥. 하루 정도 활어조에 두었다가 잡은 것으로 초밥 위의 생선 살이 두툼하다. 단맛이 강하고 쫄깃하게 씹히는 식감을 느끼는 순간 최고로 행복하다.

껍질이 은백색이니 뜨거운 물에 익히는 것보다 살짝 굽는다. 껍질의 고소한 불맛과 적당히 단단한 생선 살이 초밥과 잘 어울린다. 간장에 찍어 먹어도 맛있지만 감귤류를 짜서 뿌린 다음 소금과 함께 먹어도 맛있다.

냉장고가 등장할 때까지는 여름철 최고급 생선

내만의 바위가 있는 곳이나 하구의 기수역(민물과 바닷물이 만나는 지역)에 서식한다. 잡식성으로 새우나 게, 조개 외에 해조류 같은 것도 먹는다. 간토 지방에서는 성장 단계별로 '진', '진진', '가이즈', '구로다이'로 이름을 달리 부른다. 어릴 때는 모두 수컷이고 자라면서 암컷으로 변하므로 이름에도 성장 과정이 반영되어 있다. '진진'은 남자의 성기를 가리키는 유아어다.
세토나이카이에서는 양식 김의 수확기에 흘러나오는 김을 포식한 감성돔을 높이 쳐준다.

잡은 후의 관리에 따라 맛이 다르다

자연사한 것은 맛이 떨어지고 역시 이케지메를 한 것이 맛이 좋다. 살아 있는 감성돔을 일정 기간 활어조에 두었다가 잡으면 그 맛이 일품인데 초밥으로 만들면 은은하게 달면서 맛있다. 예전에 비하면 요즘은 초밥으로 만들 수 있는 선도가 좋은 감성돔을 만날 기회가 많아졌다.

> 기치누

여름을 대표하는 생선 중 하나
새눈치

黄鰭 (기비레)

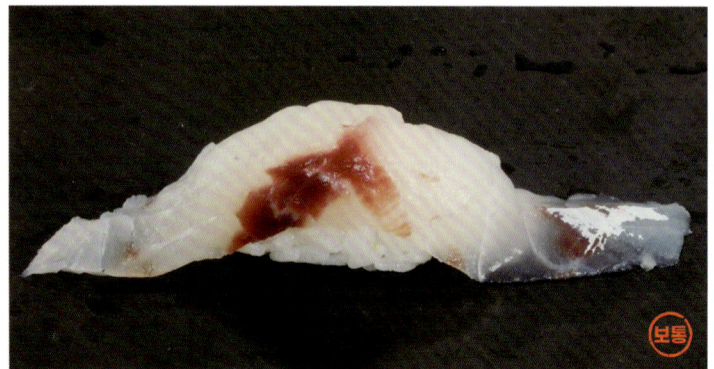

DATA
계통 농어목 도밋과
서식지 남일본, 호주, 아프리카 등에 분포
제철 봄~여름
명칭 '니타리' 또는 '가와다이'
식습 데이터 새눈치를 넣고 밥을 지어도 맛있다.

제철 새눈치로 만든 초밥은 담백하면서도 감칠맛과 단맛이 있다. 맛이 진한 초밥 중간에 새눈치 초밥을 먹으면 그 진가를 알 수 있다.

군마현 아카시에서 잡은 새눈치의 껍질을 살짝 구워서 만든 초밥. 간장과 함께 먹어도 맛있지만 감귤류와 소금을 권하고 싶다.

남쪽으로 서식지를 확장 중

동일본東日本에서는 좀처럼 볼 수 없다. 오래전부터 식용으로 새눈치를 먹었던 지역은 이즈반도의 서쪽 지방이다. 내만에 많으며 연안이나 강어귀에 서식한다. 감성돔과 생김새가 비슷한데, 새눈치는 몸이 은색이고 지느러미 끝이 황금색이다. 겉모습이 아름답고 맛도 좋아 어획량이 풍부한 서일본에서는 회나 전골로 자주 먹는다.

그런데 최근 몇 년 사이에 사가미만과 도쿄만에서 잡혀 간토 지방에서도 초밥 재료로 등장한다.

흰살생선이 귀한 여름이 제철

장마가 끝나면 흰살생선이 시장에서 사라진다. 산란이 끝난 참돔이나 광어는 살이 없고, 방어는 아직 작고, 제철을 맞은 문치가자미 가격이 폭등하는 여름에 새눈치는 가격이 저렴하면서 맛이 좋다.

안타깝게도 간토 지방 등에서는 새눈치를 모르는 요리사가 많은데 서일본에서는 여름을 대표하는 생선 가운데 하나다. 청량감을 주는 겉모습도 여름 초밥에 아주 잘 어울린다.

> 헤다이

비교적 연안에 많고 비린내가 없다

청돔

平鯛 (헤다이)

클수록 맛이 좋은 청돔 초밥. 배 부위에 오른 이 지방이 달고 감칠맛이 강하다.

DATA
계통 농어목 도밋과
서식지 한국 남해안, 일본 중부 이남, 남아프리카, 미국 등에 넓게 분포
제철 가을~겨울
명칭 '시로다이' 또는 '세다이'
식食 데이터 정치망으로 잡는 규슈나 산인 지방에서는 찌개로 먹는다.

밑국물용으로도 제격인 생선

검은색이라기보다 은백색에 가깝다. 잡아 올리면 수중에서 반짝반짝 빛나서 '시로다이白鯛'라고 부르기도 한다. 표준 일본명인 '헤다이'는 입모양이 히라가나의 'へ'처럼 화가 나 있는 것 같아서 붙여졌다.

감성돔과 새눈치는 내만이나 하구에서 가끔 강으로도 흘러 들어와 살지만 청돔은 연안에 서식한다. 그래서 비린내가 없고 어부들은 참돔보다 고급스럽다고 한다. 국물을 내도 맛이 좋아 산인 지방 등에서는 '헤카야키'라는 생선 스키야키에 쓴다.

간사이 지방에서는 일반적인 초밥 재료

간사이 지방에서는 일반 초밥 재료지만 간토 지방에서는 낯선 재료다. 겉모습이 아름다운 청돔은 맛이 고급스러우면서 거부감이 없다. 작은 참돔을 연상시키는 맛인데 그보다 더 맛이 깊다. 이 차이를 안다면 초밥 전문가라고 할 수 있다. 초밥과 잘 어울리므로 일본 전국에서 만날 날이 머지않았다.

> 하마다이

오키나와 3대 고급 어종 가운데 하나
오나가

尾長 (오나가)

DATA
학명 Etelis coruscans Valenciennes, 1862
계통 농어목 퉁돔과
서식지 남일본
제철 봄~여름
명칭 표준 일본명을 알고 있는 사람이 별로 없으며 일반적으로 '오나가'라고 부른다. 오키나와에서는 '아카마치'라고 부른다.
식食 데이터 사실은 도쿄도를 대표하는 생선. 이즈제도와 오가사와라가 산지로 옛날부터 고급 생선으로 유명하다.

깊은 바다에 서식하는 바닷물고기는 지방이 올라 있다고 하는데 오나가는 그 대표 생선이다. 생선 살에 지방이 균등하게 올라 있어서 달면서도 감칠맛이 강하고 적당히 꼬들꼬들하다. 물론 초밥과의 궁합도 일품이다.

시마즈시를 재현한 초밥. 이즈제도의 섬에 흰살생선을 간장에 절여서 만드는 '시마즈시'라는 초밥이 있다. 간장이라고 해서 맛이 진할 것이라고 생각하기 쉽지만 오히려 맛이 깔끔해 먹기도 좋고 뒷맛도 좋다. 초밥 위에는 고추냉이가 아니라 겨자를 올리는 것이 전통 방식이다.

산지는 도쿄부터 남쪽 지방에 걸쳐 산재

남쪽 지방의 조금 깊은 바다에 서식하는 바닷물고기로 오키나와, 가고시마, 도쿄와 위도가 낮은 해역이 산지다. 오키나와에서는 마쿠부(시로쿠라베라), 아카진미바이(스지아라)와 함께 3대 고급 어종으로 불린다. 도쿄에는 이즈제도에서 선도가 좋은 오나가가 들어오며 도쿄의 토산물 생선 가운데 가격이나 맛에 있어서 고급 생선에 속한다. 그럼에도 사람들에게 잘 알려지지 않은 이유는 오나가를 토막으로 잘라서 팔기 때문이다.

요릿집 생선이 불황으로 초밥집에 등장

몸길이가 1m에 달하는 대형어이기 때문에 초밥집에서는 구매하기 어려운 생선이었다. 그런데 불황으로 생선이 팔리지 않자 2분의 1 또는 4분의 1로 잘라서 팔게 되면서 초밥집에서도 볼 수 있게 되었다. 흰살생선이지만 맛이 깊고, 아름다운 초밥이다. 경기가 좋아져도 네타케이스에서 사라지는 일은 없을 것이다.

> 히메다이

훌륭한 조연급 초밥 재료
자붉돔

姬鯛 (히메다이)

DATA
계통 농어목 퉁돔과
서식지 일본 남부에서 호주 북부에 이르는 서부 태평양, 하와이를 포함한 중부 태평양, 인도양 등의 열대 및 아열대 해역에 광범위하게 분포
제철 봄~여름
명칭 도쿄에서는 '오고다이', 가고시마현에서는 '호타'
식史 데이터 도쿄에서는 고급 흰살생선 중 하나. 맛이 고급스러워 요릿집 등에서 쓰인다.

거부감이 없는 맛으로 고급스럽고 담백하지만 감칠맛이 부족하다고 말하는 사람도 적지 않다. 단맛이 강한 초밥 사이에 자붉돔 초밥을 먹으면 놀랄 정도로 맛이 좋다.

강하거나 화려하지 않은 맛

비교적 수심이 깊은 따뜻한 해역부터 열대에 걸쳐 서식한다. 몸길이는 50㎝ 정도로 가늘고 긴 체형이며 같은 종류 중에서는 가장 북쪽에 산다.

오키나와 가고시마현에서도 잡히는데 도쿄 주변의 섬에서 잘 잡힌다. 붉은 살 생선보다 흰살생선이 인기가 있었던 2차 세계대전 후부터 1989년까지는 어시장에서 가장 비싼 생선 가운데 하나였다.

초밥 요리사기 처음 알려준 흰살생선의 존재 이유

특별히 좋을 것도 나쁠 것도 없는 평범한 맛이다. 오랫동안 자붉돔 초밥의 장점을 알지 못했는데 초밥을 먹는 순서로 그 진가를 처음 알게 되었다. 성게 알이나 참치 대뱃살처럼 맛이 진한 초밥을 먹고 난 후에는 꼭 먹어야 한다. 적당한 단맛과 감칠맛, 깔끔한 뒷맛이 흰살생선의 장점을 확실히 느끼게 해준다. 초밥집의 카운터에 앉아서 요리사가 권하는 초밥을 먹는 이유를 알게 해준 초밥이다.

> 후에다이

여름이 가까워지면 아주 좋아지는 맛
피리돔

笛鯛 (후에다이)

DATA
계통 농어목 통돔과
서식지 일본 남부, 오가사와라
제철 봄~여름
명칭 오키나와에서는 '이쿠나', 가고시마에서는 '시부다이'
식（食） 데이터 회 맛도 일품이지만 피리돔을 넣고 끓인 일본식 된장국을 가장 추천하고 싶다. 놀랄 만큼 국물이 맛있다.

가고시마에서 잡은 생선을 이케지메한 후 비행기로 운반한 피리돔으로 만든 초밥. 씹는 식감이 좋고 강한 단맛과 감칠맛이 입속을 즐겁게 해준다. 흰살생선의 맛을 살리려면 감귤류와 소금으로 먹는 것이 좋다.

규슈와 오키나와의 여름을 대표하는 생선 중 하나

아열대와 열대 해역의 얕은 바다에 서식한다. 입이 피리를 부는 모습을 하고 있어서 '후에다이'라고 부른다. 통돔과에 속해 있는 생선은 아주 많지만 그 대표 생선이 피리돔이다.

눈에 띄지 않는 평범한 생선이지만 그 맛은 일품이다. 가고시마현과 오키나와현을 대표하는 고급 생선으로 도쿄에서도 비싸게 팔린다. 제철인 봄부터 여름에는 지방이 올라 하얀 생선 살이 탁해 보인다.

흰살생선의 개념을 뛰어넘는 맛

생선 살이 매우 아름답고 맛이 담백해 보이지만 먹어보면 진한 맛에 놀라게 된다. 특히 제철에는 지방이 달고 맛이 풍부하다.

흰살생선 초밥이라고 하면 성게 알이나 참치처럼 맛이 진한 초밥을 먹을 때 중간에 먹는 것이라고 생각하는데 '피리돔'을 먹으면 그 생각이 바뀐다. 뒷맛이 깔끔하다.

하마후에후키다이

초밥과 궁합이 잘 맞고 깊은 맛이 나는 생선
갈돔

浜笛吹鯛 (하마후에후키다이)

DATA
계통 농어목 갈돔과
서식지 한국 중남부, 일본 남부, 타이완
제철 봄~여름
명칭 입속이 붉은색이라 '구치비口火'라고도 하고, 오키나와에서는 '다만'이라고도 한다.
식용 데이터 오키나와의 식당에서 자주 볼 수 있는 생선. 껍질째 회로 먹거나 일본식 된장국을 끓일 때 쓴다.

입에 넣는 순간 은은한 단맛이 나는 갈돔 초밥. 쫄깃하게 씹히는 식감이 좋고 씹으면 씹을수록 감칠맛이 난다.

오키나와 3대 고급 생선 중 하나라고 말하기도 한다

연안의 암초에 무리를 지어 서식한다. 열대부터 태평양 쪽 연안(소토보)까지 넓은 지역에서 식용한다. 표준 일본명 앞에 붙은 '하마'는 '크다'라는 의미였다. 갈돔은 몸길이가 1m가 넘는 대형어다. '아카진미바이', '마쿠부', '아카마치'를 오키나와 3대 고급 어종이라 하는데 마쿠부 대신 갈돔을 넣는 사람도 있다.

맛이 좋고 가격도 적당해서 인기가 있다. 규슈와 오키나와에서는 버터구이나 된장국에 넣어 자주 먹는다.

남쪽 지방에서는 광어를 대신

일본의 남쪽 지방에서는 광어 대신 갈돔을 초밥 재료로 쓴다. 오키나와를 대표하는 고급 생선인 아카진미바이에 비해 저렴하기 때문이다. 담백하면서도 감칠맛이 풍부하고 뒷맛이 좋으며 질리지 않는다는 것도 갈돔의 장점이다.

이시다이	이시가키다이
바다의 제왕은 가격도 굉장	투명감 있는 최고의 흰살생선
# 돌돔	# 강담돔
石鯛 (이시다이)	石垣鯛 (이시가키다이)

새끼 돌돔으로 만든 초밥. 작지만 감칠맛이 강하고 쫄깃쫄깃한 식감을 즐길 수 있다. 초밥과의 조화가 절묘하다.

1kg 정도의 지방이 오른 강담돔으로 만든 초밥. 씹히는 식감이 좋고 지방이 달며 감칠맛이 강하다. 생선 살이 적당히 단단해 초밥과의 궁합이 좋다.

DATA
계통 농어목 돌돔과
서식지 한국, 일본 연해, 동중국해, 남중국해에 분포
제철 가을~초여름
명칭 어린 돌돔은 '산바소'라고 부른다.
식食 데이터 산지에서는 비늘을 벗기지 않고 찜구이로 먹는다.

DATA
계통 농어목 돌돔과
서식지 한국의 중부 이남, 동중국해, 남중국해, 일본의 중남부에 분포
제철 가을~초여름
명칭 성어가 되면 입이 하얀색으로 변해 '구치지로□白'라고 부른다.
식食 데이터 복어처럼 아주 얇게 회를 떠서 먹어도 맛있다.

연안의 암초 지대에서 잡히는 고급 생선
어릴 때는 검은색 가로 줄무늬가 선명한데 그 모습이 가부키의 산바소에보시와 닮았다고 '산바소'라고도 부른다. 성어가 되면 줄무늬가 사라지면서 입이 검은색으로 변하므로 '구치구로□黑'라 부르기도 한다. 크기가 작아도 맛이 좋고 식감이 강한 흰살생선이기 때문에 선호하는 초밥 요리사가 적지 않다. 맛은 당연히 훌륭하지만 가격은 시가이다.

돌돔과 함께 어시장에서는 '이시모노'라고 불린다
비교적 따뜻한 해역의 얕은 암초 지대에 서식하며 강한 이빨과 턱으로 성게나 소라를 부수어 먹는다. 시코쿠와 규슈에서는 아주 얇게 회를 떠서 즐겨 먹는다. 단, 고급 생선이어서 매일 먹지는 않는다. 씹는 식감이 좋고 감칠맛과 단맛이 있기 때문에 초밥 재료로도 중요한 생선이다.

> 아카아마다이

쉽게 볼 수 없는 고급 생선
옥돔

甘鯛 (아마다이)

DATA
계통 농어목 옥돔과
서식지 남중국해, 동중국해, 일본 남부, 한국 남해 등 서부 태평양 열대 해역에 분포
제철 가을~겨울
명칭 교토와 오사카에서 '구지'라고 부르는데, 일반적으로 이 명칭으로 알려져 있다.
식食 데이터 생선 살이 아주 부드러워 손질하기 어렵다. 산지에서 잡은 옥돔을 손질하여 소금을 뿌린 다음 교토로 보낸 것을 '와카사구지'라 하는데 고급 요리의 식재료로 쓰인다.

시마네현 이와미산 옥돔으로 만든 초밥. 단맛이 매우 강하고 생선 살이 초밥과 잘 어울린다. 한 번 먹으면 계속 손이 가는 맛이다.

고양이도 쳐다보지 않던 맛없는 생선

수심이 조금 깊은 모래 바닥에 구멍을 파고 생활하면서 먹이가 오기를 기다리는 게으른 물고기. 그 때문인지 생선 살이 부드러워 지느러미 같은 부위를 거칠게 다루면 생선 살이 부서진다. 손질하기 매우 어렵고 번거로워서 '구즈나(부스러기 생선)'라고 부르는 지역도 있다. 그런데 옥돔 와카사야키가 알려지면서 비싼 고급 생선으로 다시 태어났다. 지금은 참돔의 두세 배 가격은 보통이다. 최근에는 유통의 발달로 옥돔도 날것으로 먹을 수 있게 되었으니 그 가격은 더 오를 것이다.

다시마절임도 어울리지만 날것으로 만든 초밥이 특별한

금방 잡은 옥돔을 회로 먹으면 그 맛이 일품이지만 선도가 떨어지기 쉽기 때문에 어부들과 일부 산지 사람들만 먹을 수 있었다. 그런데 유통이 발달하면서 다른 지역에서도 그 맛을 볼 수 있게 되었다.

날것으로 만든 초밥은 다시마절임을 해서 만든 초밥과는 전혀 다른 특별한 맛이다. 단, 가격도 특별하니 주의가 필요하다.

메다이

모든 요리에 활용할 수 있는 만능 선수
연어병치

目鯛 (메다이)

DATA
- **계통** 농어목 샛돔과
- **서식지** 한국, 일본, 동중국해 등에 분포
- **제철** 가을~겨울
- **명칭** 눈이 커서 '메부토', 땅딸막하여 '다루마(오뚝이)'라고도 부른다.
- **식용 데이터** 회뿐 아니라 모든 요리에 활용할 수 있는 만능 생선

시마네산 연어병치 뱃살 초밥. 입에 넣으면 사르르 녹으면서 씹히는 식감과 감칠맛을 느낄 수 있다. 초밥과의 조화도 단연 최고.

연어병치 다시마절임 초밥. 담백하고 거부감이 없는 생선 살에 다시마의 맛이 더해져 아주 맛이 좋다.

눈이 큰 심해어

혼슈부터 규슈까지 수심이 깊은 곳에 서식하는 1m 전후의 대형 물고기. 수수한 외형의 몸에서 대량의 점액이 흘러나와 결코 아름다운 생선이라고는 할 수 없다. 눈이 큰 것은 심해에 살기 때문이다.

도쿄에서는 친숙한 생선으로 조림을 즐겨 먹는다. 그에 비해 간사이 지방에서는 비싸서 별로 인기가 없다. 대표 산지는 시마네현, 산인, 나가사키, 고치, 가고시마 등이다. 도쿄 앞바다에서도 잡힌다.

날것으로 만든 초밥은 최고

도쿄만이나 산인, 시즈오카 같은 산지가 가까운 도쿄에서는 오래전부터 다시마절임을 하여 초밥으로 만들었다. 그런데 크고 지방이 오른 연어병치가 들어오면 날것으로 초밥을 만든다. 거부감이 없고 맛이 풍부하여 최고급 초밥 재료로 손색없다.

이보다이

말린 생선으로 유명

샛돔

疣鯛 (이보다이)

DATA
계통 농어목 샛돔과
서식지 동중국해, 일본 남부해, 한국 연근해 등 서부 태평양의 열대 해역에 분포
제철 가을~여름
명칭 '시즈' 또는 '시스'라고 부르는 지역이 많다.
식食 데이터 도쿠시마현에서는 샛돔이 없으면 생활을 할 수 없을 정도다.

식초에 절여 껍질을 벗기지 않고 만든 샛돔 초밥. 단맛과 감칠맛이 강해서 초밥과 섞어도 감칠맛이 살아 있다. 뒷맛이 좋으니 맛이 진한 초밥 다음에 먹는다.

지방이 전체적으로 퍼져 있어서 산미가 거의 없고 맛이 부드럽다.

17세기 초부터 친숙한 생선

도호쿠 이남에서도 볼 수 있는 생선이지만 주요 산지는 세토나이카이와 동중국해. 선도가 떨어지기 쉬워 가공품, 특히 말려서 먹고 말린 샛돔은 맛이 좋기로 유명하다. 인기가 많아 일본에서는 유사 어종을 세계 각국에서 수입하고 있다.

샛돔을 날것으로 먹는 지역은 주로 서일본이다. 특히 세토나이카이나 도쿠시마 등에서는 슈퍼마켓에서도 샛돔회를 팔 정도다.

평범해서 눈에 잘 띄지 않는다

쥠 초밥을 처음 만들었다는 료고쿠両國의 하나야 요헤에의 자손이 가지고 있던 문서에서 '샛돔 초밥'에 관한 내용을 찾아볼 수 있다. 샛돔은 예전 에도마에즈시에서 등 푸른 생선으로 중요한 역할을 한 것 같지만 지금은 주로 서일본에서 초밥 재료로 등장한다. 간토 지방에서는 생각보다 인기가 없다. 유통의 발달로 날것으로 주로 초밥을 만들지만 식초에 절여서 만든 샛돔 초밥도 훌륭하다.

> 센넨다이

천년에 한 번 맛볼 수 있는 진미
황적통돔

千年鯛 (센넨다이)

DATA
계통 농어목 통돔과
서식지 서부 태평양과 인도양의 열대 해역에 분포
제철 봄~초여름
명칭 오키나와에서는 '산바나'라고 부른다.
식술 데이터 대형 황적통돔은 열대 해역에 사는 물고기 가운데 가장 맛이 좋다. 그야말로 천년에 한 번 맛볼 수 있는 맛이다.

지방으로 생선 살이 우유 빛깔을 띠는데 이 지방이 달면서도 부드러워 깊은 감칠맛을 낸다. 열대 해역에서 맛볼 수 있는 최상급 초밥.

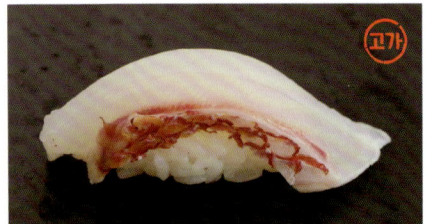

껍질이 조금 질긴 황적통돔은 오키나와식으로 날것을 껍질째 초밥에 써도 좋지만 초밥과 어울리지는 않는다. 그래서 뜨거운 물로 껍질을 살짝 익혀야 생선 껍질이 초밥의 맛을 한층 더 살려준다.

열대 해역에서 가장 맛 좋은 생선

주로 열대의 산호초 지역에 서식하는 1m가 넘는 대형 어다. 간혹 시코쿠나 와카야마현에서도 잡힌다. 와카야마에서는 희귀해서 '천년에 한 번밖에 잡히지 않는다'며 '센넨다이'라고 한다.
산지인 가고시마현, 오키나와, 오가사와라 등에서는 황적통돔을 최고급 생선으로 친다. 몸이 붉은색이고 좋은 기운이 느껴지는 이름 덕분에 경사스러운 날에 먹기도 한다. 오키나와에서는 친척들이 모여 축하할 일이 있으면 어김없이 황적통돔을 산다.

격투기를 연상시키는 해체 장면

붉은 껍질을 벗기면 가장 먼저 아름다운 생선 살이 눈에 들어온다. 그 아래 하얀 지방층이 있고 투명한 살이 있다. 층을 이룬 지방은 달고 생선 살은 진한 감칠맛이 난다.
오키나와에서는 껍질째 회나 초밥으로 먹지만 껍질이 조금 질겨서 초밥과 잘 어울리지는 않는다. 껍질을 벗기거나 뜨거운 물로 껍질을 살짝 익혀서 초밥 재료로 쓰는 방법을 추천한다.

아카만보

굉장히 화려한 생선으로 다양한 생선 맛이 난다?
만다이

万鯛 (만다이)

DATA
학명 Lampris guttatus (Bruennich, 1788). 한국에서는 '빨간개복치'라고 부르기도 한다.
계통 아카만보목 아카만보과
서식지 세계 각지의 따뜻한 해역
제철 연중
명칭 외형이 닮아서 '만보(개복치)'라고 부르기도 하고, '몬다이'라고도 부른다.
식食 데이터 토막을 내면 참치와 비슷하지만 참치와는 다르고, 청새치하고도 비슷하지만 청새치도 아니다. 산지에서는 버터구이나 회를 추천한다.

배 쪽의 갈비뼈에 가까운 부위로 만든 초밥. 초밥 요리사의 재량으로 간장 소스를 바른 모습이다. 보기에는 참치와 비슷하지만 참치에 비해 감칠맛과 지방이 조금 떨어진다. 그렇지만 흰살생선보다는 맛이 진하고 생선 살이 단단하다. 초밥 재료로 좋은 생선이다.

생김새는 신기하지만 맛은 평범

세계의 따뜻한 해역을 천천히 회유하는 몸길이가 2m가 넘는 대형어. 개복치처럼 해파리나 작은 새우를 잡아먹기 때문에 비슷한 어종으로 생각하는 것 같다. 참치 주낙 등을 이용해서 잡는데 참치 어업의 기지가 있는 곳이 산지다. 같은 과의 생선 중에는 신기하게 생긴 바닷물고기가 많으며 그 대표 생선이라 하면 류구노쓰가이를 꼽을 수 있다.

초밥으로 만들면 참치 초밥과 매우 흡사

생선 살이 붉어서 잘라놓으면 황다랑어와 비슷하다. 등 쪽은 깔끔하고 담백한 맛이 나고, 배 쪽에는 지방이 올라 있다. 그런데 배 쪽의 지방이 가장 올라 있는 부위라고 해도 참치의 대뱃살 정도는 아니고 중뱃살 미만 정도다. 맛을 음미해보면 참치와는 전혀 다르다. 초밥으로 만들어도 흰살생선과 붉은 살 생선의 중간 맛이 난다. 저렴하면서도 맛이 좋은 초밥 재료다.

지카메킨토키다이

거친 비늘 아래 숨어 있는 흰살
긴토키다이

金時鯛 (긴토키다이)

DATA
학명 Cookeolus japonicus(Cuvier). 한국에서는 '홍치'라고 부르기도 한다.
계통 농어목 긴토키다이과
서식지 서부 태평양과 인도양 등의 아열대 해역
제철 가을~겨울
명칭 '가네히라' 또는 '가게키요'
식용 데이터 탕이나 구이 등 어떤 요리를 해도 맛이 좋다고 전문가들은 평가한다.

누구나 좋아하는 흰살생선으로 간장과 고추냉이뿐 아니라 '유자후추' 등과 먹어도 맛이 그만이다. 보기에 아름답고 초밥과의 조화도 좋은 초밥이다.

고급스러우면서도 깊은 맛이 나는 긴토키다이 초밥. 단맛이 강하고 감칠맛이 적당하며 거부감이 느껴지지 않는다. 일반적으로 감귤류를 짜서 뿌리고 소금으로 먹는다.

가부키 배우도 맨발로 도망갈 정도로 겉모습이 화려

비교적 따뜻한 해역의 얕은 곳에 서식한다. 연안에서 잡히기 때문에 간토 지방의 어시장에서 자주 볼 수 있다. 그러나 어획량이 적어 모르는 사람도 많다. 긴토키다이과에는 다양한 물고기가 있고 남쪽으로 갈수록 식용으로서의 중요도가 높아진다. 일본에서는 원래 남쪽 지방의 생선이었지만 점점 북쪽으로 서식지를 넓히고 있다. 일본의 주요 산지는 아오야마현, 지바현, 시즈오카현, 기이반도, 시코쿠, 규슈 등이다.

지방이 부드럽고 감칠맛이 나며 달다

표준 일본명은 옛날이야기에 등장하는 주인공 긴타로의 다른 이름인 '긴토키金時'에서 유래했다. 선홍색 피부 아래에 약간 붉은빛이 도는 흰살이 숨겨져 있다. 제철일 때는 생선 살이 두툼하고 탄력이 있는데다가 감칠맛이 강하고 적당히 달아 간토 지방 초밥 요리사들 사이에서는 가격 이상으로 좋은 초밥 재료라는 평가를 받는다. 고추냉이간장에 찍어 먹어도 맛이 좋지만 유자후추나 감귤류와 소금 등과 먹어도 어울린다.

> 가고카키다이

초밥 재료가 되기 위해 태어난 물고기
범돔

駕籠担鯛 (가고카키다이)

DATA
계통 농어목 황줄깜정이과
서식지 서부 태평양과 중부 태평양 온열대 해역에 분포
제철 가을~겨울
명칭 멋진 세로 줄무늬가 일본 전통극 '교겐'의 의상을 닮아서 '교겐' 또는 '교겐바카마'라고도 부른다.
식食 데이터 보통 식용어가 아니라 잡어라고 생각한다.

크기가 작아 생선 반쪽으로 초밥 한두 개밖에 만들지 못한다. 붉은빛이 돌면서 투명한 하얀 살이 아름다운 범돔 초밥은 인상에 남는다.

보통은 그냥 잡어라고 생각하는 작은 물고기
얕은 암초 지역에서 볼 수 있으며 간토 지방과 간사이 지방은 방파제에서 쉽게 잡힌다. 범돔을 잡기 위한 특별한 어업은 없으며 정치망 등에 다른 생선과 섞여서 잡히므로 잡어로 취급한다. 이 화려하게 생긴 생선이 놀랄 만큼 맛이 좋다는 사실은 산지의 일부 사람만 안다. 간토 지방에도 소량 입하되지만 회나 구이, 말린 범돔을 먹어보면 높은 점수를 주게 된다. 아직은 가격이 싸지만 좋아하는 사람들이 점점 늘고 있다.

껍질 아래 지방이 아주 달다
연중 맛이 좋은 생선이지만 제철은 가을부터 겨울이다. 추워지면 껍질 아래 지방층을 만드는 범돔은 감칠맛이 나는 고급스러운 흰살생선이다. 제철에는 지방이 올라 달다. 크기는 작아도 볼륨감이 있고 맛이 깊기 때문에 초밥에 제격이다.

아오다이

옛날부터 흰살 고급 생선으로 대우
아오다이

青鯛 (아오다이)

DATA
학명 Paracaesio caeruleus (Katayama)
계통 농어목 퉁돔과
서식지 남일본
제철 봄~여름
명칭 가고시마현에서는 '호타', 오키나와에서는 '시추마치'
식용 데이터 모든 요리에 어울리는 만능 흰살생선. 오키나와에서는 껍질째 회로 겨자식초된장 등과 함께 먹는다.

가고시마현에서 잡은 아오다이로 만든 초밥. 생선 살이 투명하고 매우 아름답다. 보기보다 강한 감칠맛이 초밥과 함께 입속에 어우러지면서 뒷맛이 좋은 것이 신기하다.

열대의 깊은 곳에 서식

일본의 남쪽 지방을 대표하는 중형 생선. 이즈제도와 오가사하라, 가고시마현부터 오키나와의 크고 작은 섬에서 잡힌다. 도쿄 어시장에서는 광어, 가자미와 함께 퉁돔과의 자붉돔, 오나가, 아오다이가 흰살생선을 대표한다. 도쿄 도가 관할하는 섬들이 산지이기 때문에 고급 요릿집 등에서 많이 사용한다.
주로 회로 먹고 '조림이나 굽기에는 비싸다'는 인식이 있다. 봄부터 여름에 걸쳐 흰살생선이 귀한 시기가 제철이기 때문에 어시장에서 가격이 오르는 경우가 있다.

'곤란할 때는 아오다이'라는 말이 있을 정도로 맛만큼은 틀림없는 고급 생선

에도마에즈시에서 아오다이를 쓰기 시작한 시기는 2차 세계대전이 끝난 후라고 한다. 지금은 도쿄 도 내의 고즈시마섬과 가고시마현 등에서 소비지로 하루만에 입하된다.
선도가 좋고 감칠맛이 강해서 초밥과 어우러져도 그 맛을 느낄 수 있다. 도쿄 같은 산지에서는 광어 같은 대우를 받는 흰살생선이다.

> 메이치다이

가을철 흰살생선의 왕
까치돔

目―鯛 (메이치다이)

DATA
계통 농어목 갈돔과
서식지 한국, 일본, 필리핀, 말레이시아, 호주, 아프리카 등에 분포
제철 가을~겨울
명칭 '메잇차' 또는 '메다이'라고 부른다.
식食 데이터 생선회로 먹는 것이 최고

아름다운 초밥 가운데 하나. 초밥만 보고 맛이 담백할 것이라고 생각하기 쉽지만 사실은 맛이 아주 깊다. 거부감이 없어서 몇 개라도 먹을 수 있다.

갈색 띠가 일자 모양으로 있는 눈.

가을이 되면 찾아오는 흰살생선의 귀부인

바위 등이 많고 난바다와 접해 있는 얕은 해역에 작은 무리를 지어 생활한다. 특징적인 모양은 없으며 40㎝ 전후까지 성장한다. 눈에 띄지 않는 평범한 까치돔은 맛은 좋다고 알려져 있는데 가격도 비싸지 않다. 대표 산지도 특별히 없다.
많이 잡히지 않아 제철을 말하기는 어렵지만 가을에 먹는 까치돔 맛이 일품이다. 깊은 감칠맛을 느낄 수 있다.

'맛 좋은 흰살생선 초밥'이라는 표현으로는 부족

생선 전문가가 '만져만 봐도 맛이 느껴진다'고 말하는 것을 들은 적이 있다. 두툼한 생선 살과 매끄러운 표면으로 지방이 얼마나 올라 있는지 알 수 있다. 흰살생선이지만 농후한 감칠맛과 단맛으로 강한 인상을 주는 초밥이다. 최고급은 아니지만 고급 생선인데도 의외로 저렴하다.

> 긴메다이

초밥이나 회로 먹기 시작한 지 오래되지 않은 신참 생선
금눈돔

金目鯛 (긴메다이)

DATA
계통 금눈돔목 금눈돔과
서식지 한국의 남해와 동해, 일본 등에 분포
제철 가을부터 겨울이 제철인데 연중 맛이 좋다.
명칭 지역에 따라서는 '도쿄킨메' 또는 '히토히키킨메'라고도 부른다.
식食 데이터 산지에서는 금눈돔 샤브샤브가 유명

지방이 오른 금눈돔으로 만든 초밥. 보고 있는 사이에 표면의 지방이 벌써 녹기 시작한다. 입에 넣는 순간 단맛이 퍼지며 초밥과 함께 녹아 금방 사라진다. 생선 본연의 맛이 살아 있다.

금눈돔 껍질에 끓는 물을 부어 살짝 익혀서 만든 초밥. 입에 넣는 순간 녹는 느낌은 없지만 뒤에 단맛이 강하게 남는다.

서민 생선이 고급 생선으로, 지방의 생선이 전국으로

심해어로 수심 200m 이상에서 서식하므로 무동력선 등으로 어업을 하던 시대에는 알지 못했다. 식용한 시기는 얼마 되지 않았지만 간토 지방에서는 친숙하다. 주요 산지는 이즈제도, 이즈반도, 지바현이다. 고치현 등에서도 잡히고 칠레나 미국에서 수입도 한다. 간토 지방에서는 이즈반도에서 잡히는 '지킨메'라고 부르는 금눈돔이 유명하고 비싸다.
지방이 많고 산지에서 입하되기까지 시간이 꽤 걸려 날것으로 먹기 시작한 지는 그리 오래되지 않았다.

산지 한정 재료에서 서서히 소비 지역을 확대

최근에는 '0레인 회전 초밥집'에도 등장하기 시작했다. 이즈이나토리와 이즈제도의 니지마에서 잡히는 금눈돔을 '토로킨메'라고 하는데 입속에서 부드럽게 녹는 것이 참치의 대뱃살과 비슷한 식감이다.
비싼 지킨메로 만든 초밥은 그날그날 시세에 따라 가격이 달라지는 최고급 초밥이다.

에비스다이

보석 같은 비늘이 덮여 있는 물고기
도화돔

惠比寿鯛 (에비스다이)

DATA
계통 금눈돔목 얼게돔과
서식지 일본 남부에서 호주에 이르는 서부 태평양의 온열대 해역에 광범위하게 분포
제철 가을~겨울
명칭 '요로이다이' 또는 '구소쿠다이'
식食 데이터 금눈돔과 비슷한 종으로 금눈돔만큼 맛이 좋다.

투명한 유리 같은 비늘 아래 있는 빨간 껍질에 끓는 물을 부어 살짝 익혀서 만든 초밥. 흰살생선이지만 지방이 적당하고 초밥과의 조화가 좋다.

잡기 힘든 생선이라 잡기만 하면 행운

연안에서 정치망이나 낚시로 잡지만 무슨 이유인지 항상 1마리씩만 잡힌다. 전신에 은빛 실을 두른 것처럼 빛이 나는 이 비늘은 유리처럼 단단해서 만지면 아프다. 일본명인 '에비스다이'의 '에비스'는 일본의 칠복신七福神 중 하나로 '어업의 신, 오곡풍양의 신'이다. 그리고 '아주 먼 곳에서 온 사람 혹은 인간의 세계가 아닌 다른 세계를 떠올리게 하는 존재'이기도 했다. 오래 전 일본 사람들도 루비처럼 아름답게 빛나는 이 생선을 보고 놀라서 이 같은 이름을 붙였는지 모르겠다.

단단해서 손질하기 까다로운 비늘

생선 전문가도 '도화돔을 손질하고 나면 칼을 새로 벼려야 한다'고 말할 정도로 비늘이 단단하다. 단단한 비늘 아래에는 붉은 껍질이 있고 그 아래 하얀 생선 살이 숨어 있다. 이 살은 광어 같은 생선과는 맛의 차원이 다르다. 맛이 농후하고 강한 인상을 주면서도 뒷맛이 좋아 초밥 재료로 안성맞춤이다.

메지나

겨울철 벵에돔은 도미보다 상등품
벵에돔

目仁奈 (메지나)

DATA
계통 농어목 황줄깜정이과
서식지 동해와 남해, 제주도 연안 해역, 일본 중부 이남, 동중국해, 타이완 근해에 분포
제철 가을~겨울
명칭 간사이 지방에서는 '구레', 산인 지방에서는 '구로야'라고 부른다. 연어가 잡히기 시작할 시기에 잘 잡혀서 '사케노쓰카에다이'라고도 한다.
식용 데이터 도쿠시마현 어부는 껍질째 불에 새까맣게 익혀서 먹는데 그 맛이 일품

야키기리한 벵에돔으로 만든 초밥. 시코쿠 등에서는 짚을 태운 불로 생선 껍질을 구워서 손질한 것을 '야키기리'라고 한다. 지방의 단맛과, 껍질에서 자연의 맛을 느낄 수 있다.

추운 겨울에 시마네반도에서 대량으로 잡힌 벵에돔으로 만든 초밥. 도미처럼 생선 살이 아름답지만 맛이 진하고 식감이 강하다.

대표 벵에돔은 2종

따뜻하고 암초나 자갈이 많은 해조류가 무성한 곳에 주로 서식한다. 몸은 검고 코발트블루색의 눈을 가지고 있다. 식용보다 낚시 대상어로 인기가 많다. 해조류 주변에서 연중 볼 수 있는 것과 난바다에 사는 것 2종이 있다. 여름에는 냄새가 나서 싫어하지만 추워질수록 맛이 좋아지므로 산인 지방에서는 '겨울철 벵에돔은 도미보다 상등품'이라고 한다.
벵에돔의 대표 산지는 호쿠리쿠부터 산인 지방에 걸쳐 있으며 동해가 거칠어지면 대량으로 잡힌다. 긴꼬리벵에돔(구로메지나)은 보소반도 이남의 태평양 쪽에서 주로 잡힌다.

추운 계절을 대표

긴꼬리벵에돔은 비교적 연중 먹지만 여름철 벵에돔은 아무도 쳐다보지 않을 정도로 인기가 없다. 그런데 겨울 외투를 꺼내 입을 시기가 오면 지방이 올라 맛이 좋다. 껍질의 감칠맛을 살려서 만든 초밥도 맛있다.

> 이사키

보리를 베고 여름이 가까워지면 생각나는 생선

벤자리

鶏魚 (이사키)

DATA
계통 농어목 하스돔과
서식지 타이완, 동중국해, 일본 남부, 한국 연근해에 분포
제철 봄~여름
명칭 보리 수확기에 맛이 좋아져서 '무기와라이사키'라고도 한다.
식용 데이터 여름이 되면 생각나는 벤자리 소금구이는 소금구이의 왕

장마철에 잡은 벤자리로 만든 초밥. 껍질 아래 생선 살이 선명한 붉은빛을 띠는데 지방이 올라 달다. 초밥과 어우러져 맛도 고급스럽다.

가을에 잡은 '우리보'라는 어린 벤자리로 만든 초밥. 손바닥 정도의 크기지만 지방층이 있으며 달다. 반 마리로 1개의 초밥을 만드는 데 초밥 요리사가 좋아하는 재료다.

소금구이로 먹던 생선을 이제는 날것으로

연안의 깊은 곳이나 해조류가 많은 곳에 서식하며 낮에는 연안의 깊은 곳에 있다가 밤이 되면 수면 가까이로 올라온다. 도쿄에서는 17세기 초부터 벤자리를 소금구이로 먹었다. 지금도 미우라반도나 도쿄만 등에서 잡힌다.

제철인 여름에 먹는 벤자리 소금구이는 옛 일본 사람들도 인정한 맛이다. 그런데 벤자리를 회로 먹기 시작한 시기는 의외로 오래되지 않았다. 일본의 고도성장기 이후부터 먹기 시작했다고 한다.

작은 것도 큰 것도 지방이 올라 있다

태어나서 약 1년이 지난 20cm 전후까지를 '우리보'라고 한다. 일본어로 '우리'는 참외나 오이를 의미하는데 이 시기에 황갈색 세로 줄무늬가 있기 때문이다. 이 줄무늬는 성장하면서 사라진다. 우리보는 크기는 작아도 맛이 좋아 초밥 재료로 사용한다. 물론 클수록 맛이 좋지만 방어처럼 큰 차이가 나지는 않는다. 미에현의 오와세 같은 지역에서는 50cm 정도의 벤자리를 최고급으로 친다.

고쇼다이

독특한 향이 있는, 생선구이의 왕
어름돔

胡椒鯛 (고쇼다이)

DATA
계통 농어목 하스돔과
서식지 서부 태평양, 인도양 등의 온열대 해역에 분포
제철 봄~여름. 추운 계절에도 맛이 좋다.
명칭 어름돔을 좋아하는 오이타현에서는 '고타이'라고 부른다.
식용 데이터 여름철 생선구이는 벤자리가 으뜸이지만 어름돔 소금구이도 뒤지지 않는다.

흰살생선 특유의 풍미가 있지만 껍질을 살짝 구우면 불맛이 더해져 맛있다. 생선 살이 적당히 단단하여 초밥과의 궁합도 잘 맞는다.

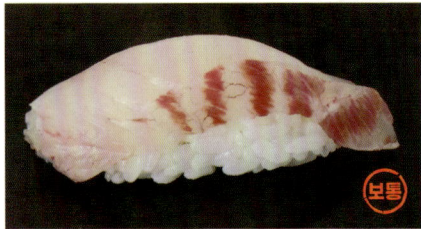

간사이 지방 서쪽에서는 흰살생선을 대표. 껍질 아래의 선명한 붉은빛을 띤 생선 살이 아름다운 어름돔 초밥은 몇 개를 먹어도 질리지 않는다.

후추를 뿌려놓은 것 같은 검은 반점이 있다.

해마다 어획량이 늘어나 가격이 하락하는 중

일본 남부에서 인도네시아 주변 해역에 이르는 서부 태평양과 인도양 등의 온열대 해역의 암초 지대에 서식한다. 모양은 도미와 유사하고 70㎝ 전후까지 성장한다. 너무 크면 기생충이 있을 수 있어서 프로들은 30~40㎝ 정도의 중형을 선호한다. 일본명인 '고쇼다이(후추도미)'는 후추를 뿌려놓은 것처럼 보이는 반점 때문에 생겼다고 하지만 오히려 '고쇼'의 옷 무늬와 비슷해서 이 같은 이름이 생긴 것이 아닌가 싶다.

암초 주변에 주로 살아서 독특한 향이 있다

암초 주변에 서식하므로 특유의 향이 약간 있다. 조림이나 구이를 해도 맛있지만 회로 먹을 때 단연 최고다. 초밥 재료로도 손색없다. 예전에는 서일본의 대표 초밥 재료였는데 온난화 탓인지 어획량이 늘어 간토 지방에서도 친숙하다.
버리는 부분이 많지 않아 회전 초밥집 등에서 흔히 볼 수 있다. 맛이 좋은 흰살생선이니 초밥집에서 보이면 꼭 먹어보기를 권한다.

> 고로다이

하스돔과 중에서 가장 아름다운 생선 살
청황돔

胡廬鯛 (고로다이)

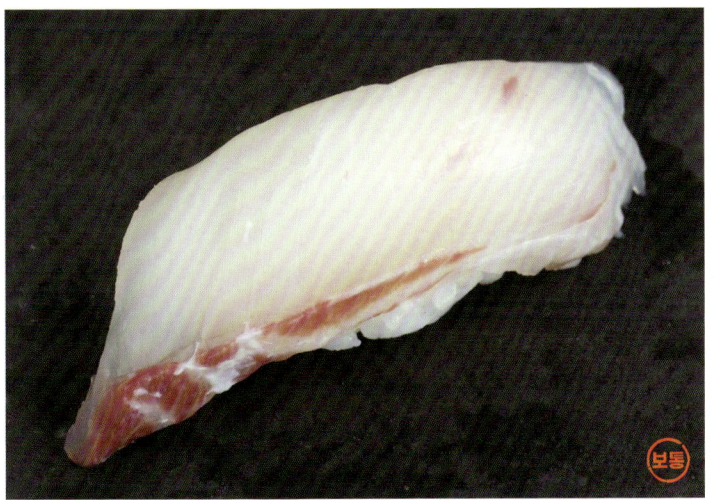

DATA
계통 농어목 하스돔과
서식지 서부 태평양과 인도양의 열대 및 아열대 해역에 분포
제철 봄~여름
명칭 미에현에서는 '가레구레'라고 부른다.
식용 데이터 회나 소금구이 외에 튀김, 뫼니에르로 만들어 먹기도 한다.

생선의 이름을 알려주지 않고 주면 무슨 생선인지 잘 모를 것 같은 청황돔 초밥은 씹는 순간 감칠맛이 터져 나와 초밥과 섞여 조화를 이루고, 뒷맛이 깔끔하다. 아주 맛이 좋아 곤란한 초밥이다.

황갈색의 반점이 흩어져 있다.

어름돔과 마치 형제처럼 닮은꼴

청황돔은 어름돔처럼 주로 얕은 산호초 지역이나 바위 주변에 많고, 어름돔보다 더 따뜻한 해역에 서식한다. 도미와 비슷한 하스돔과는 열대 해역에 살지만 그중에서 청황돔과 어름돔은 가장 북쪽에 산다. 온난화로 일반 가정의 식탁에서 보게 될 가능성이 높다.
와카야마현 등에서는 새끼 멧돼지를 '고로'라고 한다. 새끼 멧돼지처럼 청황돔 등에 얼룩얼룩한 무늬(반점)가 있다고 '고로다이'라고 부른다. 한마디로 청황돔은 매우 아름다운 생선이다.

생선 살이 아름다우며 버리는 것이 별로 없다

거부감이 없고 고급스러우면서도 감칠맛이 있고 약간 달다. 그냥 보아도 잘라놓아도 결점이 없는 완벽한 생선이 청황돔이다. 결점이 없는 것이 결점이라고 말하는 초밥 요리사가 있을 정도다.
어획량이 풍부해져서 지방의 회전 초밥집에는 이미 청황돔 초밥이 등장했다. 앞으로 전국에서 초밥 재료로 사용할 날이 머지않았다.

> 아이나메

재산을 탕진할 정도의 맛
쥐노래미

鮎並 (아이나메)

DATA
계통 쏨뱅이목 쥐노래밋과
서식지 한국의 전 해역과 홋카이도 이남, 동중국해 등에 분포
제철 봄~여름
명칭 몸에 미끌미끌한 기름을 발라놓은 것 같다고 간사이 지방에서는 '아부라메'라고 부른다.
식용 데이터 고급 요릿집에서는 맑은국에 쥐노래미를 사용한다.

제철을 맞은 초여름 쥐노래미로 만든 초밥. 생선 살 안에 섞여서 하얗게 보이는 이 지방이 달고 감칠맛도 풍부하다. 쫄깃쫄깃한 식감과 뒷맛이 좋아 자꾸 손이 간다.

껍질을 구워서 만든 초밥. 껍질의 감칠맛에 고소한 향을 입혔는데 초밥과의 일체감을 맛볼 수 있다.

지볼트의 부인 이름에서 따온 생선 이름

바위나 해조류가 많은 연안에 서식하며 새우류와 작은 조개류, 어류 등을 먹고산다. 산란기에는 암수가 1쌍이 되어 암컷이 알을 낳아 바위나 해조류 등에 붙이면 수컷이 부화할 때까지 알을 보호한다. 산란기 전인 봄부터가 제철로 여름철 흰살생선을 대표하는 고급 생선이다. 일본 각지의 동식물을 수집하여 독일로 가져간 지볼트Karl Siebold가 부인의 이름 '오타키'를 학명 Hexagrammos otakii으로 썼다는 일화로도 유명하다.

은어만큼 맛이 좋아서 '아이나메'라고 부른다

은어에 지지 않을 만큼 맛이 좋은 생선이어서 '아이나메'라는 이름이 생겼다. 히로시마현에서는 '맛있어서 이듬해 볍씨까지 밥을 지어 먹게 된다'며 '모미다네우시나이'라고도 부른다.

여름철 초밥 재료로서는 흰살생선의 최고봉 중 하나. 흰살생선이면서 단맛이 강하고 뒷맛이 아주 좋다. 쥐노래미 초밥을 먹으려고 초밥집을 다니다가 재산을 탕진할 정도로 최고의 맛을 자랑한다.

> 홋케

말린 생선으로 유명한 추운 지방의 생선
임연수어

𩶫(홋케)

DATA
계통 쏨뱅이목 쥐노래미과
서식지 북태평양의 오호츠크해, 동해 등에 분포
제철 봄~여름
명칭 '다라바홋케' 또는 '네봇케'
식食 데이터 말린 임연수어는 저렴하고 맛있다. 특히 대형 임연수어를 말린 것은 그 맛이 일품.

하코다테산 임연수어 초밥. 시각적으로 아름다운 이 초밥은 입에 넣는 순간 지방의 단맛이 퍼지는데 뒷맛이 좋다.

사진: 일본 독립행정법인 수산종합연구센터

전쟁이 끝나고 식량난을 겪을 때 먹었던 생선

동해나 호쿠리쿠, 홋카이도 등에서 잡힌다. 어부들은 성장 시기에 따라 이름을 '로소쿠홋케', '주홋케', '다라바홋케'로 구별하여 부른다. 클수록 맛이 좋고 비싸다. 2차 세계대전 이후 식량난을 겪을 때 제대로 냉장하지 않은 상태로 산지에서 들어온 임연수어를 먹었던 사람은, 지금도 '맛없는 생선'으로 기억한다. 그래서인지 간토 지방에서는 여전히 저렴하다.

주요 산지는 홋카이도다. 한곳에서 주로 생활하는 '네봇케'가 유명하며 이것을 이케지메한 것이 간토 지방 등으로 들어온다.

그물로 잡은 것과 낚시로 잡은 것은 차원이 다르다

최근에는 홋카이도의 하코다테에서 낚시로 잡아 살아 있는 임연수어를 이케지메하여 비행기로 간토 지방에 보낸다. 이 임연수의 맛이 일품이다. 쥐노래미와 비슷한 종이지만 지방이 진하고 달며, 초밥 재료로 서서히 사랑받고 있다.

> 스즈키

무장武將에게 천하를 안겨준 행운의 물고기
농어

鱸 (스즈키)

장마가 끝나고 잡은, 지방이 오른 자연산 농어로 만든 초밥. 지방 때문에 생선 살이 탁하게 보인다. 입에 넣으면 부드러운 단맛이 나고 쫄깃쫄깃하게 씹히는 식감이 아주 산뜻하다.

DATA
계통 농어목 농엇과
서식지 동중국해, 타이완, 일본, 한국 연근해에 분포
제철 여름
명칭 자라면서 이름이 바뀌는 출세어. 갓 태어난 치어는 '곳파', 15㎝ 이하는 '하쿠라', 15~18㎝까지는 '세이고', 35㎝ 전후는 '훗코', 60㎝ 이상은 '스즈키'라고 부른다.
식슐 데이터 농어를 손질한 다음 얼음물에 살짝 씻으면 쫄깃쫄깃한 식감이 살아난다.

연중 지방이 올라 있고 살아 있는 상태로 쓰키지 어시장 등으로 입하되는 양식 농어는 투명감이 있다. 양식 농어는 초밥 재료로는 훌륭하지만 농어 본연의 맛은 어딘가 부족하다.

소금구이로 먹던 생선에서 횟감으로

내만 등에 살며 어릴 때는 담수를 좋아하여 연안이나 강 하구까지 거슬러 올라온다. 육지와 가까운 곳에서 잡히므로 도시에서도 친숙하고 17세기 초부터 낚시 대상어로 인기가 많았다. 고문서 등에도 자주 등장하는데 무장이던 다이라노 기요모리平淸盛가 탄 배에 농어가 들어온 것을 보고 길조로 여겨 축하한 후에 다이조대신(총리) 자리까지 올랐다는 일화도 있다. 또 옛《어감魚鑑》에는 '여름철 진미 중에 농어를 뛰어넘는 것은 없다'고 쓰여 있다고 한다. 인기가 좋아 최근에는 양식을 하는데 연중 지방이 오른 농어를 구할 수 있기 때문에 농어 초밥을 볼 기회도 많아졌다.

청량감을 주는 희고 아름다운 생선 살

여름철 대표 흰살생선이다. 예전에는 냉수에 흔들어 씻은 다음 생선 살을 수축시켜 먹었지만 지금은 유통이 발달하여 보통 날것 그대로 회로 먹는다. 산란기를 앞두고 먹이를 잔뜩 먹어 지방이 한껏 오른 여름 농어로 만든 초밥은 천하일품이다.

> 히라스즈키

여름에는 농어, 겨울에는 넙치농어
넙치농어

平鱸 (히라스즈키)

DATA
계통 농어목 농엇과
서식지 한국, 일본, 타이완, 동중국해에 분포
제철 가을~겨울
명칭 '오키스즈키' 또는 '혼스즈키'
식食 데이터 도미처럼 고급스러운 맛이 나고 비린내가 없어서 생선 살을 씻지 않는 것이 기본

잘라놓은 생선 살만으로는 원래의 모습을 상상하기 어렵다. 붉은색이 선명하고 검은 심줄이 없어서 거부감이 느껴지지 않는 초밥이다.

어부들이 확실히 구분한 농어와 넙치농어

오래전부터 어부들은 농어는 난바다에 서식하는 농어와 내만에 서식하는 농어 2종이 있다는 사실을 알고 있었다. 그러나 분류학에서 두 물고기를 다른 종으로 나눈 것은 2차 세계대전이 끝나고도 10여 년이 지난 후였다. 어부들은 '난바다에 사는 넙치농어'가 더 맛이 좋고 가격이 비싸다는 사실을 알고 있었던 것 같다. 담수에 살지 않아 도미처럼 맛이 담백하고 고급스럽다. 내만에 서식하는 농어는 여름에만 고급 생선으로 치지만 넙치농어는 연중 비싸고 입하량도 적다.

완벽한 흰살생선으로, 생선회로는 최고급

농어는 여름에만 고급 초밥 재료로 대우받지만 넙치농어는 연중 고급 초밥 재료로 쓰인다. 특히 제철인 겨울에는 최고급 초밥 재료 중 하나로 손꼽힌다. 흰살생선의 대명사인 광어를 대신하기도 한다.
초밥 재료로 자른 생선 살은 보기에 아름답고 누구나 좋아하는 거부감 없는 맛이다. 한마디로 단맛과 기분 좋은 식감을 즐길 수 있는, 완성도 높은 초밥을 위한 식재료다.

구에

100kg이 넘는 대형어지만 맛은 섬세
자바리

九絵 (구에)

DATA
계통 농어목 바릿과
서식지 한국의 남부와 제주도, 일본, 타이완, 중국, 말레이시아, 인도에 분포
제철 겨울~초여름
명칭 주고쿠 지방과 규슈 등에서는 '아라'라고 부른다.
식슴 데이터 겨울철 스모 선수들이 먹는 '아라나베'는 복어보다 맛이 좋고 비싸다.

자연산 자바리 초밥. 초밥 위의 두툼한 생선 살이 쫄깃쫄깃하고 감칠맛이 강해 자꾸만 손이 간다.

가짜가 등장할 정도로 비싼 생선

따뜻한 해역의 암초 지역에 서식하는 야행성 어류로 저녁이면 먹이를 찾아 움직인다. 자바리는 후쿠오카현 하카타의 '아라 요리'와 와카야마현의 '구에 요리'에 쓰는 특정 지역 생선이었는데 요즘은 인기가 많아 자연산 자바리만으로는 부족하여 양식도 한다. 지금은 참다랑어보다 비싸게 거래되는 고급 생선이다. 너무 비싸서 은대구처럼 자바리와는 상관없는 생선을 자바리라고 속여서 파는 일도 더러 있다.

산지 초밥 재료에서 어느덧 전국으로 인기 상승 중

예전에는 후쿠오카현 하카타 지역에서만 쓰던 초밥 재료였다. 그런데 양식 자바리가 유통되면서 일본 전국에 초밥 재료로 등장하게 되었다. 클수록 맛이 좋으며 어시장에서는 중간 도매업자에게 참치처럼 덩어리로 잘라서 팔기도 한다. 이 덩어리를 잘라 초밥집에서 초밥을 만드는데, 자바리는 흰살생선이지만 감칠맛이 진해 인기가 점점 상승하고 있다.

마하타

대형 바릿과 중에서는 가장 북쪽 해역까지 서식
능성어
羽太 (하타)

DATA
계통 농어목 바릿과
서식지 한국의 남쪽 해역과 일본, 중국 등의 북서태평양에 분포
제철 늦가을~초여름
명칭 시마네현에서는 '가나'라고도 부른다.
식술 데이터 서일본에서는 능성어회를 초된장에 찍어 먹는다.

양식 능성어 초밥. 자연산 능성어는 귀하지만 양식이 늘고 있다. 은은한 단맛에 씹는 식감이 강하고 감칠맛이 퍼지면서 초밥과 어우러진다. 지방이 한껏 올라 입속에서 녹는다. 감귤류와 소금을 곁들여도 맛이 좋다.

성어가 되면 갈색 가로 줄무늬가 사라진다

얕은 해역의 암초 지대에 서식하는 바릿과를 대표하는 바닷물고기로 가장 북쪽에서 볼 수 있다. 1m가 넘는 육식성 어류로 해마다 어획량이 감소하고 있다. 어시장에서도 자연산을 볼 수 있는 기회가 줄어들고 있으며 어쩌다 큰 것이 들어오면 1kg에 약 20만 원을 웃돌기 때문에 일반인이 사기에는 비싸다.

어획량이 줄어들자 일본에서는 바로 양식을 시작하여 지금은 양식 물고기를 대표하는 생선이 되었다. 그러나 능성어는 양식도 고급 생선이다. 크기가 작아도 지방이 올라 있어서 초밥집 등에서 많이 쓴다.

고급 초밥집에서만 먹을 수 있는 귀한 생선

양식을 해도 입하량이 늘어 안정적으로 구매를 할 수 있을 뿐이고 가격은 여전히 비싸다. 흰살생선이지만 감칠맛이 진하고 광어보다 맛이 좋다고 평가하는 사람들이 적지 않다. 아직까지는 고급 초밥집에서만 먹을 수 있는 명품 초밥이다.

> 기지하타

겨울에는 복어, 여름에는 붉바리
붉바리

茂魚 (아코우)

DATA
- 계통 농어목 바릿과
- 서식지 제주도, 일본 중부 이남, 중국, 대만 등에 분포
- 제철 봄~여름
- 명칭 '아즈키마스' 또는 '아카미즈'
- 식슐 데이터 오사카에는 '겨울은 복어, 여름은 붉바리'라는 말이 있다.

지방이 오른 초여름 붉바리로 만든 초밥. 쫄깃쫄깃한 생선 살이 기분 좋게 초밥과 조화를 이루며 달고 감칠맛이 풍부할 뿐 아니라 뒷맛이 깔끔하다. 간장보다 감귤류와 소금이 어울린다.

대표적인 소형 생선

얕은 해역의 암초 지대에 서식하는 바닷물고기다. 바릿과에는 작은 것과 큰 것이 있는데 붉바리는 전자를 대표한다. 다 자라도 40㎝ 정도밖에 되지 않는다. 간토 지방에서는 별로 잡히지 않기 때문에 '기지하타'라는 표준 일본명을 거의 사용하지 않으며, 붉바리의 대표 산지인 세토나이카이 등에서는 '아코우'라고 부른다. 오사카를 포함한 간사이 지방에서는 여름을 대표하는 고급 생선이다.

어시장에서는 산 채로 거래

간토 지방에서는 친숙하지 않아서 인기가 없다. 그런데 서일본에서는 일단 죽으면 가격이 반으로 떨어지므로 활어 상태로 거래된다. 군마현 아카시 같은 지역의 초밥집에서는 먹는 시간을 계산하여 잡을 정도다. 여름철 서일본에서는 문치가자미보다 붉바리를 선호해 흰살생선 초밥 재료로 빠지지 않는다. 식감이 좋고 깊은 맛이 나면서도 뒷맛이 개운한 붉바리는 여름에 어울리는 대표 초밥 가운데 하나다.

> 아카하타

중화요리에서 대활약하는 작은 생선
홍바리

赤羽太 (아카하타)

한나절 동안 숙성시킨 홍바리로 만든 초밥. 단맛과 감칠맛의 균형이 좋고 식감이 강하다. 간장보다 감귤류와 소금으로 먹는 것을 권한다.

DATA
계통 농어목 바릿과
서식지 한국, 일본, 중국, 타이완, 필리핀, 동인도제도, 아라비아해, 홍해에 분포
제철 봄~여름. 열대 지역은 특별히 제철이 없다.
명칭 몸색이 붉어서 '아카기', '아카바', '아카니바라', '아카미바이' 등으로 부른다.
식食 데이터 홍바리로 중국식 생선찜 '칭쩡清蒸'을 만들어 먹는다. 홍바리를 대파 등과 함께 쪄서 중국간장, 어장 등의 소스를 두르고 땅콩오일을 뿌려 요리한다.

중화요리나 이탈리아 요리에도 사용

따뜻한 바다를 좋아하며 산호초 등이 많은 얕은 곳에 서식하는 바릿과에 속하는 바닷물고기다. 스루가만 이남의 태평양에서 볼 수 있고 어획량은 많지 않다. 이즈반도 외에 시즈오카현, 와카야마현, 시코쿠, 규슈, 오키나와 등이 산지다.

바릿과 생선은 대체로 비싸지만 홍바리는 비교적 저렴하게 구입할 수 있다. 프랑스 요리나 이탈리아 요리, 중화요리 등에 다양하게 쓰인다.

초밥은 주로 날것으로

최근에는 쓰키지 어시장 등에 활어로 입하된다. 초밥 재료로 쓰기에 크기도 적당하고 가격도 비싸지 않아 초밥집에서 자주 볼 수 있다. 흰살생선이 귀한 따뜻한 시기에도 안정적으로 구매할 수 있기 때문에 꾸준히 사랑받고 있다. 잘라놓은 생선 살이 투명하고 아름다운 홍바리는 복어처럼 젖은 천으로 감싸서 숙성시킨 다음 요리하기도 하는데 이렇게 숙성시키면 그 맛이 일품이다.

> 스지아라

오키나와 3대 고급 어종의 정점
아카진미바이

赤仁羽太 (아카진미바이)

DATA
학명 Plectropomus leoparadus (Lacepède, 1802)
계통 농어목 바릿과
서식지 남일본
제철 봄부터 여름이 제철이지만 연중 맛이 좋다.
명칭 가고시마현에서는 '아카미즈', '아카조', '바라하타'라고 부른다.
식슬 데이터 오키나와 요리 중에서도 '마스니'를 추천한다. 진한 소금물에 아카진미바이를 단시간 찐다. 오키나와의 시마두부가 있으면 그 맛을 두 배로 즐길 수 있다.

오키나와현에서 이케지메한 아카진미바이를 비행기로 공수받아 만든 초밥. 아직 생선 살에 투명감이 남아 있다. 감칠맛은 떨어지지만 맛이 은은하고 고급스러워 몇 개라도 먹을 수 있다. 며칠 숙성시키면 초밥으로 더 적당하다.

경사스러운 날에 사용하는 붉은 생선

산호초 등에 서식하는 대형어. 오키나와에서는 살아 있는 미끼를 이용한 낚시나 어부들이 작살 등으로 잡는다. 오키나와 3대 고급 어종 가운데 하나인 아카진미바이는 마쿠부, 아카마치와 함께 고가에 거래된다. 주요 산지는 오키나와현, 가고시마현, 나가사키현이다. 가고시마현 아마미와 오키나와에서는 회, 된장국, 조림 등으로 먹는 고급 생선이다.

간토 지방에도 입하되어 서서히 알려지는 중

오키나와 가고시마에서 초밥 재료로 쓰이던 아카진미바이가 최근에는 간토 지방에도 들어오기 때문에 서서히 알려지고 있다. '超초'가 앞에 붙을 정도로 비싼 토산물이라 초밥 가격도 고가이다. 고급스러운 흰살생선으로 단맛이 나고, 방금 잡은 것은 강한 식감을 즐길 수 있다. 보기에도 아름다운 아카진미바이는 남쪽 지방 생선 특유의 산뜻한 뒷맛이 특징이다.

> 아라

바릿과 생선과는 계통이 다른 심해어
다금바리

鯎(아라)

DATA
계통 농어목 바릿과
서식지 한국, 중국, 일본, 타이완, 필리핀에 이르는 서부 태평양에 분포
제철 늦가을~초여름
명칭 '오키스즈키' 또는 '호타'
식食 데이터 회, 소금구이, 조림 등에 두루 쓰인다.

생선 살이 투명한 황갈색을 띤다. 갓 잡은 다금바리는 살이 희고 투명하지만 조금 숙성시키면 맛이 더 좋아진다. 초밥과 섞여도 감칠맛이 강하고 맛이 깊다.

일반적인 바릿과 생선과는 계통이 다르다

바릿과 바닷물고기는 얕은 암초 지대에 주로 서식하지만 다금바리는 수심이 100m 이상 되는 암초 지대에 살며 어릴 때는 등에 연갈색 바탕에 진한 세로 줄무늬가 있다. 겉모습도 바릿과 생선과는 다른데 오히려 농어와 비슷하게 생겼다. 흔히 한국에서 다금바리라고 부르는 것은 자바리일 확률이 높다.

다금바리는 어획량이 적고 양식을 하지 않으므로 자바리 이상으로 귀하다. 어시장에서도 자바리 이상으로 높이 평가한다.

근해에서 낚시로 잡은 다금바리가 최고급

간토 지방에는 지바현에서 낚시로 잡은 것과 시즈오카현에서 저인망 어업으로 잡은 것이 들어온다. 어시장에서는 '고아라'라고 하는 작은 다금바리도 비싸지만 큰 다금바리는 보통 초밥집에서 쉽게 살 수 없을 정도로 가격이 세다.

손질한 생선 살은 흰살생선이라기보다 아주 투명한 황갈색을 띠며 단맛보다 감칠맛이 돋보인다.

> 시로쿠라베라

오키나와 3대 고급 어종 가운데 하나
마쿠부

まくぶー (마쿠부)

DATA
학명 Choerodon shoen leinii (Valenciennes)
계통 농어목 놀래깃과
서식지 아마미오섬 이남
제철 봄~여름
명칭 오키나와 야에야마에서는 '오마쿠부'라고 부른다.
식食 데이터 회로 먹을 때는 껍질을 벗기지 않고 먹는 것이 맛있다.

마쿠부의 껍질을 벗기고 만든 초밥. 초밥을 만든 요리사에 따르면 껍질이 조금 딱딱해서 초밥과 어우러지지 않는다고 한다. 색의 대비가 단조롭지만 맛이 진하고 뒷맛이 좋다.

오키나와 요리에 빠지지 않는 생선

열대 산호초에 서식한다. 화려한 바닷물고기가 많은 열대 지역에서는 평범한 물고기지만 몸길이가 1m가 넘기 때문에 낚시 대상어 등으로 인기가 많다. 오키나와 3대 고급 어종은 아카진미바이, 아카마치, 그리고 마쿠부다. 나하 시 도마리 어항 등에서는 이 3가지 어종을 모두 볼 수 있다.

거부감이 없는 흰살생선으로 껍질을 벗기지 않고 회로 먹는 것이 기본이다. 그 외에 된장국, 버터구이 등으로 먹고 오키나와 요리에서는 빠지지 않는다.

눈처럼 하얀 생선 살이 아름답다

마쿠부를 손질하던 초밥 요리사가 고개를 갸우뚱했다. 생선에 붉은 핏자국 살이 없다는 것이다. 핏자국 살이 없으면 앞뒤가 없기 때문에 초밥을 만들 때 곤란하다. 게다가 하얀 초밥 위에 하얀 생선 살을 올리면 눈으로 즐기는 재미가 없다. 그렇지만 보기와 다르게 맛이 진하다. 흰살생선이지만 볼륨감이 느껴진다.

규센

동일본에서는 잡어, 서일본에서는 고급 생선
용치놀래기

九線 (규센)

DATA
계통 농어목 놀래깃과
서식지 한국, 일본, 타이완, 중국, 필리핀을 지나는 서부 태평양에 분포
제철 봄~초여름
명칭 '베라' 또는 '기자미'라고 부르는 지역도 많다.
식喰 데이터 회, 조림, 생선구이로 먹는다.

효고현 아카시산 용치놀래기로 만든 초밥. 간토 지방에서는 생선 살이 희어서 시각적으로 보기 좋지 않다고 하지만 도톰한 생선 살이 달고 초밥과 아주 잘 어울린다.

작은 수컷 용치놀래미의 껍질을 살짝 구워서 만든 초밥. 껍질의 감칠맛과 코를 자극하는 고소함에 빠져든다.

간토 지방에서는 잡어, 서일본에서는 고급 생선

간토 지방에서도 볼 수 있지만 세토나이카이 같은 서일본에서 잡힌다. 주로 얕은 연안의 암초 지대에 산다. 어릴 때는 몸 색깔이 붉으며 암컷이다. 자라면서 암컷에서 수컷으로 바뀌고 몸 색깔도 청록색으로 변한다. 그래서 암컷을 '아카베라(빨간놀래기)', 수컷을 '아오베라(파란놀래기)'라고 부른다. 성어가 되어도 몸길이가 30㎝ 정도밖에 되지 않는다.

간토 지방에서는 잡어 취급을 하지만, 간사이 지방부터 세토나이카이에 이르는 서일본에서는 고급 생선이므로 용치놀래기를 잡으려는 낚싯배도 심심치 않게 볼 수 있다. 제철이 되면 조림이나 회로 먹는다.

지방마다 다른 취급을 받는다

가끔 효고현 아카시나 히로시마에서 잡은 용치놀래기가 간토 지방의 어시장으로 들어온다. 제철을 맞은 큰 수컷 용치놀래기는 초밥 재료로 최상급이다. 서일본의 초밥집에서 용치놀래기는 흔히 사용하는 초밥 재료지만 간토 지방에서는 용치놀래기를 모르는 초밥 요리사가 적지 않은 게 현실이다. 생선 살이 부드러워 다루기는 어려워도 먹어보지 않으면 그 맛을 모른다.

> 아카무쓰

북쪽 지방의 홍살치와 쌍벽
눈볼대

喉黒 (노도구로)

DATA
계통 농어목 반딧볼게르칫과
서식지 한국의 남해, 일본, 인도네시아, 호주 북서부를 지나는 서부 태평양에 분포
제철 가을~봄
명칭 '긴교' 또는 '메부토'
식食 데이터 흰살생선의 오토로라고 할 정도로 지방이 많아, 구워도 생선 자체의 기름으로 튀긴 것처럼 고소하다.

산인 지방의 변두리에 있는 작은 초밥집에서 배운 것을 재현한 초밥. 껍질에 소금을 약간 뿌린 다음 살짝 구운 눈볼대에 감귤류를 짜서 먹으면 입속에서 녹는 생선 살과 고소한 향을 느낄 수 있다.

'빨간 보석'으로 불리는 최고급 생선

몸길이는 40㎝ 정도로 연안의 깊은 곳에 서식하며 동해에서 주로 잡힌다. 흰살생선이지만 참치의 대뱃살처럼 기름이 올라 있기 때문에 좋아하는 사람들이 점점 늘고 있다.
지금은 '빨간 보석'으로 불릴 만큼 최고급 생선이다. 이시카와현의 '노도쿠로', 시마네현의 '돈칫치', 나가사키현의 '베니토미'처럼 브랜드 생선으로 일본 각지에서 팔리고 있다.

흰살생선이라기보다 지방이 많은 생선

일반적으로 생선은 크면 클수록 비싸지만 눈볼대는 작은 것도 싸지 않다. 작아도 지방이 잔뜩 올라 있고 큰 것보다 감칠맛이 진한 껍질 부분을 이용할 수 있기 때문이다. 산인 지방 등의 초밥집에서는 작은 눈볼대의 껍질을 살짝 구워서 만든 초밥이 나오기도 한다. 물론 큰 것도 맛이 좋지만, 작은 생선으로 만들던 에도마에즈시의 전통을 살려 1마리로 초밥 2개를 만드는 것이 간단하고 좋다.

> 무쓰

예전에는 기름이 많아서 싫어한 생선
게르치

鯥 (무쓰)

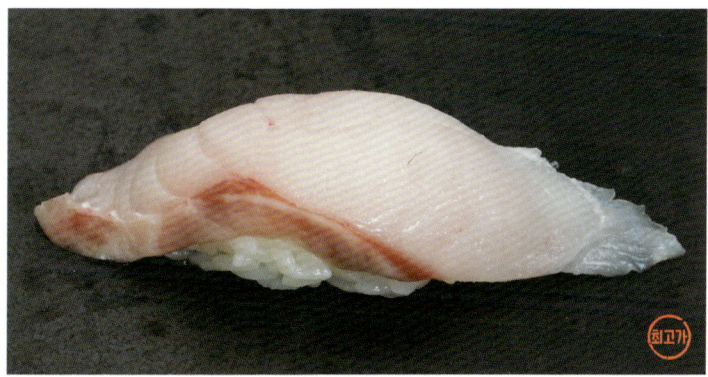

DATA
계통 농어목 게르치과
서식지 타이완, 동중국해, 홋카이도 이남 해역, 한국 연근해에 분포
제철 가을~겨울
명칭 '온시라즈' 또는 '오키무쓰'
식食 데이터 간토 지방에서는 오래전부터 조림으로 먹어왔다. 지방이 많아 달고 맛있다.

가고시마현 연안에서 잡은 게르치로 만든 초밥. 지방층이 있어 입속에서 사르르 녹지만 씹는 식감도 확실하다. 초밥의 산미가 더해지면 아주 절묘하다.

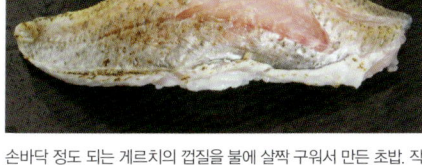 

손바닥 정도 되는 게르치의 껍질을 불에 살짝 구워서 만든 초밥. 작지만 껍질 위로 지방이 배어 나와 감칠맛이 강하다. 크기는 작아도 맛이 좋아 초밥 요리사들이 선호하는 재료다.

지방이 풍부해 선호하게 된 생선

일본에서는 유사종인 검은게르치(구로무쓰)와 게르치를 모두 '게르치'라고 한다. 2종 모두 태평양 쪽의 심해에서 잡히며 가끔은 크기가 1m 되는 것도 있다. 연안의 얕은 곳에서 무리지어 사는 20㎝ 크기의 작은 것부터 정치망으로 잡아 식용한다. 예전에는 어획량이 풍부하고 지방이 많아 하품으로 취급했지만 지방이 많은 생선을 선호하는 요즘은 대형 게르치를 최고급으로 친다. 슈퍼마켓에서 살 수 있는 생선이 아니라 요릿집이나 초밥집 등에서만 먹을 수 있다.

저렴한 어린 게르치와 최고급 성어는 맛이 다르다

해수욕장과 가까운 얕은 연안에서 무리지어 생활하는 몸길이 20㎝ 정도 되는 작은 게르치도 맛이 나무랄 데가 없다. 크기는 작지만 지방이 올라 있고 맛이 담백하여 부담 없이 먹을 수 있다.

그에 비해 수심이 깊은 곳에서 생활하는 대형 게르치는 지방이 많고 감칠맛이 진하다. 비교적 생선 살이 부드러워 초밥과 잘 어울리는 게르치는 유어와 성어 각각의 맛을 즐길 수 있는 초밥 재료다.

아카카마스

꼬치고기구이가 있으면 밥 한 솥을 먹는다
꼬치고기

本梭子魚 (혼카마스)

DATA
계통 농어목 꼬치고깃과
서식지 한국, 일본 남부 해, 동중국해, 인도양, 호주 등에 분포
제철 초여름~초겨울
명칭 도쿠시마현에서는 가늘고 길어서 '사쿠하치(퉁소)'라고 부른다.
식용 데이터 말린 꼬치고기는 비싼 만큼 제값을 한다.

표면을 살짝 구워 따뜻한 상태에서 만든 초밥. 입에 넣는 순간 불맛의 고소함과 단맛이 동시에 퍼진다.

지방이 한껏 오른 여름철 꼬치고기

따뜻한 해역에 서식하며 작은 물고기 등을 먹고사는 육식성 어류다. 이빨이 면도칼처럼 날카로워서 방심하고 건드리면 상처를 입을 수 있다.
소금구이를 하면 맛이 좋아 과식을 하게 된다. 그래서 일본에서는 '꼬치고기구이가 있으면 밥 한 솥을 먹는다'는 말도 있다. 지금도 꼬치고기는 주로 구이로 먹는다. 물론 말린 생선도 유명하다. 날것으로 먹기 시작한 시기는 최근이다. 원래 고급 생선이지만 큰 것은 최고급으로 친다.

꼬치고기의 맛은 생선 살보다 껍질에 있다

꼬치고기는 일반적인 초밥 재료와 다르다. 초절임을 하기에는 지방이 많고 껍질을 벗기면 감칠맛이 없으며 보기에 좋지 않다. 감칠맛의 대부분이 껍질과 껍질 아래에 있기 때문에 껍질째 살짝 구우면 나무랄 데 없는 초밥 재료가 된다. '감칠맛과 고소함'으로 갑자기 꼬치고기 초밥이 주목을 받게 되었다.

> 야마토카마스

조림도 구이도 이류지만 초밥은 일류
애꼬치

水梭子魚 (미즈가마스)

> **DATA**
> **계통** 농어목 꼬치고깃과
> **서식지** 한국, 중국, 일본, 타이완, 필리핀 등의 서부 태평양에 분포
> **제철** 가을
> **명칭** '아오가마스' 또는 '휴휴'
> **식습 데이터** 애꼬치로 낸 밑국물은 놀랄 만큼 맛있다.

껍질에 독특한 풍미가 있고 초에 절인 생선 살에서는 단맛이 난다. 적당히 단단한 생선 살은 초밥과 잘 어울린다.

계절을 실감케 하는 저렴하고 맛 좋은 생선
따뜻한 해역의 얕은 곳에서 무리지어 생활하며 작은 물고기나 새우 등을 먹고사는 육식성 어류이다. 연안에서 정치망 등으로 잡는다. 연중 잡히는 꼬치고기와 달리 늦여름부터 겨울에 걸쳐 잡히는 애꼬치는 계절을 느끼게 해주는 생선이다. 꼬치고기와 애꼬치가 같이 잡히는 시기에 어부들은 꼬치고기가 많이 잡히면 좋아하지만 애꼬치가 많이 잡히면 실망한다. 이유는 가격이 싸기 때문이다.
조림을 해도 구이를 해도 평범한 애꼬치는 수분 함량이 높아서 우선 말린다. 여름부터 가을에 걸쳐 말린 애꼬치는 계절감을 느낄 수 있는 식재료다.

가을철 대표 초밥 재료 중 하나
간토 지방에서는 주로 애꼬치를 말려서 먹는다. 그런데 기이반도나 시코쿠 등에서는 애꼬치의 내장과 뼈만 제거하고 초절임한 다음 밥을 넣어 생선 원래의 형태를 살려주는 '스가타즈시'를 만든다. 이 초밥이 가을 축제에서 먹는 별미가 된다. 애꼬치를 전어처럼 초절임하여 초밥을 만들어도 환상적이다.

> 가사고

입이 크고 볼품은 없지만 맛은 일품
쏨뱅이

笠子 (가사고)

DATA
계통 쏨뱅이목 양볼락과
서식지 중국, 타이완, 일본, 한국, 필리핀 등 서부 태평양의 열대 해역에 분포
제철 가을~겨울
명칭 규슈에서는 '아라카부', 세토나이카이에서는 '아카메바루'
식食 데이터 회, 튀김, 조림, 탕 등과도 어울리는 재료

손바닥 정도 되는 쏨뱅이 반 마리로 만든 초밥. 껍질을 살짝 구우면 고소하면서도 껍질 아래의 젤라틴이 녹아 맛이 달다. 감귤류와 소금으로 먹어도 맛이 좋다. 단, 성어와 유어의 맛 차이는 없으나 생선 자체가 고가여서 먹기 전에 초밥 가격에 주의해야 한다.

생김새가 이상할수록 맛이 좋다?

다 자라도 몸길이가 30㎝ 정도밖에 되지 않는 험악하게 생긴 작은 바닷물고기. 얕은 암초 지대에 서식하며 작은 어류 등을 먹고사는 육식성 어류다.
일본에서는 '말만 하고 실천하지 않는 사람'을 쏨뱅이에 비유하는데 머리와 입은 크고 먹을 수 있는 부위가 별로 없어서 그렇다. 또 겉모습이 보기 흉해서 '쓰라이라와즈(씻지 않은 얼굴)'라고도 한다. 그럼에도 가격은 상당하다. 조림으로 주로 먹으며, 자망이나 낚시 등으로 잡는데 어시장에서 수요보다 공급이 부족하다.

17세기부터 귀한 대접을 받던 생선

예전에는 담백하고 고급스러운 흰살생선이 인기가 많았는데 쏨뱅이는 그중에서도 최상급이었다. 그런데 요즘 사람들은 쏨뱅이를 날것으로 먹으면 뭔가 부족하다고 느낀다. 이것을 보완해주는 것이 쏨뱅이 껍질의 풍미다. 그래서 요즘은 초밥을 만들 때 껍질을 살짝 구워서 쓰는 편이다.

> 오니오코제

지느러미와 가시에 독이 있다
쑤기미

虎魚(오코제)

DATA
계통 쏨뱅이목 양볼락과
서식지 동중국해, 일본, 한국 등 북서 태평양의 열대 해역에 분포
제철 봄~여름
명칭 야마노카미
식食 데이터 여름에 세토나이카이에서는 다양한 요리에 쑤기미를 쓴다.

담백한 맛이 여름과 잘 어울리는 쑤기미 초밥. 씹히는 식감이 좋고 단맛과 감칠맛이 적당하며 뒷맛이 깔끔하다.

먹는 사람은 행복하지만 요리하는 사람은 힘들다
수심 200m 미만인 연안의 모래와 갯벌 바닥에 서식한다. 전신에 가시가 나 있고, 지느러미 가시에는 강한 독이 있어서 매우 위험하다. 가시에 찔리면 몇 시간에서 하루 이상 통증이 지속되므로 잡을 때 주의해야 한다. 독이 있지만 맛이 좋아 초여름이 되면 세토나이카이 지방에서는 어디를 가도 쑤기미 요리를 먹을 수 있다.
서일본에서 주로 잡히며 간사이 지방과 세토나이카이 지방에서 즐겨 먹는다. 쑤기미를 전문으로 하는 식당이 많아서 숙련된 요리사도 적지 않다.

개인 취향에 따라 호불호가 갈리는 맛
세토나이카이 주변에서는 자주 쑤기미 초밥을 맛볼 수 있다. 요릿집 등에서 식사 마지막에 쑤기미 초밥이 나오는 경우도 종종 있다. 맛에 대해서는 '은은하고 고급스러우면서도 씹히는 식감이 일품'이라고 평가하는 사람이 있는가 하면 '초밥의 맛에 생선 살 맛이 묻혀 맛이 없다'고 평가하는 사람도 있다.

기치지

지갑이 얇아질 각오를 해야 하는 북쪽의 고급 생선

홍살치

金色魚 (긴키)

손바닥 정도 크기의 홍살치 반 마리로 만든 초밥. 작아도 감칠맛이 있으며 껍질이 생선 살보다 더 맛있다. 간장보다는 감귤류와 소금으로 먹기를 권한다.

DATA
계통 쏨뱅이목 양볼락과
서식지 베링해, 오호츠크해, 일본 북부, 사할린 등 북태평양에 분포
제철 가을~겨울
명칭 '긴긴', '멘메', '메이메이센', '긴교'
식용 데이터 조림으로 주로 먹지만 회, 소금구이, 탕, 튀김 등에도 다양하게 이용된다.

낚시로 잡은 대형 홍살치로 만든 초밥. 생선 살이 탁하게 보이는 것은 전체적으로 지방이 올라 있기 때문이다. 실온에서는 지방이 녹지 않지만 체온에 의해 표면이 빠르게 녹으면서 강한 단맛과 감칠맛을 느낄 수 있다.

반찬으로 식탁에 오르던 홍살치

몸길이 30cm 전후까지 자라는 심해어. 동해에서는 잡히지 않으며 이바라키현을 시작으로 북쪽으로 올라갈수록 어획량이 많다. 표준 일본명인 '기치지'는 이바라키현에서 부르는 이름이다. 오래전부터 반찬으로 식탁에 자주 올라와 간토 지방에서는 친숙하다. 그에 비해 서일본에서는 눈볼대를 반찬으로 먹는다. 이 빨간 생선 2종의 가격이 비싼 것이 신기할 뿐이다.

북쪽 지방에서 먼저 날것으로 먹기 시작

조림이나 구이로 먹던 홍살치를 북쪽 지방의 초밥집에서 처음 날것으로 사용한 것으로 추정된다. 홋카이도의 하코다테 초밥집 등에서 껍질에 끓는 물을 부어 살짝 익히거나 구워서 만든 초밥을 보고 놀랐던 기억이 있다. 홍살치의 지방은 단백질 사이에 섞여 있으며 껍질 바로 아래에 젤라틴 층이 있어서 열을 가하면 녹으면서 단맛이 난다. 당연히 껍질째 초밥을 만든다. 지금은 간토 지방에서도 최고급 초밥 재료 가운데 하나.

오사가

과거에는 일본의 북쪽 지방에서 대량으로 잡히던 붉은 생선

메누케

目抜 (메누케)

> **DATA**
> **학명** Sebastes iracundus (Jordan and Starks, 1904)
> **계통** 쏨뱅이목 양볼락과
> **서식지** 조시 이북
> **제철** 가을~봄
> **명칭** 일본에서는 다양한 생선을 메누케라고 부르는데 그중에서 거친 북쪽 바다에 사는 본 종을 '고진메누케'라고 부른다.
> **식食 데이터** 북쪽 지방의 시장에서 알려준 메누케의 간과 내장 등을 넣고 끓인 된장국이 별미다. 추운 겨울밤에 추위를 잊게 해주는 요리.

입에 넣는 순간 생선 살의 반 정도가 사르르 녹지만 생선의 식감도 확실히 느낄 수 있다. 지방의 단맛이 초밥과 어우러져 맛의 상승효과를 낸다.

눈이 튀어나오고 배가 불룩한 심해어

일본에서 '메누케'라고 부르는 생선은 본 어종 외에 바라메누케, 알래스카주에서 수입하는 알래스카메누케, 시마메누케 같은 쏨뱅이가 있다. 모두 차가운 해역의 심해에 서식하며 몸 색깔이 붉기 때문에 '빨간 어류赤魚類' 등으로 불린다. 2차 세계대전 전후에는 저렴한 생선을 대표하였으며 대중음식점에서 조림으로 주로 요리해 팔았다. 그런데 200해리 수역 문제와 자원 고갈로 고가의 생선이 되었다. 일본의 주요 산지는 산리쿠, 홋카이도다. 홋카이도산은 너무 비싸서 쉽게 먹을 수 없다.

과거에는 '메누케'를 생선가루인 오보로로 사용

쥠 초밥에 빠지지 않는 재료 가운데 '오보로'가 있다. 학꽁치나 보리멸 초밥, 흩뿌림 초밥 등을 만들 때 사용한다. 오보로를 만드는 대표 재료가 바로 메누케였다. 그런데 지금은 '메누케 오보로'는 거의 찾아볼 수 없다. 메누케는 생선 살이 부서지기 쉽기 때문에 초밥 요리사가 신중하게 손질하여 특상의 초밥으로 만든다.

아코다이

도쿄 앞바다에도 건재한 붉은 심해어
아코다이

赤魚鯛 (아코다이)

> **DATA**
> **학명** Sebastes matsubarae Hilgendorf, 1880
> **계통** 쏨뱅이목 양볼락과
> **서식지** 아오모리현부터 시즈오카현의 태평양 쪽 심해에 분포
> **제철** 겨울~봄
> **명칭** 심해에서 잡아 올리면 급격한 수압의 변화로 눈이 튀어나오기 때문에 '메누케'라고도 부른다.
> **식습 데이터** 도쿄에서는 친숙한 반찬용 생선. 저녁 식탁에 아코다이조림 반찬이 올라오는 것은 서민적인 풍경이었다.

입에 넣는 순간 부드러운 단맛이 나고 표면이 사르르 녹는다. 강한 감칠맛에 초밥의 적당한 산미와 단맛이 어우러지는 완성도가 높은 초밥이다.

한 토막에 3만 원이 싸게 느껴지는 생선

수심 500m 정도 깊이에 서식하는 심해어. 아코다이를 포함한 심해에 사는 붉은 쏨뱅이를 일본에서는 일반적으로 '메누케'라고도 부른다. 간토 지방 주변에도 많은데 도쿄만에서는 지금도 잡힌다. 옛날에는 서민들의 맛의 대명사로 불리던 저렴한 생선이었지만 어획량이 감소하여 가격이 상승했다. 백화점 식료품 코너 등에서 한 토막에 약 3만 원에 파는 것이 싸다고 느껴질 정도다. 도미나 참다랑어를 능가하는 고급 생선이 된 것이다. 이렇게 가격이 오른 이유가 맛이 좋기 때문이라는 것은 틀림없는 사실이다.

초밥 요리사에게 메뉴를 맡기는 오마카세 코스 요리에 아코다이 초밥이 나오면 계산이 두려워진다

방금 잡은 아코다이는 생선 살이 투명하지만 지방 때문에 금방 색이 탁해진다. 껍질이 조금 딱딱한 것이 단점이지만 껍질 아래에 층을 형성하는 젤라틴이 입에 넣는 순간 감칠맛을 발산한다.

초밥으로 만들어도 맛이 좋다는 것은 어시장에서도 유명하지만, '처음 가는 초밥집에서 아코다이 초밥이 나오면 계산하기가 무섭다'고 말하는 사람도 있다.

우스메바루

촌스러운 외형에 맛까지 평범
불볼락

沖目張 (오키메바루)

DATA
계통 쏨뱅이목 양볼락과
서식지 동중국해, 일본 남부, 한국 연근해 등 북서 태평양의 온대 해역에 분포
제철 가을~봄
명칭 니가타현에서는 '쓰즈노메바치노'라 부르는데 '아카메바루'라고 부르는 지역도 있다.
식 데이터 예부터 도쿄에서는 조림으로 먹었다.

30cm 이상 되는 홍살치로 만든 초밥. 흰살생선이지만 감칠맛이 진하고 존재감이 느껴질 정도로 맛이 좋다.

손바닥 정도 되는 크기의 홍살치 반 마리로 만든 초밥. 보기에 아름답고 거부감 없는 맛으로, 맛이 진한 초밥 사이에 빠지면 안 되는 초밥이다. 초밥 전문가들이 좋아하는 초밥.

'볼락'의 대표 주자는 검은볼락과 불볼락

보통 '볼락'이라고 하면 암초 지대에 사는 검은볼락과 깊은 곳에 사는 불볼락 2종을 말한다. 검은볼락은 입하량이 적어 친숙하지 않지만 불볼락은 공급도 안정적이고 어시장에서 고가로 거래된다.
대표 산지는 아오모리현과 야마가타현 같은 동해다. 조림이나 소금구이로 먹으며 도쿄에서는 오래전부터 반찬으로 먹어왔다.

흔한 생선이지만 날것으로 먹는 사람이 적다

초밥 요리사가 어시장에서 불볼락을 사면 술안주용이라고 생각한다. 불볼락은 날것으로 먹어도 맛이 좋은데, 회나 초밥으로 잘 먹지 않는 것이 신기하다. '맛이 은은해서 초밥의 맛에 묻히기 때문'이라고 하지만 사실 그렇지 않다. 초밥 재료로 충분히 존재감 있는 맛이다. 공급량도 안정적인 불복락을 흰살생선 초밥 재료로 자주 사용했으면 한다.

> 구로소이

북쪽의 도미
조피볼락

黑曹以(구로소이)

DATA
계통 쏨뱅이목 양볼락과
서식지 한국, 홋카이도와 규슈, 중국 등의 온대 해역에 분포
제철 가을~겨울
명칭 시마네현에서는 '구로봇카', 아키타현에서는 '구로카라'
식食 데이터 회, 구이, 탕 등 다양한 조리법으로 먹는다.

산리쿠의 양식 조피볼락으로 만든 초밥. 입에 넣으면 지방의 단맛이 퍼지며 기분 좋은 식감과 감칠맛을 느낄 수 있다. 초밥의 산미와 절묘하게 조화를 이룬다.

30㎝ 정도 되는 중형 조피볼락의 껍질을 살짝 구워서 만든 초밥. 생선 살보다 껍질의 풍미가 강하다. 간장도 좋지만 감귤류와 소금으로 먹으면 이 초밥의 진가를 알게 된다.

산란기와 출산기의 맛이 다르다

주로 바위가 많고 수심이 낮은 암초 지대에 서식한다. 겉모습은 볼락과 비슷하고 작은 어류나 오징어류 등을 먹는 포식성 어류다.
홋카이도를 비롯한 북쪽 지방에서 잡히므로 '북쪽의 도미'로 불린다. 특별히 유명한 산지는 없고 산리쿠, 홋카이도 등에서 양식하는데 간토 지방에서 선호한다.

존재감 있는 흰살생선

'북쪽의 도미'라고 할 정도로 홋카이도에서는 일반적으로 사용하는 초밥 재료. 양식 조피볼락이 공급되면서 간토 지방에서도 자주 접할 수 있게 되었다. 클수록 상급으로 치며 2㎏을 넘는 조피볼락은 흰살생선으로는 최상급이다. 크기가 작은 것은 상급은 아니지만 표면을 살짝 구워서 껍질의 맛을 살려준다. 양식은 맛이 안정적이고 지방이 올라 있다.

> 도쿠비레

갑옷처럼 단단한 검은 비늘 아래 숨어 있는 하얀 생선 살
날개줄고기

八角 (핫카쿠)

DATA
계통 쏨뱅이목 날개줄고깃과
서식지 쿠릴해와 홋카이도를 포함한 일본 북부 해역에 분포
제철 가을~겨울
명칭 수컷은 '와카마쓰', '가쿠요', '도비요'라고 부르고 암컷은 '가가라미', '소비오', '핫카쿠'라고 부른다.
식食 데이터 손질한 날개줄고기에 간과 된장을 섞어서 구운 '군칸야키'는 홋카이도의 명물

입에 넣는 순간 단맛이 느껴지지만 먼저 쫄깃한 식감에 반하게 된다. 그리고 서서히 감칠맛이 밀려온다. 초밥과 어우러져 입속에서 사라진 다음에도 여운이 남는다.

지느러미가 큰 수컷과 알을 밴 암컷의 맛 차이

수온이 찬 곳에 살고 몸길이가 50㎝ 정도 되는 가늘고 긴 바닷물고기. 자른 단면이 팔각형이어서 '핫카쿠'라고 부른다. 표준 일본명 '도쿠비레'는 수컷의 지느러미가 커서 붙여진 이름이다. 대형 수컷은 비싸지만 암컷은 저렴하다. 20세기 말까지는 홋카이도에서 주로 먹었었는데 TV에 자주 등장하면서 지명도가 높아졌다. 내장을 제거하고 손질한 날개줄고기에 간과 된장을 섞어 구운 '군칸야키'는 홋카이도의 명물이다.

참치 대뱃살 같은 식감에 감칠맛도 강하다

은은하면서 담백한 흰살생선의 맛은 초밥의 맛에 묻히기도 하지만 날개줄고기는 참치 대뱃살처럼 지방이 달고 감칠맛이 진하다. 홋카이도를 대표하는 초밥 재료인데 최근에는 간토 지방의 초밥집에서도 볼 수 있는 기회가 늘었다. 먹을 수 있는 부위가 적고 비싼 것이 안타까울 뿐이다. 아무 생각 없이 먹다가는 지갑이 얇아지기 십상이니 주의한다.

> 도라후구

복어 중의 복어
자주복

虎河豚 (도라후구)

DATA
계통 복어목 참복과
서식지 동중국해, 홋카이도 이남의 태평양 쪽 연안과 서부 해역, 한국 연안에 분포
제철 가을~겨울
명칭 오사카에서는 '뎃포'라고 부른다.
식食 데이터 탕(나베)으로 먹는 것이 맛있지만 아주 얇게 회를 떠서 먹는다.

하루 정도 숙성시킨 다음 세 겹으로 겹쳐서 만든 자주복 초밥. 숙성 과정을 거쳤더니 감칠맛과 씹는 식감이 더 좋아졌다. 간장보다 감귤류와 소금으로 먹으면 더 맛있다.

추워지면 커지는 수컷의 정소인 이리로 만든 군함말이. 익히지 않은 이리는 생크림처럼 부드럽고 감칠맛이 진하다.

전문가가 요리하면 안심

연안성 대형 복어. 가장 비싼 복어로 양식을 많이 한다. 목숨을 잃을 수도 있는 치명적인 독이 있어서 오사카에서는 '뎃포'라 부르고, 규슈 등에서는 관을 준비해두고라도 먹고 싶어서 '간바' 또는 '간오케'라고 부른다. 그런데 복어를 취급할 수 있는 전문 요리사가 조리한 것은 안전하다. 복어의 독인 테트로도톡신은 열을 가해도 독성이 제거되지 않는 특성이 있다. 대부분의 복어는 껍질 같은 부위에 강한 독이 있지만 자주복은 근육이나 이리는 물론 껍질도 먹을 수 있다.

초밥과 어울리지 않는다고 쓰지 않기도

복어를 선호하는 초밥 요리사도 있지만 초밥과 잘 어울리지 않는다고 쓰지 않는 요리사도 있다. 그러나 도쿄의 복어 취급에 대한 규제가 완화되어 앞으로 복어를 초밥 재료로 사용하는 기회가 더 늘어날 것이다. 식감이 좋은 복어 살뿐 아니라 춘추 시대의 미녀 서시西施의 모유에도 비유되는 복어의 이리는 그 맛을 알게 되면 끊지 못하는 금단의 맛이다.

> 시로사바후구

저렴하여 언젠가는 회전 초밥에 등장할 것
흰밀복

白鯖河豚 (시로사바후구)

DATA
계통 복어목 참복과
서식지 한국 남해, 일본, 중국, 대만에 분포
제철 가을~겨울
명칭 선도가 좋으면 금빛으로 반짝여서 '킨후구'라고도 부른다.
식食 데이터 복어 중에서 어획량이 가장 많아 저렴하다. 일본의 슈퍼마켓에서 파는 복어도 대부분 흰밀복.

입에 넣으면 폰즈의 맛이 나면서 서서히 복어의 단맛이 밀려온다. 복어치고는 살이 부드러워 초밥과 잘 어울리고 입가심으로 제격이다.

표면을 살짝 구워 생선 살을 단단하게 해서 불맛의 고소함을 더한 초밥. 싸고 맛 좋은 복어지만 수분이 많은 것이 단점이다.

무리지어 생활해서 어획량이 풍부

주로 연안에 서식하는 중형 복어. 무리를 지어 살아서 가끔 대형 정치망에도 들어온다. 일본의 슈퍼마켓에서 파는 '복어튀김'이나 '말린 복어' 대부분이 흰밀복이다. 산지에서는 저렴한 나베 요리의 식재료로 사랑받는다. 일본 각지에서 잡히지만 특히 야마구치현 하기에서 잡히는 고선도의 흰밀복이 유명하다.

흰밀복은 근육, 껍질, 이리 등을 먹을 수 있다. 일본에서 복어의 취급에 대한 규제가 완화된데다가 저렴하니 흰밀복이 식탁에 오를 기회는 점점 늘어날 것이다.

담백하고 고급스러운 맛에는 폰즈가 안성맞춤

복어는 세장뜨기를 해서 면포에 싼 다음 냉장고에서 숙성시키고 여분의 수분을 제거해 요리하는 것이 일반적이다. 이런 과정을 거치면 쫄깃쫄깃한 복어 특유의 식감이 생기고 살이 투명한 황색을 띠게 된다. 흰밀복은 간장과 고추냉이보다 모미지오로시와 폰즈를 곁들여야 제 맛을 느낄 수 있다.

> 가와하기

전문가는 간의 크기로 선택
쥐치

皮剝 (가와하기)

DATA
계통 복어목 쥐칫과
서식지 한국의 남해와 동해, 일본, 동중국해 등에 분포
제철 가을~봄
명칭 오사카에서는 '하게', 산인 지방에서는 '모치하기'
식食 데이터 쥐치의 간이 가격의 반을 결정해 '생선 살 반, 간 반'이라는 말도 있다. 간장에 간을 섞은 '간간장'으로 회를 먹으면 그 맛이 일품이다.

간장에 찍어 먹어도 좋지만 은은하고 고급스러운 맛은 영귤 같은 감귤류와 소금이 더 잘 어울린다. 천천히 맛을 음미하고 싶어지는 초밥이다.

살짝 데친 간을 올린 쥐치 초밥. 단맛이 강하고 감칠맛이 있으며, 입속에서 기분 좋게 녹는 간과 식감이 좋은 생선 살과의 조화가 절묘하다. 강렬한 인상을 주는 초밥 중 하나.

'생선 살 반, 간 반'

암초 지대에 무리를 지어 생활하는 몸길이 30cm 정도 되는 바닷물고기. 두꺼운 껍질을 벗긴 다음 요리해야 해서 일본에서는 '가와하기'라고 부른다. 산란기는 봄부터 여름이고, 산란기 전과 수심이 깊은 곳으로 이동하는 가을이 제철이다.

가을이 되면 쥐치의 간을 만져 크기를 확인한 다음 구매하는 요리사들의 모습을 볼 수 있다. 간의 크기가 클수록 비싸다. 어획량이 많지 않아 대표 산지는 없다.

간의 크기로 값이 결정되지만 생선 살 맛도 최상급

흰살생선 초밥 재료로 인기가 많다. 특히 제철을 맞아 간의 크기가 커지고 통통하게 살이 오르는 가을에는 빠지지 않는다.

생선 살로만 초밥을 만들어도 좋지만 간을 올리면 계절감이 더 와닿는다. 활어의 간은 그대로 사용하고, 데치거나 구워서 초밥 위에 올리기도 한다.

> 우마즈라하기

어업 방법과 취급 방법으로 맛이 좌우

말쥐치

馬面剝 (우마즈라하기)

DATA
계통 복어목 쥐칫과
서식지 한국의 전 연안과 일본, 남중해 및 남아프리카 등에 분포
제철 가을~봄
명칭 '나가하게' 또는 '쓰노기'
식食 데이터 일본에서 말린 쥐치라고 하면 말쥐치 말린 것을 말한다.

모미지오로시와 파를 올리고 폰즈를 뿌린 말쥐치 초밥. 담백한 생선 살이 폰즈의 산미와 잘 어울린다.

구운 간을 올린 말쥐치 초밥. 간은 데치는 것보다 구우면 맛이 진해진다. 간뿐 아니라 생선 살의 맛도 확실하며 맛의 조화가 훌륭하다.

일본의 고도성장기 전까지는 보기 힘들었다

쥐치보다 따뜻한 해역을 좋아하며 암초 지대에서 무리지어 생활한다. 지금은 가공품을 만들 정도로 어획량이 풍부하지만 예전에는 보기 드물었다.
저인망 어업으로 잡은 것과 낚시로 잡은 것과의 가격 차이는 크다. 쥐치보다 저렴하지만 훌륭한 고급 생선 가운데 하나.

독이 없고 누구나 좋아할 맛으로 가격까지 저렴

보기 좋은 외형은 아니지만 껍질을 벗기면 복어처럼 투명한 생선 살이 모습을 드러낸다. 복어와 마찬가지로 감귤류와 파하고 잘 맞는다. 은은하고 고급스러운 생선 살에 비해 간은 감칠맛이 진하다. 간은 날것 그대로 또는 데치거나 구워서 초밥에 활용한다. 쥐치나 자주복에 비해 맛이 떨어진다는데 맛 차이가 크지는 않다. 비교적 저렴한 가격의 훌륭한 초밥 재료다.

> 마다라

추운 겨울이 제철
대구

鱈 (다라)

DATA
계통 대구목 대구과
서식지 한국, 일본, 알래스카주 등의 북태평양 연안에 분포
제철 가을~겨울
명칭 특별히 방언은 없고 '다라'로 통한다.
식食 데이터 맛이 담백해 세계적으로 사랑받는 생선이며 탕이나 전골로 먹는 것이 가장 맛있다.

대구 다시마절임 초밥. 담백한 맛이 다시마와 만나 한층 더 깔끔하고 깊은 맛으로 변신했다.

대구 이리 군함말이. 생크림처럼 입속에서 사르르 녹는데 단맛과 감칠맛이 강하다. 참다랑어 대뱃살에 필적하는 겨울철 초밥의 꽃.

추운 겨울을 이겨내려고 먹는 대구 요리

수심이 깊은 차가운 해역에 서식한다. 은은하고 담백한 흰살생선으로 일본의 북쪽 지방 사람들은 대구의 뼈와 내장까지 넣고 끓인 탕이나 찌개를 가정에서 먹는다. 또 말린 대구포를 '보다라'라고 하는데 '이모보' 같은 전통 요리에 사용한다.

대구의 가격은 '기쿠코' 또는 '구모코'라고 부르는 수컷의 정소인 '이리'가 있는지 없는지에 따라 좌우된다. 어시장에서는 대구의 배를 갈라 이리를 따로 판다. 대표 산지는 홋카이도나 아오모리 같은 도호쿠 지방이고 크기가 클수록 비싸다.

맛이 담백해서 요리사의 기술이 중요

일본에서는 탕이나 전골 같은 나베 요리로 먹던 생선이다. 초밥 재료로는 날것 그대로나 다시마절임을 하여 사용하기도 한다. 그러나 역시 멋스럽고 고급스러운 것은 이리로 만든 초밥이다. 맛뿐 아니라 가격도 고급이다.

> 요로이이다치우오

메기와는 아무 관련 없는 심해어
붉은메기

髭鱈 (히게다라)

DATA
계통 첨치목 첨치과
서식지 한국, 일본, 중국, 아라푸라해 등을 지나는 서부 태평양에 분포
제철 가을~겨울
명칭 도야마에서는 '난다'라고 부른다.
식용 데이터 구워도 조려도 평범하지만, 다시마와의 음식 궁합은 좋다.

붉은메기 다시마절임 초밥. 입에 넣으면 먼저 다시마 맛이 강하게 나지만 서서히 붉은메기 본연의 맛이 퍼진다.

지명도가 아주 낮은 생선
수심이 깊은 바다에 사는 몸길이가 70㎝ 정도 되는 바닷물고기로 먹이나 번식을 위해 계절에 따라 이동하는 것으로 추정된다. 어시장에서는 고급 생선으로 치지만 일반인에게는 거의 알려지지 않았다.
붉은메기는 대부분 다시마절임을 하여 요리한다. 큰 것은 비싸게 거래되고 작은 것은 싸다. 세장뜨기를 했을 때 생선 살이 두툼하고 단단한 1㎏ 전후부터 비싸진다고 보면 된다.
특히 낚시로 잡은 붉은메기는 최고급으로 친다. 대표 산지는 나가사키현과 후쿠오카 등이다.

붉은메기 다시마절임 초밥은 고급 초밥
붉은메기를 다시마에 절여서 만든 초밥은 최상급 초밥 가운데 하나. 솜씨가 좋은 초밥 요리사가 만든 것을 먹어본 사람은 그 맛에 흠뻑 빠지게 된다. 간토 지방에서 다시마절임 초밥이라고 하면 연어병치, 붉은메기, 광어 등이 유명하다.

시라우오

어부의 부인이 젓가락으로 일일이 세어 팔았다
뱅어

白魚 (시라우오)

DATA
계통 바다빙어목 뱅엇과
서식지 한국, 일본, 러시아를 비롯한 북서 태평양 연안에 분포
제철 가을~봄
명칭 보통 '시라우오'로 통한다.
식용 데이터 옛날에는 익혀서 먹었으며 날것으로 먹기 시작한 것은 비교적 최근이다.

뱅어 군함말이. 식감이 좋고 쌉싸름한 맛이 독특하다. 고추냉이나 생강을 곁들여 먹으면 더 좋다.

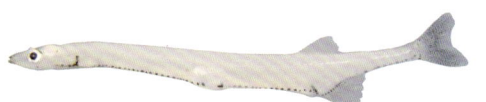

미림과 간장을 넣고 익힌 뱅어를 김으로 만 초밥. 익히면 뱅어의 감칠맛이 더 살아난다.

도쿠가와 집안에 바쳤던 뱅어

연안에 살다가 산란기인 봄이 되면 하천으로 이동하는 몸길이가 10㎝ 정도 되는 민물고기다. 내만의 개발과 오염 등으로 주요 산지가 소비 지역에서 점점 멀어지고 있다. 예전에는 도쿠가와 집안에 바쳤으며, 시마네현 신지호 호수에서 잡히는 맛이 좋은 7가지 민물고기 가운데 하나이기도 하다. 대표 산지는 홋카이도와 아오모리현, 이바라키현 등이다.

익힌 뱅어를 쓰는 것이 기본이지만 요즘은 주로 날것을

여름철에는 초밥집에서 사라지지만 가을이 되면 다시 그 모습을 드러낸다. 예전에는 익혀서 초밥 재료에 썼다. 뱅어를 날것으로 사용하기 시작한 시기는 최근이다. 또 어부의 부인이 젓가락으로 일일이 세어서 '잇초보(20개)' 단위로 팔 정도로 비싼 생선이었다. 지금도 싸다고는 할 수 없고 뱅어로 만든 초밥 역시 고가다.

> 가타쿠치이와시

날것으로 먹는 지역이 별로 없다
멸치

生白子 (나마시라스)

DATA
계통 청어목 멸칫과
서식지 사할린 남부, 일본, 한국, 필리핀, 인도네시아 등에 분포
제철 가을~봄
명칭 고치현에서는 '도로메'라고 부른다.
식食 데이터 생멸치를 삶아서 물기만 제거하면 '가마아게 시라스, 반건조하면 '시라스보시', 완전히 건조하면 '지리멘'이라고 한다.

멸치 치어 군함말이. 수분이 많으니 만들자마자 바로 먹는다. 씁쓰름하면서도 감칠맛이 진한 멸치의 맛과 산뜻한 초밥이 조화롭다.

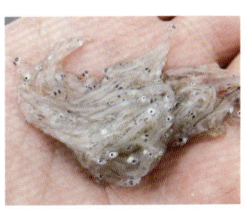

멸치 치어를 살짝 익혀서 만든 군함말이. 파와 생강을 올리기도 하고 마요네즈를 섞기도 하는 등 초밥집마다 다양한 시도를 한다. 사진은 감귤류를 짜서 뿌리기만 한 심플한 초밥.

바다의 초식 동물이자 대형 어종의 먹이

치어는 색소가 없어서 투명하고, 죽으면 하얗게 변해서 '시라스白子'라고도 부른다. 다양한 바닷물고기의 치어를 식용하지만 보통 '시라스'라고 하면 멸치의 치어를 가리킨다.

잡는 시기는 산란기인 봄가을 두 번이고 어부들은 '하루코春子', '아키코秋子'라고 구별해서 부른다. 대표 산지는 아이치현, 시즈오카현, 세토나이카이 등이다.

유통의 발달로 일본 전국에서 멸치 치어 군함말이를

멸치는 말려서 먹는다. 고치현과 시즈오카현 등에서 날것으로 먹기도 했지만 드문 일이었다. '나마시라스(생멸치)'라는 말이 일반화된 것도 최근이다.

선도가 떨어지기 쉽기 때문에 아침에 산 멸치는 그날 소진한다. 작을수록 비싸고 초밥 재료로도 고급이다. 회전 초밥집에서는 살짝 건조한 멸치의 치어로 군함말이를 만든다.

> 이카나고

봄을 부르는 생선
까나리

玉筋魚 (이카나고)

DATA
계통 농어목 까나릿과
서식지 한국, 일본, 알래스카주에 분포
제철 가을~봄
명칭 도쿄에서는 '고나고', '가마스고'라 부르고 규슈에서는 '가나기'라고 부른다.
식食 데이터 일본 가정에서는 새끼 까나리를 간장, 설탕, 생강 등과 조려서 멸치볶음처럼 먹는다.

갓 잡은 까나리 치어로 만든 군함말이. 톡톡 터지는 식감에 지방의 단맛과 독특한 풍미가 있다. 초밥의 산미와도 잘 어울린다.

아카시 해협에 봄을 알리는 까나리 어업

작은 것은 비싸고 큰 것은 양식어의 먹이로도 사용

연안의 모래 바닥에 서식하는 몸길이가 25㎝ 정도 되는 가늘고 긴 바닷물고기. 더운 여름이 되면 모래 속으로 들어가 여름잠을 자는 습성이 있는데 간혹 추위도 모래 속으로 들어간다. 여름잠을 자기 전에는 먹이를 섭취하여 지방을 축적하고 일단 여름잠에 들어가면 먹이를 먹지 않는다.

서일본에서는 새끼 까나리를 말려서 먹고 도호쿠 지방에서는 20㎝ 이상 되는 까나리로 조림을 하거나 말려서 먹는다.

새끼 정어리보다 지방이 많고 금방 선도가 떨어진다

멸치 치어로 만든 군함말이는 이제 어디서나 볼 수 있지만, 풍미가 독특한 까나리 치어로 만든 군함말이는 아직도 산지에 한정된 초밥이다.

까나리를 날것으로 먹는 것은 일본에서도 드문 일이다. 그런데 유통이 발달하고 진한 감칠맛을 가진 초밥 재료가 사랑을 받으면서 간토 지방 같은 곳에서 조금씩 보이기 시작했다.

도표로 알아보는 어패류

초밥 재료로 쓰는 어패류에는 기억하기 힘들 정도로 방대한 종류가 있다. 모두 기억하려면 나름대로 연구가 필요할 정도다. 그래서 참고할 만한 '어패류 도표'를 소개하고자 한다.

도표에서 아래쪽은 원시 생물이고 위쪽으로 올라갈수록 고등 생물이지만 이런 동물학적인 분류법은 무시해도 괜찮다.

'새우는 이 근처에 있고 도미는 저 근처에 있다'는 식으로 그림을 크게 그려서 기억하면 된다. 이 지도를 슈퍼마켓 등에서 생선을 살 때 떠올려보면 유용할 것이다. 예를 들어 '성게과는 조개보다 생선에 가깝고, 새우나 게와는 떨어져 있다. 또 오징어나 문어는 새우나 게와 가까운 종'이라고 생각하면 혼동하기 쉬운 초밥 재료의 세계가 깔끔하게 정리될 것이다.

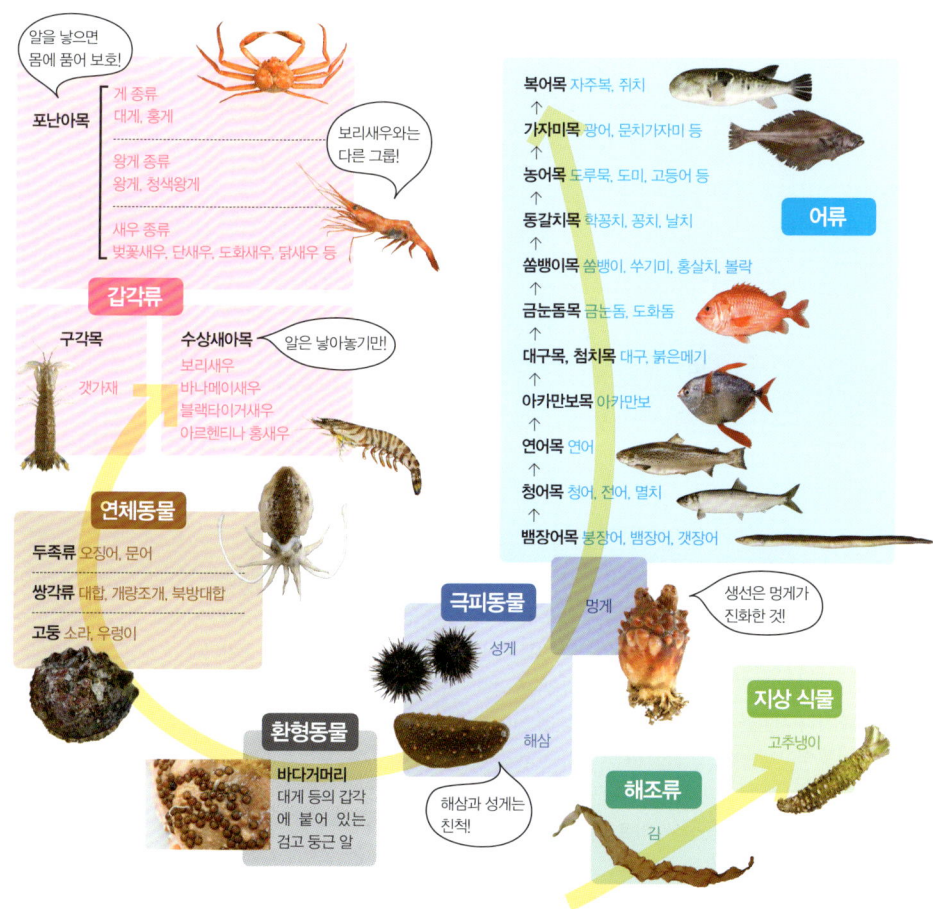

137

> 고이카

몸에 비해 아주 큰 먹물주머니
갑오징어

墨烏賊 (스미이카)

DATA
계통 갑오징어목 갑오징엇과
서식지 한국, 일본, 중국, 호주 북부에 분포
제철 특별히 제철은 없고 연중 맛이 좋다.
명칭 '마이카' 또는 '하리이카'
식용 데이터 고급 오징어라서 보통은 회로 먹지만 반건조해도 아주 맛있다.

칼집을 넣어 뜨거운 물에 살짝 데친 갑오징어 초밥. 갑오징어는 기본 초밥 재료 중 하나. 살이 투명하고 단맛과 감칠맛이 있다.

가고시마산 새끼 갑오징어로 만든 초밥. 단맛과 감칠맛은 물론이고 살이 담백하고 아주 부드럽다. 가장 이상적인 초밥 가운데 하나.

조개의 흔적이 아직도 남아 있다
오징어는 조개가 진화한 생물이다. 갑오징어는 몸 안에 조개껍데기 같은 석회질 뼈를 지금도 가지고 있어서 일본 표준명을 '고이카'라고 지었다. 비교적 따뜻한 내만에 서식하며 산란기는 봄부터 여름이다. 남쪽으로 갈수록 산란기가 빨라진다. 산란이 끝나면 죽고 수명은 1년이다. 몸에 비해 먹물주머니가 크고 흥분하면 먹물을 내뿜는다. 간토 지방에서는 이 먹물을 좋아하지만 서일본에서는 깨끗하게 씻어 버린다.

탁구공만 한 크기의 새끼 갑오징어부터 초밥 재료로
부화해서 탁구공만 한 크기로 자란 새끼 갑오징어를 '신이카'라고 부르는데 초가을이면 초밥 재료로 등장한다. 가고시마에서 도쿄로 들어오기도 하고 장마가 끝나기 전에 초밥집에 등장하기도 한다. 첫물은 일본에서 1kg에 약 40만 원 선에 거래되지만 금방 가격이 안정된다. 갑오징어는 신이카를 시작으로 계절마다 다른 맛을 즐길 수 있는 초밥 재료다.

가미나리이카

맛에도 볼륨감 있는 대형 갑오징어
입술무늬갑오징어

紋甲烏賊 (몽고이카)

DATA
계통 갑오징어목 갑오징엇과
서식지 남서 태평양, 남동중국해, 다도해 이남, 일본에 분포
제철 가을~봄
명칭 고치현에서는 '마이카'라고 부른다.
식을 데이터 대형 오징어라서 삶으면 살이 조금 단단해지지만, 버터구이를 해서 간장을 뿌려 먹으면 맛있다.

적당히 달고 도톰한 생선 살만큼 맛이 풍부한 입술무늬갑오징어 초밥. 뒷맛이 좋아 자꾸 손이 간다.

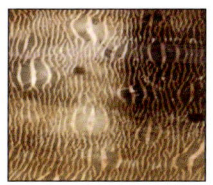

선도가 좋으면 몸에 입술무늬가 보이고 만지면 움직인다.

이름이 같은 수입산 대형 갑오징어가 있다

연안 저서종으로 외투막(몸통) 길이가 30㎝ 이상 되는 대형 갑오징어. 이름에서 알 수 있듯이 몸에 있는 입술무늬가 특징이다. 산란기는 봄부터 초여름이며 수명은 1년이지만 놀랄 만큼 성장이 빠르다. 간토 지방에는 잘 알려지지 않은 오징어로 서일본에서 인기가 많다. 수입산 대형 갑오징어의 이름도 입술무늬갑오징어와 같은 '몽고이카'라고 부르므로 헷갈리기 쉽다. 대표 산지는 세토나이카이, 시코쿠, 규슈 등이다.

놀랄 만큼 빠른 성장 속도

가을이 되면 손바닥 정도 되는 새끼 입술무늬갑오징어가 잡히는데 달고 살이 부드러워 초밥 재료로 매력적이다. 그런데 겨울이 지나고 봄이 되면 놀랄 만큼 몸집이 커진다. 성장하면 단맛과 감칠맛은 증가하지만 초밥과의 조화는 떨어진다. 간토 지방 사람들은 크기가 커서 싫어하고 서일본 사람들은 살이 도톰하고 볼륨감이 있다고 즐겨 먹는다.

> 아오리이카

오징어 가운데 맛과 가격에서 최고봉
흰오징어

障泥烏賊 (아오리이카)

DATA
- 계통 오징어목 꼴뚜깃과
- 서식지 한국, 일본, 인도 등에 분포
- 제철 늦봄~여름. 산지에 따라 철이 다르므로 일치하지 않는다.
- 명칭 '바쇼이카' 또는 '미즈이카'
- 식食 데이터 산인 지방과 나가사키 등에서 만드는 말린 흰오징어는 귀하다.

살이 도톰하고 볼륨감 있는 흰오징어 초밥. 단맛이 강하지만 뒷맛은 깔끔하다. 살이 적당히 단단하여 초밥과의 조화가 좋고 오징어의 왕이라고 불리기에 손색없다.

칼집을 넣어 끓는 물에 살짝 데친 다음 소스를 바른 초밥. 살이 더 투명하게 보이고 감칠맛도 진하다.

가격도 맛도 크기도 최상급

한국, 일본, 인도 등에 넓게 분포하는 대형 오징어로 4kg 정도까지 성장한다. 봄부터 초가을까지 산란기가 길기 때문에 연중 맛이 좋은 것을 구할 수 있다. 말다래를 닮았다고 일본에서는 '아오리이카'라고 부른다. 한국에서는 죽으면 몸통의 무늬가 사라지고 그냥 반투명한 흰색이 되어 '흰오징어'라고 부르는데 '무늬오징어'라고도 부른다.

신선한 오징어를 선택

오징어의 맛을 결정하는 것은 감칠맛을 내는 아미노산의 함량이다. 흰오징어는 다른 오징어에 비해 아미노산이 풍부하여 맛이 좋으며 그만큼 비싸다. 연중 초밥 재료로 등장하지만 겨울 오징어라고 불리는 화살오징어에 대한 상대적인 의미로 흰오징어는 여름 오징어라는 인상이 강하다. 초밥 재료로 쓸 때는 불필요한 조리를 하지 않고 삶거나 끓는 물에 살짝 데친다. 한 가지 아쉬운 점은 다리가 크고 맛있는데 약간 딱딱해지기 때문에 초밥 재료로 쓰기 어렵다는 점이다.

> 야리이카

추울수록 맛이 좋아지는 겨울 오징어
화살오징어

槍烏賊 (야리이카)

DATA
계통 오징어목 꼴뚜깃과
서식지 한국 남·서해, 일본 연안 등에 분포
제철 가을~봄
명칭 '사사이카' 또는 '겐이카'
식습 데이터 화살오징어를 좋아하는 사람이 가장 먼저 먹는 부위는 지느러미다. 회로 먹으면 꼬들꼬들하다.

손바닥 정도 되는 크기의 화살오징어를 익혀서 몸통 안에 초밥을 채워 넣었다. 이렇게 만든 초밥을 '인로즈메'라고 한다. 부드럽고 오징어의 감칠맛을 느낄 수 있는 멋스러운 초밥이다.

새끼 화살오징어 초밥. 쫄깃쫄깃한 식감이 특징이다. 단맛과 감칠맛이 적당하고 뒷맛이 아주 좋다.

다양한 맛을 즐길 수 있는 오징어

연안성 어종으로 100m 이상의 깊은 곳에서 작은 물고기 등을 잡아먹으며 무리지어 서식한다. 봄부터 초여름에 걸쳐 산란하는데 여름에는 작은 화살오징어를 볼 수 있다. 가을부터 겨울에 성장해 이듬해 봄에 산란하고, 산란을 마친 암컷은 죽는다.

간토 지방에서 인기가 많은 오징어로 여름에 잡히는 작은 오징어부터 조리해서 먹는다. 성장하면서 대개 수컷이 암컷보다 몸통이 커진다. 알이 꽉 찬 암컷과 거대한 수컷을 계절에 따라 다양하게 즐길 수 있는 오징어다.

가을에 잡히는 새끼 화살오징어부터 초밥 재료로

늦여름부터 초가을 사이에 새끼 화살오징어가 유통된다. 날것도 살이 부드럽고 달아서 인기가 많지만 원래 초밥 재료로는 익혀서 사용했다. 전통 초밥 재료의 하나로 요리사의 기량을 발휘할 수 있는 초밥이다. 최근에는 익혀서 초밥을 만드는 곳이 적어서 안타깝다. 날이 추워지면 다 자란 화살오징어를 초밥집에서 자주 볼 수 있다.

겐사키이카

단맛이 가장 강한 고급 오징어
창오징어

劍先烏賊 (겐사키이카)

DATA
계통 십완목 화살오징엇과
서식지 한국, 일본, 동남아시아, 호주에 분포
제철 여름이 제철이지만 산란기가 길어서 연중 맛 좋은 창오징어를 살 수 있다.
명칭 산인 지방 등에서는 '시로이카', 간토 지방에서는 '아카이카'
식슐 데이터 말린 오징어 가운데 가장 맛있다.

입에 넣는 순간 단맛이 퍼지면서 적당히 단단한 살이 초밥과 잘 어울린다. 단맛과 감칠맛은 초밥과 섞여도 그 맛이 살아 있고 마지막까지 단맛이 기분 좋게 남는다.

다리를 살짝 구워서 만든 초밥. 날것도 맛이 좋지만 구우면 불맛의 고소함을 후각으로도 느낄 수 있다. 다리 특유의 강한 식감과 단맛이 인상적이다.

암수의 모양이 뚜렷이 구별되는 창오징어

화살오징어보다 따뜻한 해역에 많고 암수의 모양이 뚜렷이 구별된다. 수컷은 가늘고 암컷은 통통하다. 간토 지방을 비롯한 일본 각지에서 잡히지만 서일본에서 주로 잡히고 산지에서 인기가 많다.

창오징어를 간토 지방에서는 '아카이카'라 부르고 서일본에서는 '시로이카'라 부른다. 그런데 '아카이카'라는 다른 종류의 오징어가 있어서 종종 혼란을 준다.

붉은빛이 선명한 것이 싱싱하다

간토 지방에서는 선명한 붉은빛을 띠는 창오징어를 고른다. 단가가 비싸기 때문에 초밥 요리사들도 신중을 기한다. 색이 선명하고 탄력 있는 것을 고르면 창오징어의 최대 장점인 단맛을 즐길 수 있다. 다리가 부드럽고 맛이 좋은 것도 특징이다.

> 진도이카

오래전에는 새끼 오징어라고 생각
반원니꼴뚜기

雛烏賊 (히이카)

작은 반원니꼴뚜기 2마리로 만든 초밥. 부드러운 살과 초밥이 어우러져 담백하면서도 맛의 조화가 좋다.

DATA
계통 오징어목 꼴뚜깃과
서식지 한국의 서해와 남해, 일본 연안에 분포
제철 가을~봄
명칭 보통 '고이카'라고 부른다.
식용 데이터 크기가 작아 통째로 삶거나 구워서 먹는다.

간장, 술, 설탕 등의 밑양념을 넣고 살짝 익혀서 만든 초밥. 껍질을 벗기지 않아 보기에 예쁘지는 않지만 맛은 일품이다. 네타케이스 안에 몇 마리가 남았는지 세어보게 될 정도로 맛있다.

아주 작아서 예전에는 새끼 오징어라고 생각

꼴뚜깃과에 속하는 소형 오징어를 이르는 꼴뚜기에는 반원니꼴뚜기, 참꼴뚜기, 꼬마꼴뚜기처럼 외형과 서식지가 비슷한 몇 종류가 있다. 옛《어감》에는 반원니꼴뚜기를 새끼 오징어라고 적어놓았는데, 그 당시 니혼바시에 있던 어시장에서 볼 수 있었다고 한다. 싸고 맛이 좋아 인기가 많았던 것 같다. 지금도 일본 각지에서 잡히는 저렴한 오징어다.

성장이 끝나도 새끼 오징어처럼 맛이 부드럽고 담백

엄지손가락 정도 되는 크기부터 유통된다. 성장이 끝나도 손바닥에 올려놓을 수 있을 정도로 작다. 생선 1마리를 통째로 얹은 초밥은 '마루즈케', 반 마리를 얹은 초밥은 '가타미즈케'라고 한다. 2마리로 초밥 1개를 만들 수 있을 정도의 크기부터 초밥 재료로 사용한다. 예전에는 달콤 짭짤하게 양념장에 살짝 익혀서 초밥을 만들었다. 지금은 날것으로도 초밥을 만드는데 살이 부드럽고 맛이 좋다.

> 스루메이카

동해에서 많이 잡히는 맛있는 오징어
살오징어

鯣烏賊 (스루메이카)

손바닥 정도 되는 크기의 살오징어를 간장, 설탕, 술을 넣고 달콤 짭짤하게 졸인 다음 몸통에 초밥을 채워 넣은 '인로즈메'.

DATA
계통 오징어목 빨강오징엇과
서식지 한국, 일본, 사할린, 쿠릴 열도, 타이완 등지에 분포
제철 산란기가 다른 3개의 개체군이 있어서 연중 맛이 좋다.
명칭 '마이카'라고도 부르며, 작은 것은 '바라이카' 또는 '무기이카'라고 부른다.
식食 데이터 히가시이즈의 명물 요리 중에 오징어로 끓이는 '이카조스이'라는 죽이 있다.

살오징어를 국수처럼 가늘게 썰어 만든 초밥. 다소 감칠맛이 부족할 수 있는데 가늘게 썰어서 깊은 맛이 느껴지고 먹기에 좋다. 초밥과의 조화가 절묘하다.

오징어잡이배의 불빛이 동해의 밤을 밝힌다

한국과 일본의 전 연안에 서식하지만 겨울철 동해에서 가장 많이 잡힌다. 밤에 오징어잡이배의 집어등을 밝혀 유인한 다음 가짜 미끼를 이용해서 잡아 올린다. 오징어잡이배의 불빛은 우주에서도 보일 정도라고 하니 그 규모가 얼마나 큰지 상상할 수 있다. 살오징어는 어획량이 풍부해 연중 안정적으로 물량을 공급할 수 있기 때문에 저렴하다.

익힌 오징어 초밥 vs 가늘게 썰어 만드는 초밥

초밥 재료를 고급과 보통으로 구분한다면 화살오징어와 흰오징어는 고급이고 살오징어는 보통이다. 익히든 안 익히든 맛이 좋고 저렴하다는 것이 살오징어의 장점이다. 간토 지방에서는 보리를 수확하는 초여름에 잡히는 작은 살오징어를 '무기이카'라 부르는데, 이 무기이카를 달콤 짭짤하게 양념장에 조려서 만든 초밥이 일품이다. 큰 것은 살이 조금 질기지만 국수처럼 가늘게 썰면 씹는 식감이 좋아진다.

소데이카

열대에서 난류를 타고 오는 대형 오징어
지느러미오징어

袖烏賊 (소데이카)

> **DATA**
> **계통** 살오징어목 날개오징엇과
> **서식지** 한국, 일본, 온열대 태평양 연안에 분포
> **제철** 연중
> **명칭** 오키나와에서는 '세이차', 산인 지방에서는 '다루이카'
> **식食 데이터** 회나 조림으로 먹는다.

냉동 지느러미오징어 초밥. 두툼하게 잘라도 살이 부드럽고 단맛이 적당하다. 볼륨감이 있는 초밥으로 먹고 나면 든든하다.

날것을 얇게 엇베어썰기하여 만든 초밥. 조금 질기지만 맛은 나쁘지 않다. 단지 단맛과 감칠맛이 부족하여 고급 초밥이라고는 할 수 없다.

몸길이가 1m 이상 되는 대형 오징어

일본에서 어획량이 가장 많은 곳은 오키나와이고 그 다음이 산인 지방과 돗토리현이다. 몸길이가 1m 이상 되고 무게가 20㎏을 넘는 대형 오징어다. 열대에서 난류를 타고 혼슈까지 올라오지만 수명은 1년이다.

이 대형 오징어가 시장에 펼쳐져 있는 모습은 그야말로 장관이다. 흔하지 않은 오징어로 보이지만 식용 오징어로는 평범하다. 일본에서 '아카이카'라는 이름으로 유통되므로 초밥집에서 '소데이카'라고 말하면 못 알아듣기도 한다. 어시장에서 여러 종류의 오징어를 '아카이카'라고 부르기 때문에 혼동하기 쉽다.

초밥 재료로는 냉동을

보통 일본 어시장에서는 냉동 지느러미오징어를 판다. 물론 얼리지 않은 싱싱한 지느러미오징어도 있지만 살이 조금 질기다. 오히려 한 번 얼린 다음 녹이면 단맛이 적당하고 살이 부드러워진다.

> 호타루이카

동해에 봄을 알리는 반짝반짝 빛나는 오징어
불똥꼴뚜기

蛍烏賊 (호타루이카)

DATA
계통 오징어목 반딧불매오징엇과
서식지 동해와 오호츠크해 등에 분포
제철 봄
명칭 '고이카' 또는 '마쓰이카'
식용 데이터 삶거나 조림으로 먹는다.

통통한 불똥꼴뚜기 2마리를 올리고 김으로 만 초밥. 맛이 진하고 상당히 좋은 초밥 재료다.

예전에는 통째로 초밥을 만들었지만 지금은 내장을 제거하고 만든다. 작아도 껍질을 벗기지 않아 깊은 맛이 난다. 살이 부드러워 초밥과 잘 어울린다.

동해에 봄을 알리는 불똥꼴뚜기는 관광 자원

주로 동해에서 많이 잡히는 소형 오징어. 외투와 촉수, 눈 가장자리에 발광기가 달려 있어 반짝반짝 빛나는 것이 특징이다. 일본명인 '호타루이카(반딧불오징어)'는 동물학자인 와타세 쇼자부로渡瀬庄三郎가 지었다. 불똥꼴뚜기는 밤이 되면 해변으로 모여드는데 4~5월이 되면 이 신비로운 광경을 보려고 많은 사람들이 도야마만을 찾는다. 예전에는 날것을 통째로 먹는 것이 인기였지만 기생충이 발견되어 내장을 제거하지 않으면 생식이 불가능하게 되었다.

날것도 데친 것도 맛있다

초밥집에서는 산지에서 바로 삶은 싱싱한 불똥꼴뚜기를 고른 다음 김으로 감싸거나 군함말이로 만들어 고추냉이가 아닌 생강을 곁들여 낸다.
봄이 되면 생물 불똥꼴뚜기가 유통되기는 하지만 크기가 작은데 내장까지 제거하고 초밥을 만들면 모양이 그다지 좋지는 않다. 그래도 꼴뚜기 특유의 맛은 확실히 살아 있다.

베이카

작은 고급 오징어
참꼴뚜기

米烏賊 (베이카)

참꼴뚜기를 데쳐서 김으로 만 초밥. 살이 부드럽고 내장의 감칠맛을 즐길 수 있다. 초밥과 잘 어울리고 뒷맛이 좋다.

DATA
계통 십완목 꼴뚜깃과
서식지 한국 연안, 동남아시아, 일본, 중국 등에 분포
제철 봄~초여름
명칭 '치이치이이카' 또는 '베코'
식食 데이터 회로도 먹지만 살짝 데치거나 간장에 조려서 먹는다.

세토나이카이에서 '요쓰데아미'로 잡는다

담수가 섞인 내만에 서식하는 소형 오징어로 요쓰데아미나 작은 정치망으로 잡는다. 세토나이카이 주변은 작은 어패류를 활용하는 식문화가 발달한 지역으로 봄에 잡은 참꼴뚜기도 그중 하나다. 오카야마 등에서는 가볍게 데친 참꼴뚜기를 초밥 위에 올리고 김으로 말아준다.

고부시메

열대 지방의 고급 초밥 재료 중 하나
문짝갑오징어

大墨烏賊 (구부시메)

대형 오징어라 질길 것 같지만 의외로 부드럽다. 맛이 깔끔하고 단맛이 적당하다.

DATA
계통 갑오징어목 갑오징엇과
서식지 인도양, 태평양 연안에 분포
제철 여름~가을
명칭 오키나와에서는 '구부시미' 또는 '구부시미야'라고 부른다.
식食 데이터 데치거나 회로 먹고 먹물을 요리에 쓰기도 한다.

암컷이 수컷을 차지하려고 싸우는 바위 같은 오징어

산호초에 사는 대형 오징어로 수온이 내려가는 시기에 산란하고, 암컷이 자기 영역에서 수컷을 차지하기 위해 싸운다. 오키나와에서는 먹물을 이용해 요리하는데 회로 먹어도 달고 맛있다.
오키나와와 아마미를 대표하는 3대 오징어는 문짝갑오징어, 흰오징어, 지느러미오징어다. 이 가운데 문짝갑오징어와 흰오징어는 고급 초밥 재료에 속한다.

> 마다코

알을 낳아놓은 모습이 등나무 꽃과 닮았다
참문어

蛸 (다코)

DATA
계통 문어목 문어과
서식지 전 세계 온열대 해역에 분포
제철 겨울
명칭 '이시다코'라고 부르는 지역도 있다.
식용 데이터 데치거나 회로 먹고 튀겨도 먹을 만하다.

삶아서 파는 일본산 참문어로 만든 초밥. 요즘은 초밥집에서 문어를 삶는 경우가 드물다. 문어 특유의 향이 강하고 은은한 단맛이 난다. 씹히는 식감은 강하지만 초밥과 잘 어우러진다.

간장, 미림, 술을 넣고 조려서 만든 초밥. 달콤 짭짤하고 문어의 진한 감칠맛이 느껴지지만 초밥의 산미와 절묘하게 어울린다.

일본산은 고급으로 점점 귀해지는 몸

비교적 따뜻하고 바위가 많은 해역에 서식하며 새우나 게 등을 잡아먹는다. 산란기는 초여름부터 가을이다. 알을 낳아놓은 모습이 등나무 꽃과 닮아서 참문어 알을 '가이토게海藤花'라고 한다. 암컷은 산란 후 알이 부화할 때까지 먹이 사냥을 하지 않고 알을 보호하다 부화하면 죽는다고 한다.
참문어는 통발로 잡지만 어두운 곳을 좋아하는 습성을 이용하여 항아리로 잡거나 낚시로도 잡는다. 일반적으로 삶아서 판다. 일본산으로는 부족하여 미국이나 모리타니 등에서 수입는데 미국산은 삶았을 때 선명한 붉은색이고 일본산은 검붉은 팥빛을 띤다.

17세기 초부터 써온 전통 초밥 재료

효고현 아카시산이 가장 유명하고 도쿄만을 비롯하여 일본 각지에서 잡힌다. 문어는 오래전부터 써온 전통 초밥 재료지만 오징어처럼 꼭 갖추어야 할 재료는 아니고 구색을 맞추는 역할을 한다. 보통 초밥은 삶은 문어로 만들고 간장, 미림, 설탕 등의 양념을 조려서 만들기도 한다.

미즈다코

세계에서 가장 큰 대형 문어
대문어

水蛸 (미즈다코)

DATA
계통 문어목 문어과
서식지 한국, 일본, 알류산 열도, 알래스카주에 분포
제철 확실하지 않다.
명칭 '오다코'라고도 부른다.
식용 데이터 육질이 부드러워 샤브샤브로 먹어도 맛있다.

근육이 살아 있는 상태여서 잘라도 미세하게 움직이는 대문어 다리 초밥. 날것 특유의 맛을 즐길 수 있고 식감이 강하다. 감귤류와 소금으로 먹기를 권한다.

시판되는 삶은 대문어로 만든 초밥. 감칠맛과 단맛은 참문어보다 못하지만 살이 부드럽고 수분이 많다. 간장보다 감귤류와 소금을 추천하는 요리사가 많다.

참문어보다 더 알아주는 북쪽 지방 대문어
한랭한 수역에 서식하는 몸길이가 3m 이상 되는 세계에서 가장 큰 문어. 참문어의 어획량이 줄어들어 일본산 문어 중에서는 에이스적인 존재다. 크기가 어마어마하여 통발이나 낚시 등으로 잡는 모습이 마치 격투기를 보는 것 같다.
주로 삶아서 유통되는 참문어와 달리 날것으로 유통된다. 수분이 많아 감칠맛이 부족하다지만 살이 부드러워 회뿐 아니라 다양한 요리에 쓰인다. 은은하고 깊은 맛이 있어 싱싱한 생물은 비싸게 거래된다.

참문어보다 부드러운 육질
참문어보다 크기가 큰 만큼 감칠맛은 떨어진다. 수분이 조금 많다지만 삶아도 질기지 않고 문어의 향과 단맛을 즐길 수 있다. 회뿐 아니라 끓는 물에 가볍게 데치거나 살짝 굽는 등 다양한 조리법으로 먹을 수 있다.

> 이이다코

암컷의 알집, 수컷의 살
주꾸미

飯蛸 (이이다코)

DATA
계통 문어목 문어과
서식지 동해, 중국해, 호주 남부해 등에 분포
제철 가을~봄
명칭 '고모치다코' 또는 '이시다코'
식용 데이터 일본식 어묵탕에 들어간 주꾸미 맛은 그야말로 일품

암컷 주꾸미를 에도풍으로 달고 짭짤하게 조려서 만든 초밥. 초밥과 잘 어우러지지 않는다는 단점이 있지만 식감은 일품.

수컷 주꾸미를 간장, 미림, 설탕을 넣고 조려서 만든 초밥. 살 자체는 암컷보다 수컷이 맛있다. 이리의 은은한 단맛도 빼놓을 수 없다.

눈 아래 양쪽에 금색의 둥근 무늬가 있다.

주꾸미의 주인공은 알이 꽉 찬 암컷

연안의 얕은 바위틈에 서식하며 주로 밤에 활동하고 개량조개나 피조개 등을 먹고산다.
눈 아래 양쪽에 금색의 동그란 무늬가 있는 것이 특징이다. 주꾸미는 그물로 잡거나 조개껍데기에 숨는 습성을 이용해서 고동이나 소라 껍데기로 잡는 전통 방법으로 잡기도 한다. 산란기는 봄이고 산란기를 앞둔 암컷이 특히 맛이 좋아 겨울부터 봄에 어업이 활기를 띤다. 대표 산지는 세토나이카이와 아이치현 등이다.

간토 지방 스타일로 간을 진하게

초밥 재료로 쓸 때는 간토 지방 스타일인 간장으로 바짝 조리는 것이 기본. 주꾸미는 '암컷의 알집, 수컷의 살'이라고 말할 정도로 살 자체는 수컷이 더 맛이 좋고 수컷의 정소인 이리도 맛있다.
1월이 되면 일본 어시장에는 알이 꽉 들어찬 암컷이 나오기 시작하는데, 제철은 봄이다. 초밥집에서 암컷은 고급 초밥이고 수컷은 보통 초밥이다.

일본 국내 브랜드 어패류 지도

모두 기입할 수 없는 명산, 명품 어패류 지도

성게와 게는 러시아, 연어는 남미의 칠레와 북유럽, 새우와 전복은 세계 각지에서 일본으로 수입된다. 양식도 늘어나 지역성이 서서히 없어지고 있다.

그래도 동서남북으로 긴 일본 열도의 어패류는 풍부하고 종류도 많다.

그중에서도 지역을 대표하는 어패류가 있다. 예를 들어 **유리아게의 피조개, 미카와만의 새조개, 하네다의 붕장어, 조반의 가자미, 아와지시마섬의 전갱이** 등을 꼽을 수 있다. 브랜드화가 된 **시마네현 하마다 시의 돈칫치아지, 오이타현 사가노세키의 세키사바, 구마모토현 아마쿠사의 오곤하모**(황금갯장어)도 빼놓을 수 없다.

어획량이 많은 지역이나 어획량은 많지 않지만 맛이 좋기로 유명한 지역의 명물 명산을 '어패류 지도'로 확인할 수 있다. 지도에서처럼 일본 열도는 수산물이 풍부하고 맛도 좋다.

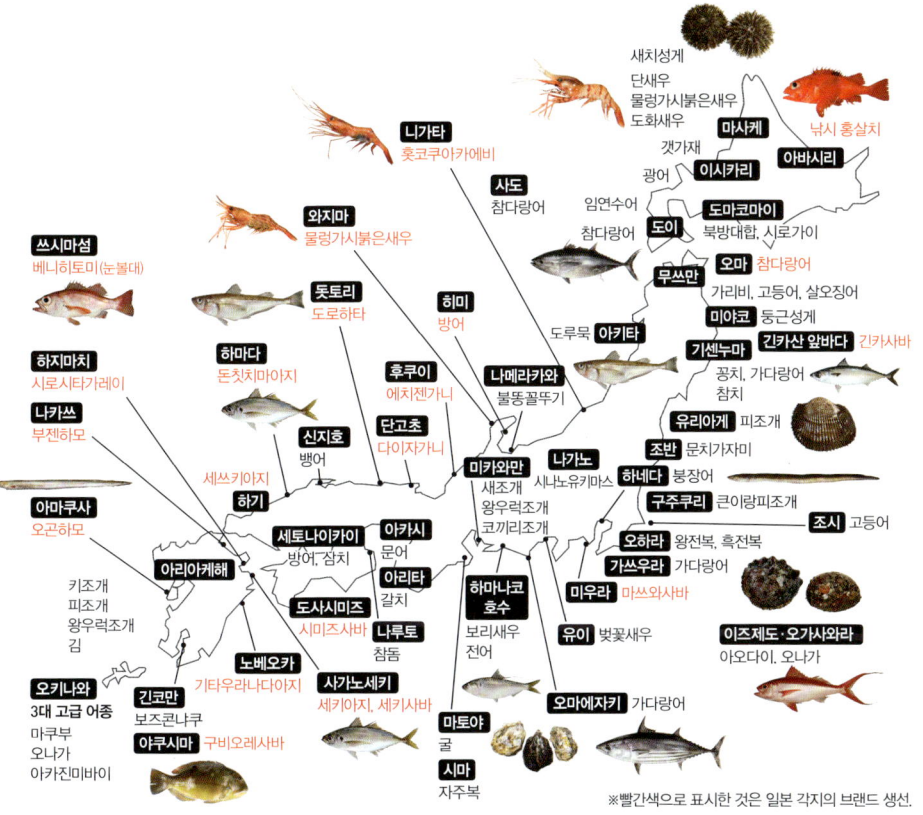

※빨간색으로 표시한 것은 일본 각지의 브랜드 생선.

> 아카가이

색이 붉을수록 상품
피조개

赤貝 (아카가이)

DATA
계통 사새목 꼬막조갯과
서식지 한국의 서해와 남해, 일본, 중국에 분포
제철 겨울~봄
명칭 '지가이'라고도 부른다.
식용 데이터 회나 초밥으로 먹는다.

입에 넣는 순간 단맛이 나고 조개 특유의 향과 풍미가 퍼진다. 살이 적당히 단단하여 초밥과 절묘하게 어울린다.

피조개 외투막(히모) 초밥. 단맛은 피조개 살과 똑같지만 쫄깃쫄깃한 식감을 즐길 수 있다. 일본에서는 단골손님이 가장 먼저 찾는 초밥.

껍데기 표면에 부챗살맥이 42개 정도 있다.

영양분이 풍부한 내만에 서식하는 맛이 좋은 조개

내만의 영양이 풍부한 갯벌이나 사질에 주로 산다. 산란기는 여름이고 부화하면 해초 등에 붙어서 부유 생활을 한다. 5cm 정도로 성장하면 갯벌로 이동한다. 예전에는 도쿄만에서 많이 잡혔지만 지금은 거의 볼 수 없고 미야기현 유리아게의 피조개를 최상급으로 친다. 한국과 중국에서 일본으로 수출도 한다.
초밥집에서 피조개라 하면 조갯살을 말하지만 히모(끈)라는 외투막으로도 초밥을 만든다.

서로 부딪히는 소리를 듣고 고른다

과거에는 도쿄만에서 잡히는 싼 조개였는데 지금은 비싸게 거래된다. 초밥 요리사들은 조개가 서로 부딪히는 소리를 듣고 신중하게 고른 다음 손질해서 초밥을 만든다.
조개류 중에서는 드물게 혈색소로 헤모글로빈을 가지고 있기 때문에 조갯살이 붉다. 붉은빛이 강할수록 싱싱하다. 피조개 1개로 초밥을 1개밖에 만들지 못하므로 초밥 가격이 피조개 가격이라고 생각하면 된다.

사토가이

피조개만큼 맛이 좋은 조개
큰이랑피조개

佐藤貝 (사토가이)

구주쿠리산 큰이랑피조개로 만든 초밥. 단맛이 강하고 씹히는 식감이 좋다. 조개 특유의 풍미가 적당하고 초밥과 잘 어울린다.

DATA
계통 돌조개목 돌조갯과
서식지 한국, 일본, 중국 등에 분포
제철 겨울~초여름
명칭 '지지이가이' 또는 '마스가이'
식용 데이터 피조개처럼 회로 먹는 것이 가장 좋다.

큰이랑피조개 외투막 초밥. 조갯살만큼이나 외투막의 꼬들꼬들한 식감은 달면서 맛이 깊다. 초밥의 단맛과 산미와 잘 어울린다.

껍데기 표면에 부챗살맥이 38개 정도 있다.

'사토가이'는 영국인 외교관 '어네스트 사토'에서 유래

어시장에서는 도쿄에서 가까운 내만에서 잡히는 피조개를 '혼다마'라고 부른다. 그에 비해 난바다에 접한 사질에서 잡히는 큰이랑피조개는 피조개와 잡히는 장소가 달라 '바치' 또는 '바치다마'라고 부른다. '사토가이'라는 표준 일본명과 학명 Scapharca satowi (Dunker, 1882)은 19세기 중반에 일본에 온 영국인 외교관 '어네스트 사토 Sir Ernest Mason Satow'가 메이지 유신에 중요한 역할을 한 것을 기념하여 붙여진 이름이다.

빛깔로 판단하기에는 아까운 맛

어시장에서 껍질이 피조개보다 하얀 큰이랑피조개를 보고 "피조개가 아니네" 하고 그냥 지나치는 모습을 볼 수 있다. 붉은빛이 선명할수록 좋다고 생각하므로 노란빛이 강한 큰이랑피조개를 선호하지 않는 것이다. 확실히 피조개보다 조갯살이 붉지는 않지만 맛은 결코 뒤지지 않는다. 조금 질기고 향이 약해도 씹히는 식감은 제법이다.

> 바카가이

호불호가 갈리는 강한 풍미와 쌉쓰름한 맛
개량조개

青柳 (아오야기)

DATA
계통 진판새목 개량조갯과
서식지 한국, 일본, 중국 등에 분포
제철 겨울~봄
명칭 '미나토가이', '기누가이', '사쿠라가이'
식용 데이터 말린 개량조개가 의외로 맛있다.

개량조개를 살짝 데쳐서 만든 초밥. 조갯살 끝이 매끈하게 뻗은 것이 상품이다. 단맛이 강하고 떫은맛도 쓴맛도 아닌 독특한 맛이 난다. 이 맛을 좋아하는 사람이 있는가 하면 싫어하는 사람이 있다. 그래도 초밥의 단맛과 산미와 아주 잘 어울린다.

조개관자(폐각근) 2개로 만든 군함말이. 조개 1개에 관자는 2개가 들어 있다. 맛은 조갯살과 비슷하지만 식감이 쫄깃쫄깃하다.

입을 벌리고 있어서 '바보 조개'라고 부른다

내만의 얕은 갯벌이나 모래 바닥에 산다. 표준 일본명인 '바카가이(바보 조개)'는 입을 다물지 않고 항상 벌린 상태에서 발을 내밀고 있어서 붙여진 이름이다. 그러나 도쿄의 어시장 등에서는 '아오야기'라는 이름으로 통한다. 아오야기는 지바현 이치카와 시의 지명으로 예전에 이 주변에서 개량조개가 많이 잡혔기 때문에 붙여진 이름이다.

어시장에 항상 있는 흔한 조개

개량조개는 주로 조갯살만 발라서 판다. 껍데기가 붙어 있는 생물도 있지만 공급이 안정적이지 않다. 초밥 요리사들은 조갯살을 만져보고 싱싱한 것을 고른다. 주요 산지는 홋카이도, 미카와, 도쿄만 등이다. 크림색의 홋카이도산은 크기가 크지만, 도쿄만에서 잡은 것은 선명한 붉은빛을 띠는 대신 크기가 작다. 초밥 재료로는 조갯살을 살짝 데쳐서 쓰는 것이 기본이다. 조개관자는 큰 것과 작은 것 2개가 있는데 조갯살 못지않게 제 몫을 하는 초밥 재료다.

아라스지사라가이

옛날에는 북방대합에 섞여서 잡혔다
시로가이

白貝 (시로가이)

DATA
학명 Megangulus zyonoensis(Hatai and Nisiyama, 1939). 일본어 그대로 번역하면 '하얀조개 白貝'.
계통 진판새목 닛코가이과
서식지 호쿠리쿠 지방과 조시 이북
제철 겨울~봄
명칭 호쿠리쿠 지방에서는 '만주가이'라고 부른다.
식용 데이터 산지에서 가장 추천하는 요리는 시로가이 채소볶음이다. 중화요리 전문가도 놀랄 정도로 맛있다. 저렴한 조개니까 한번 만들어보자.

색이 조금 단조롭지만 조개 특유의 풍미와 비린 맛이 약하고, 단맛과 감칠맛이 적당하기 때문에 남녀노소 누구나 좋아하는 맛이다. 씹는 식감도 있고 초밥과의 조화도 탁월하다.

도자기를 연상시키는 조개

주로 간토 지방에서 시로가이라고 불리는 이 조개는 사실은 한 종류가 아니라 '아라스지사라가이'와 '사라가이' 2종을 말한다. 그런데 초밥 재료로는 크기가 더 큰 아라스지사라가이가 활용하기 쉽다.
주요 산지는 홋카이도이고 얕은 모래 바닥에 서식한다. 옛날에는 북방대합을 잡을 때 섞여서 잡혔기 때문에 산지에서 소비되었다고 한다. 그래서 북방대합의 산지에서는 삼시 세 끼 식탁에 시로가이가 올라오는 경우도 있었다.

초밥 재료로 쓰기 시작한 곳은 호쿠리쿠 지방?

간토 지방에서는 개량조개처럼 독특한 풍미와 쌉싸름한 맛이 없어서 인기가 없다. 오히려 시로가이를 중요하게 여기는 지역은 호쿠리쿠 지방과 호쿠리쿠 이남의 동해에 면한 지역, 홋카이도다. 어시장에서의 가격도 도쿄보다 이 지역이 비싸다. 초밥 재료로 사용될 때는 '만주가이'라고 불리기도 한다. 날것으로도 초밥을 만들지만 단시간 데쳐서 사용하는 것이 기본이다. 남녀노소 누구나 좋아하는 초밥이다.

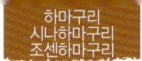
하마구리
시나하마구리
조선하마구리

표준 일본명 '하마구리'가 붙은 대합은 거의 없다

대합

蛤 (하마구리)

DATA

하마구리
학명 Meretrix lusoria (Roding, 1798)
계통 백합목 백합과
서식지 홋카이도 남부부터 규슈에 분포

시나하마구리
학명 Meretrix pethechialis
계통 백합목 백합과
서식지 한국의 서해안부터 중국에 분포

조선하마구리
학명 Meretrix lamarckii Deshayes, 1798
계통 백합목 백합과
서식지 동해 서부, 가시마나다 이남

제철 겨울~봄
명칭 '오'를 붙여서 '오하마'라고 부르기도 한다. '말이 서로 맞지 않고 엇갈린다'는 의미의 '구레하마'라는 일본어가 있는데, 이 말은 제 짝이 아니면 짝을 맞추기 어려운 하마구리에서 유래한 것이다.
식食 데이터 일본에서는 여자아이의 건강과 행복을 기원하는 히나마츠리에 맑은 대합국을 먹는다.

시나하마구리 대형 중국산 시나하마구리로 만든 초밥. 조금 연하게 간을 하여 부드러운데 소스보다 조개 자체의 단맛이 진하다. 이 단맛이 초밥과 어우러지면 말로 표현하기 어려울 정도다.

17세기 초부터 비싼 조개

도쿄만에 면한 조몬 시대의 조개더미에서 대량 발견된 것이 바로 표준 일본명 '하마구리'라는 이름이 붙은 대합 껍데기다. 내만의 갯벌에도 많아서 간단하게 잡을 수 있었기 때문에 고대부터 중요한 단백질 공급원이었다. 그런데 갯벌의 무분별한 개발과 오염으로 서서히 자취를 감추어 현재 일본에서는 거의 잡히지 않는다. 그래서 주목받기 시작한 것이 '바치가이 하마구리'라고 불리며 과거에는 저렴했던 조센하마구리다. 내만에 서식하는 하마구리에 비해 조센하마구리는 외양에 면한 해안선에 서식한다. 하마구리와 서식 장소가 다르다고 '바치가이'라고 불렸다. 조개껍데기가 두껍고 감칠맛이 부족하다는 평을 받았지만 지금은 아주 고급 조개에 해당한다.

일본에서는 하마구리와 조선하마구리의 어획량이 많지 않아서 대만이나 중국, 한국에서 시나하마구리를

하마구리 일본산 중에서 큰 것을 골라 간장 소스에 절여서 만든 초밥. 부드러우며 조개 특유의 풍미가 있다. 간장의 감칠맛과 조개의 감칠맛이 초밥과 어우러져 아주 특별하다.

조센하마구리 가시마나다산 조센하마구리로 만든 초밥. 절여도 적당히 식감이 살아 있는 것이 특징이다. 과거에는 '바치場違'라고 불리던 대합이었는데 맛이 아주 좋다.

수입하고 있다. 지금 일본에서 하마구리라고 하면 시나하마구리를 의미한다고 생각하면 된다.

초밥 재료로는 크기가 크면 클수록 좋다

대합의 가격을 결정하는 것은 산지도 종류도 아니다. 크기가 클수록 비싸다. 대합 1개로 초밥 1개를 만들지만 그 정도 크기의 대합은 많지 않다. 일본 어시장에서도 초밥 재료용 대합을 취급하는 가게가 드물고 좋은 어패류를 취급하는 곳에만 살 수 있다.

대합은 원칙적으로 날것으로 초밥을 만들지 않는다. 데쳐서 달콤 짭짜름한 소스에 절이기 때문에 대합을 초밥 재료로 준비하는 과정을 '쓰게코미'라고 한다. 너무 데치면 살이 단단해져서 초밥 요리사의 기술이 필요한 재료다. 손이 많이 가고 원가가 비싼 탓에 대부분 고급 초밥집에서만 데친 대합을 준비해둔다. 에도마에 즈시의 맛을 즐기기 힘든 초밥 재료다.

| 미루쿠이 |

수관만 재료로 쓰는 대형 조개
왕우럭조개

海松貝 (미루가이)

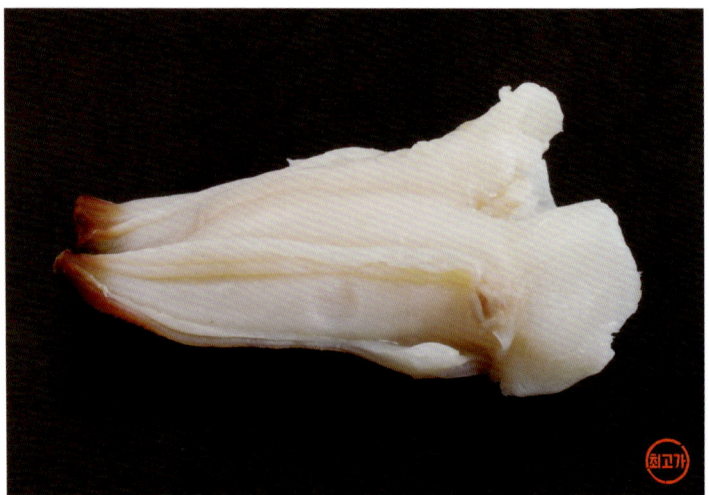

DATA
계통 진판새목 개량조갯과
서식지 한국과 일본에 분포
제철 겨울~봄
명칭 '소데후리', '몬쥬가이', '미루쿠이'
식食 데이터 주로 수관을 초밥 재료로 쓰지만 관자, 외투막 등도 먹을 수 있다.

적자색의 수관 입구 부분이 아름다운 왕우럭조개. 씹히는 식감이 좋고 조개 특유의 감칠맛과 풍미가 풍부하며 단맛이 강하다. 초밥과 아주 잘 어울린다.

일본은 캐나다와 미국에서 '아메리카미루쿠이'와 '야마나리 아메리카미루쿠이'(왼쪽) 2종을 수입하고 있다.

내만에 서식하는 조개류 중에는 드물게 대형

내만의 얕은 곳에 서식하며 몸길이 20㎝, 무게 2kg까지 성장하는 대형 조개. 거대한 수관水뿔이 있으며 이 수관에 해조류가 자란다. 그런데 이 모습을 본 일본인이 이 조개가 청각체(미루)를 먹고 있다고 잘못 생각하여 '미루카이(청각채를 먹는 조개)'라는 표준 일본명이 붙여졌다. 사실 왕우럭조개는 바다에 떠다니는 유기물을 먹고살며 초밥 재료로 사용하는 15㎝ 정도 크기까지 자라려면 10년 가까이 걸린다.

어획량이 줄어 다른 조개를 대용품으로

지금은 귀한 조개지만 예전에는 도쿄 앞바다를 대표하는 조개였다. 현재는 어획량이 줄어들어 '시로미루(코끼리조개)'나 '아메리카미루쿠이' 같은 수입 조개를 대용품으로 쓴다.

초밥 재료로 쓰는 것은 검은 나무토막처럼 생긴 수관 부분이다. 왕우럭조개 1개로 초밥 1개를 만드는데 수관이 크면 2개를 만들 수 있다. 일반적으로 초밥을 만들 때 수관의 껍질은 벗겨내고 쓴다.

> 나미가이

예전에는 대용품
코끼리조개

白海松 (시로미루)

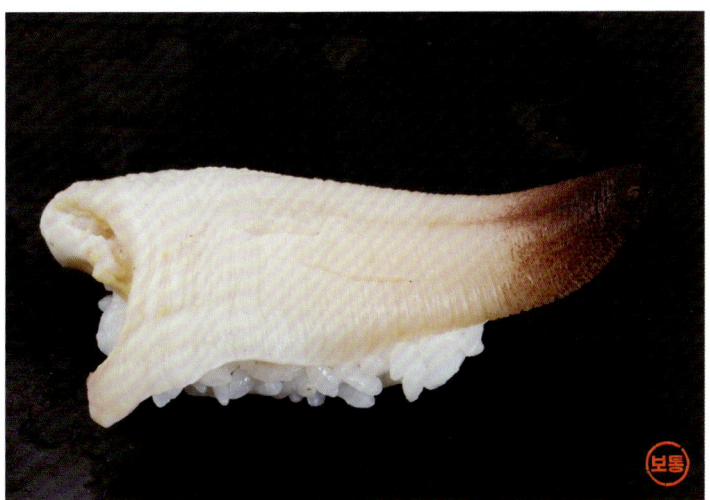

DATA
계통 백합목 족사부착쇄조갯과
서식지 한국 남해안, 일본, 유럽, 북미에 분포
제철 겨울~봄
명칭 예전에는 '오키나노멘가이'라고 불렀다.
식食 데이터 데치거나 회로 먹는 것보다 굽거나 말려 먹는 것이 맛있다.

색이 조금 단조로운 코끼리조개 수관 초밥. 감칠맛과 단맛은 보통이지만 거부감 없는 맛이고 저렴하여 좋아하는 사람이 많다.

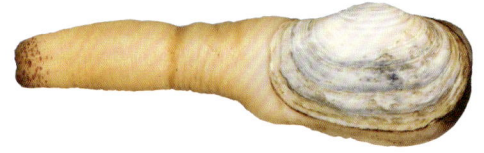

코끼리 코처럼 긴 수관

일본에서 '시로미루'라고 유통되는 조개는 '코끼리조개'와 캐나다와 미국 등에서 수입하는 '아메리카나미가이' 2종으로 미루가이(왕우럭조개)와는 별개의 종이다. 내만의 모래 바닥에 서식하며 긴 수관을 모래 표면 위로 내밀고 식물성 플랑크톤이나 유기물을 먹고 산다. 무게가 1kg 이상 되는 대형 조개로 몸의 대부분이 껍데기 밖으로 나와 있다.

왕우럭조개의 대용품으로 알려지기 시작

결코 싼 조개는 아니지만 초밥 재료로 쓰는 수관이 매우 크고 수입산도 많아 회전 초밥집 같은 곳에서 흔히 볼 수 있다. 아쉽게도 감칠맛을 내는 아미노산의 함유량이 적어 뭔가 빠진 듯한 맛이 난다.
고급 초밥집에서는 거들떠보지도 않는 재료인데 조개 특유의 풍미가 적어 조개를 싫어하는 사람도 거부감 없이 먹을 수 있다.

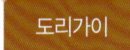

조갯살이 검을수록 가격이 상승
새조개

鳥貝 (도리가이)

DATA
계통 이치목 새조갯과
서식지 한국, 일본, 타이완에 분포
제철 봄~가을
명칭 조개의 발 부분이 여우를 닮았다고 '기쓰네'라고도 부른다.
식食 데이터 일본 산지에서는 작은 새조개를 삶아서 초된장과 먹는데 이 맛이 일품이다.

미카와만산 새조개를 살짝 데쳐서 만든 초밥. 달면서도 꼬들꼬들한 식감이 강하고 뒤에 감칠맛이 은은하게 퍼진다.

때때로 기하급수적으로 늘어났다가 사라지기도

내만의 모래와 진흙이 섞인 곳에 사는 몸길이가 10㎝ 정도 되는 조개. 초밥 재료로는 모래 속으로 들어갈 때 사용하는 '발' 부분을 사용한다. 이 발 부분이 마치 새의 부리를 닮았다고 '새조개'라는 이름이 생겼다. 예전에는 도쿄만에서도 양질의 새조개가 잡혔는데 지금은 크기가 작아졌고 무더운 여름이면 집단 폐사하기 때문에 어획량이 불안정하다. 최근 일본에서는 한국이나 중국에서 수입된 새조개를 많이 볼 수 있다. 회전 초밥집에 오르는 것도 대개 수입산 새조개다.

요즘은 손질한 새조개를 사용

새조개의 특징인 검은색 부위의 색소가 떨어지기 쉬워 손질할 때 주의해야 한다. 즉 나무 도마가 아닌 유리판 같은 곳에 올려놓고 검은 부분이 손상되지 않도록 조심히 다루어야 한다. 그런데 요즘 초밥집에서는 손질이 된 상태의 새조개 살을 주로 사용한다.

에조이시카게가이

입하량이 적어 아는 사람만 아는 고급 조개
이시가키가이

石垣貝 (이시가키가이)

> **DATA**
> **학명** Clinocardium californiense (Deshayes, 1839)
> **계통** 이치목 새조갯과
> **서식지** 이바라키현 가시마나다부터 오호츠크해에 분포
> **제철** 겨울~봄
> **명칭** 일본 어시장에서는 표준 일본명의 '카케'를 '가키'로 착각해서인지 '이시가키가이'라고 부른다.
> **식용 데이터** 1개에 몇 천 원이나 하는 고급 조개어서 아깝다는 생각도 들지만 버터구이 맛은 최고다.

뜨거운 물에 살짝 데쳐서 만든 이시가키가이 초밥. 도톰한 살은 단맛이 강하고 조개 특유의 감칠맛이 진하다. 꼬들꼬들하게 씹히는 식감이 좋고 초밥과도 잘 어우러져 더 달게 느껴진다.

자연산보다 양식이 많다

비교적 한랭한 수심 10~100m의 모래 바닥에 서식하는 조개로 어획량이 적다. 옛날부터 도쿄의 어시장에서는 맛이 좋고 초밥을 만들어도 보기에 좋았기 때문에 인기가 많았지만, 어획량이 적어 아는 사람이 별로 없었다. 그런데 산리쿠의 이와테현 리쿠젠타카타 시 히로타만 등에서 양식을 하자 요리사들이 많이 사용하게 되었다.

'이시가키가이'라고 부르는 '이시카게가이'

17세기 조개 도감인 《육백개품六百介品》에 '이시카게가이石陰介'라고 쓰여 있지만, 일본의 어시장이나 초밥집에서 '이시가키가이'라고 부르는 것은 발음하기 쉽기 때문인 것 같다. 새조개와 비슷한 종이지만 색은 대조적이다. 이시가키가이는 입하량이 적어 가격이 떨어지지 않는 고급 초밥 재료다. 달고 두툼한 조갯살, 기분 좋은 식감 등은 초밥 요리사들이 이시가키가이를 좋아하는 이유를 짐작할 수 있게 해준다.

호타테가이

남녀노소 누구나 좋아하는 가리비의 관자
가리비

帆立貝 (호타테가이)

가리비 관자 초밥. 단맛이 강하고 두툼하게 잘라도 육질이 부드러워 먹기 편하다.

DATA
계통 굴목 가리빗과
서식지 남동중국해, 대만, 한국, 일본 등에 분포
제철 가을~초여름
명칭 아키타현에서는 '아키타가이'라고 부른다.
식 데이터 작은 것은 술찜이나 된장국에 넣어 먹으면 맛있다.

가리비를 달콤 짭짤하게 조려서 만든 초밥. 조개의 단맛에 설탕과 술의 단맛, 간장의 감칠맛이 더해져 깊은 맛이 난다.

예전에는 귀한 고급 조개

비교적 수온이 낮은 곳에 서식하는 지름 20㎝ 정도 되는 대형 조개. 지금처럼 양식 가리비가 나오기 전에는 어획향이 매우 적어 최고급 조개였다. 한쪽 껍데기를 배의 돛처럼 세운 다음 해류를 타고 빠르게 이동한다고 '호타테가이'라는 이름이 생겼다. 가리비는 '히모'라는 외투막에 검은 점이 흩어져 있는데 이것은 빛을 감지하는 눈이다. 적이 가까이 오면 이 눈으로 인식한 다음 2개의 패각을 강하게 여닫으면서 제트 엔진처럼 물을 분사하고 도망간다.

맛 차이가 거의 없는 자연산과 양식

시장에 유통되는 가리비는 대부분 양식이다. 자연산을 고집하는 사람도 있지만 양식 가리비도 플랑크톤만 먹고 자라서 맛에는 큰 차이가 없다. 우리가 주로 먹는 부분은 관자로 지금은 날것을 사용하여 초밥을 만드는데, 달콤 짭짤하게 양념장에 조려서 만든 초밥은 날것과는 또 다른 맛을 자랑한다.

히오우기가이

북쪽 지방의 가리비, 남쪽 지방의 히오우기가이

緋扇貝 (히오우기가이)

살짝 구워서 만든 히오우기가이 초밥. 입에 넣는 순간 입속에 퍼지는 단맛, 깊은 감칠맛, 기분 좋은 식감, 초밥의 적당한 산미가 절묘한 조화를 이룬다.

DATA
학명 Mimachlamys nobilis(Reeve, 1852)
계통 굴목 가리빗과
서식지 보소반도부터 오키나와까지 분포
제철 봄
명칭 자극을 주면 껍데기를 열었다 닫았다 하기 때문에 '바타바타가이', '앗팟파가이'라고도 부른다.
식용 데이터 껍데기째 구운 조개구이가 일품. 단맛이 나고 조개 특유의 풍미가 가득하지만, 구우면 예쁜 껍데기의 색이 변하는 게 조금 아쉽다.

주로 서일본에서 양식되는 아름다운 조개

비교적 따뜻한 해역의 바위가 많은 곳에 서식한다. 패각을 여닫으면서 이동도 가능하다. 히오우기가이의 특징은 붉은색, 보라색, 오렌지색, 노란색 등 개체에 따라서 빛깔이 다르다는 것이다. 다양한 색의 조개를 모아놓으면 정말 화려한 조개라는 생각이 든다.

일본의 어시장에서는 기이반도, 산인 지방, 시코쿠, 규슈 등에서 양식된 히오우기가이를 볼 수 있다. 겉모습이 아름다워 연말연시 선물용으로도 쓰이고 관광 자원으로도 인기가 많다.

구워서 먹는 것이 일반적

간토 지방의 어시장에서는 히오우기가이를 보고 '보기에는 좋아도 맛있는 조개는 아니'라고 하는 사람도 볼 수 있다. 날것으로 먹기보다는 구워서 먹는 경우가 일반적이어서 낮은 평가를 받는 것 같다.

그런데 회로 먹어도 맛이 그다지 떨어지지 않는다. 먹는 부위는 주로 관자 부위다. 가리비 이상으로 감칠맛이 강하고 달다. 크기가 조금 작기 때문인지 주로 산지에서만 회나 초밥 재료로 쓰이는 것이 안타까울 뿐이다.

> 다이라기

삼각자를 닮았다
키조개

平貝 (다이라가이)

DATA
계통 사새목 키조갯과
서식지 한국의 서해와 남해, 일본에 분포
제철 봄
명칭 모래에 몸의 반 정도를 파묻고 있는 모습이 서 있는 것 같다고 '다치가이虎貝'라고도 부른다.
식食 데이터 산지에서는 관자뿐 아니라 외투막도 즐겨 먹는다.

살이 단단하여 씹히는 식감이 좋고 특유의 풍미가 있는 키조개 초밥. 단맛과 감칠맛이 강한데 뒷맛은 깔끔하다.

가시키조개 껍데기 표면에 가시 모양의 돌기가 있다.

키조개 껍데기 표면에 돌기가 없다.

큰 껍데기에 비해 크지 않은 관자

일본에서 '다이라가이'라고 하면 '키조개'와 '가시키조개'를 말한다. 키조개는 껍데기 표면이 매끄럽고 가시키조개는 가시 모양의 돌기가 있다. 모두 내만의 수심 30m 정도의 모래 진흙에 가늘고 뾰족한 끝을 꽂고 몸의 반 정도를 파묻고 산다. 부화 후 5년 정도가 지나면 30㎝ 정도까지 자란다.

요즘은 오염과 자연산 모패母貝를 마구 잡아 개체 수가 점점 줄어들어서 양식을 시도하고 있다.

특유의 맛과 풍미로 요리사들의 마음을 사로잡다

삼각형 모양의 큰 조개껍데기를 가지고 있지만 탁구공만 한 관자만 초밥 재료로 쓴다. 단맛이 강하고 남녀노소 누구나 좋아하는 가리비에 비해 키조개는 단맛은 조금 떨어지지만 독특한 맛과 풍미를 가지고 있다. 살이 단단해 씹히는 식감이 좋고 은은한 바다 향이 나름 매력적이다.

오미조가이

북쪽 지방의 대형 조개

大溝貝 (오미조가이)

DATA
학명 Siliqua alta(Broderip&Sowerby, 1829) **계통** 사새목 유키노아시타가이과 **서식지** 도호쿠 지방 이북 **제철** 봄가을 **명칭** 지방명은 없다. **식용 데이터** 산지인 홋카이도에서는 토박이들만 먹었던 조개로 버터구이가 가장 맛있다고 한다.

수관(왼쪽)과 발(위)로 만든 초밥을 모두 먹어보기를 권한다. 두 종류 모두 단맛과 조개의 풍미가 있지만 수관 부위가 특히 식감이 강하다. 은은한 조개의 맛과 초밥이 어우러져 계속 손이 가는 초밥이다.

지명도가 낮아서 저렴

수온이 낮은 북쪽 지방의 모래 바닥 등에 서식하는 몸길이가 15㎝를 넘는 대형 조개. 표준 일본명은 패류학의 아버지라고 불리는 이와카와 토모타로가 지었다. 오미조가이가 속해 있는 유키노아시타가이과 중에서 유일하게 식용하는 조개다.
북쪽 지방에서 북방조개를 잡을 때 함께 잡히는 조개인데 이전에는 산지에서 소비되었지만 맛이 좋아 일본 전국에서 먹게 되었다.

먹을 수 있는 부위가 많은 조개 중 하나

조개껍데기가 손으로 깨질 정도로 얇다. 조개의 발이 도톰하고 수관도 크기 때문에 오미조가이 1개로 초밥 2개를 만들 수 있다. 수관을 먹는 왕우럭조개와 조개의 발을 먹는 북방대합을 합해놓은 것 같은 조개다. 문제는 색이다. 뜨거운 물에 데쳐도 붉게 변하지 않고 보기에 좋지 않아 초밥 재료로 쓰지 않았던 것 같다. 그렇지만 초밥으로 만들면 맛도 좋고 부드러워 초밥과 잘 어우러진다.

우바가이

가리비와 함께 북쪽 지방을 대표
북방대합

北寄貝 (홋키가이)

DATA
계통 진판새목 개량조갯과
서식지 한국, 일본, 사할린 등에 분포
제철 겨울과 산란기인 여름을 제외한 봄가을
명칭 '돈부리가이'
식습 데이터 도쿠시마현에서는 북방대합을 넣고 밥을 하거나 고기 대신 카레에 넣기도 한다.

데치면 발 끝부분이 분홍빛으로 물든다. 원래의 모습도 아름답지만 초밥을 만들면 모양이 예쁘다. 익히면 단맛도 증가하고 초밥과 잘 어울린다.

시각적으로 예쁘지는 않지만 날것 특유의 풍미와 단맛, 그리고 독특한 식감이 있다.

마치 투포환 공 같은 검은 조개

도호쿠와 홋카이도의 얕은 모래 바닥에 서식한다. 껍데기 길이가 10㎝를 넘으며 둥글고 무거워서 마치 투포환 공 같다. 껍데기 표면은 성장할수록 검은빛을 띤다. 일본에서는 홋카이도가 어획량이 가장 많고 홋카이도의 지명으로 사용되는 '보코이'는 '북방대합이 많이 잡히는 장소'라는 의미의 사투리다.

북방대합은 크고 검을수록 비싸다. 반대로 연갈색을 띠면 싸다. 크고 까만 홋카이도 도마코마이산이 가장 유명하고 초밥 요리사들 사이에서도 인기가 많다.

날것으로도 데쳐서도 사용

초밥 재료가 되는 부분은 주로 발 부분이다. 날것 그대로도 사용하지만 데치면 고운 붉은빛을 띠므로 대개 데쳐서 쓴다. 날것은 탁한 보라색을 띠어 보기에는 별로 좋지 않지만 맛은 일품이라고 평가하는 초밥 요리사도 있다. 날것과 익힌 것, 모두 맛보길 바란다.

나가우바가이

쥠 초밥으로, 샐러드로 대활약
훗키가이

北寄貝 (훗키가이)

> **DATA**
> **학명** Spisula polynyma Stimpson, 1860
> **계통** 진판새목 개량조갯과
> **서식지** 지바현 조지 이북, 베링해, 알래스카주, 캐나다부터 미국의 동해안에 서식
> **제철** 냉동이라서 특별히 제철이 없다.
> **명칭** '캐나다훗키', 'Surf-clam'
> **식용 데이터** '훗키가이 샐러드'는 군함말이뿐 아니라 일본의 가정에서도 등장하는 대히트작

시각적으로 매우 아름다운 훗키가이 초밥. 조개의 풍미와 단맛이 적당하다. 일본산과 비교만 하지 않는다면 초밥 재료로 손색없다.

잘게 다진 훗키가이와 마요네즈를 섞은 다음 톡톡 터지는 열빙어알을 버무린 샐러드 군함말이. 베이스가 되는 마요네즈의 부드러움이 더해져 달콤하고 대중적인 맛이다. 초밥과의 조화도 절묘하다.

북아메리카를 대표하는 대형 식용 조개

산리쿠 등에서도 잡히지만 주로 캐나다나 북아메리카산이 유통된다. 모래 바닥에 서식하는 조개로 북방대합과는 다르다. 주로 껍데기를 벗긴 조갯살을 수입하여 가공한 것이 유통된다.

초밥 재료로는 물론 해산물 샐러드나 밥을 지을 때 넣기도 한다. 일본 음식점 등에서 '훗키'라고 하면 이 조개를 가리키는 경우가 많다.

붉은빛이 강하고 예뻐서 인기가 많다

일본 회전 초밥집에서 붉은빛이 강한 조개로 만든 초밥이 있다면 틀림없이 수입 훗키가이다. '훗키가이가 이렇게 싼 조개였나요?' 하고 몇 번이나 질문을 받은 경험이 있는데 캐나다 등에서 수입된 것을 쓰므로 단가가 낮아졌다. 기본적으로 데쳐서 냉동 유통하므로 일본산에 비해 맛은 떨어진다. 그런데 수입산 훗키가이에 마요네즈를 섞은 '샐러드'가 초밥 재료로 폭발적인 인기를 얻고 있다.

아게마키가이

백합에 뒤지지 않는 맛
가리맛조개

揚卷 (아게마키가이)

DATA
계통 이치목 가리맛조갯과
서식지 한국, 일본, 중국 등에 분포
제철 봄~여름
명칭 '가미소리가이', '헤이타이가이', '다치가이'
식食 데이터 데치거나 구워서 먹고 튀김 같은 요리에도 쓴다.

데친 가리맛조개 위에 간장, 설탕, 미림, 술 등을 넣고 조린 소스를 발라주었다. 육질이 부드럽고 뿐만 아니라 외투막, 내장의 맛도 일품이다. 조개의 단맛과, 초밥의 산미와 단맛이 잘 어울린다.

자연을 파괴하고 있는 현실을 일깨워준 조개

염분이 적은 내만의 갯벌에 서식하며, 물이 차면 개펄 표면에 수관을 내놓고 물속의 유기물을 걸러 먹는다. 서일본을 대표하는 식용 조개였는데 지금은 거의 멸종 상태로 한국산이 대부분이다. 내만의 갯벌이 많았을 때는 어획량도 많고 싸고 맛이 좋아서 인기가 있었다. 방치된 농지가 많은데도 간척 사업 등으로 자연을 파괴하고 있는 현실을 일깨워주는 조개이기도 하다.

데쳐도 조려도 백합에 뒤지지 않는 맛

전문 초밥 요리사들은 가리맛조개를 백합처럼 맛이 좋고 손질이 간단해서 편하다고 말한다. 진흙이 섞여 있기 때문에 해감한 다음 간장, 술, 미림, 설탕 등의 밑양념을 넣고 조려서 초밥 재료로 사용한다. 익혀도 조갯살이 질겨지지 않고 맛이 그대로 살아 있다.

> 오마테가이

특히 야마구치산이 유명

대맛조개

大馬刀貝 (오마테가이)

DATA
학명 Solen grandis Dunker, 1861
계통 백합목 죽합과
서식지 태국, 필리핀, 남동 중국해, 하이난, 대만, 황해, 한국, 일본
제철 봄
명칭 일본 어시장에서는 그냥 '마테가이'라고 부른다. '가미소리가이' 또는 '고쿠라마테'라고도 부른다.
식食 데이터 해감한 다음 강불에 껍데기 그대로 구워서 먹는 것 최고다. 구울 때 나는 냄새만으로도 식욕을 자극한다.

살짝 데친 발을 펼쳐서 만든 오마테가이 초밥. 간장 소스와 잘 어울린다. 조갯살에서 단맛이 느껴지고 뒷맛이 고급스럽다. 식감도 적당하다.

수관 부위를 김띠로 만 오마테가이 초밥. 기분 좋은 식감과 단맛이 있고, 조개 특유의 비린내가 없다.

일본 어시장에는 갯벌에 서식하는 맛조개가 적다

갯벌이나 얕은 바다의 모래펄에 구멍을 파고 사는 맛조개에 비해 대맛조개는 앞바다에 사는 '땅딸막하고 통통한 맛조개'로 알려져 있다. 야마구치현에서는 잠수 어업으로 잡는다. 일본 어시장으로 들어오는 맛조갯과에는 오마테가이(대맛조개), 마테가이(맛조개), 아카마테가이, 에보마테가이 4종이 있다. 이 가운데 대맛조개가 가장 많아, 일본 어시장에서 '맛조개'라고 하면 대맛조개나 이와 전혀 상관없는 한국산 맛조개다.

맛에 비해 저렴한 가격

야마구치현에서 살아 있는 상태로 어시장으로 들어온다. 크기도 크고 모양도 좋아 조금 비싼 가격에 거래된다. 초밥 재료로는 아직 일반적이지 않지만 서서히 쓰는 곳이 늘어나고 있다. 날것으로는 초밥을 만들지 않고 데치거나, 데친 다음 소스에 절여서 사용한다. 초밥 재료로 쓰는 부위는 가늘고 긴 조갯살 끝의 발과 반대편에 있는 수관이다.

마가키

세계 각지에서 양식하는 바다의 우유
굴

牡蠣 (가키)

DATA
계통 굴목 굴과
서식지 북태평양, 지중해 연안, 호주 연안 등에 분포
제철 가을~봄
명칭 '나가가키' 또는 '히라가키'
식용 데이터 생식용 굴은 무균 상태의 바닷물에서 날것으로 먹을 수 있도록 세균을 제거한 것이고, 가열용 굴은 이 작업을 거치지 않은 것이다.

굴을 연하게 조려서 만든 초밥. 깊은 감칠맛과 단맛, 조금 쓴맛이 느껴진다. 좋아하는 초밥 목록에 추가하고 싶다.

감귤류를 뿌린 생굴 군함말이. 간장은 따로 필요 없으며 아무것도 곁들이지 않고 먹는 것이 가장 좋다.

굴 양식은 에도 시대에 시작되었다? 아니면 그 이전?

연안의 암반이나 자갈 조간대潮間帶부터 최대 수심 약 5m 정도까지의 조하대潮下帶에서 흔히 발견되는 식용 조개. 시중에 유통되는 굴은 대부분 양식인데 일본에서 굴 양식을 처음 한 곳은 히로시마현으로 에도 시대 초기나 무로마치 시대에 이미 굴 양식을 시작했다고 한다. 지금도 일본 최대의 산지는 히로시마현이고 양식에 사용되는 종패種貝의 생산은 미야기현에서 가장 많이 한다. 일본의 굴 종패는 세계 각지로 보내져 양식되고 있다.

산지 한정 초밥 재료

바다의 우유라 불릴 정도로 영양이 풍부한 굴은 날것으로 먹는 것이 가장 좋다. 그런데 수분이 많기 때문에 바로 먹어야 한다. 산란기인 여름에는 독성이 있으므로 주의한다. 일반적으로 초밥 재료용 굴은 술과 간장 등으로 조려서 준비한다. 요즘은 오래전부터 만들어 오던 전통 초밥이 아니라 산지 등에서 사용하던 굴 같은 초밥 재료가 서서히 일본 각지로 퍼지고 있다.

히메샤코가이

오키나와에서 양식되는 일품 조개
히메샤코가이
姬硨磲貝 (히메샤코가이)

DATA
학명 Tridacna crocea Lamark, 1819
계통 이치목 대왕조갯과
서식지 유구열도 이남
제철 연중
명칭 오키나와 본도에서는 '아지케', '니구'라 부르고, 야에야마에서는 '기라'라고 부른다.
식용 데이터 2차 세계대전 후에 생긴 오키나와의 향토 요리인 '버터구이'를 반찬으로 먹으면 별미

조갯살이 조금 단단하지만 씹으면 씹을수록 나오는 강한 감칠맛이 인상에 남는 초밥.

열대 조개 중에서 가장 인기가 많다

대왕조갯과 중에는 2m가 넘는 '오샤코가이'부터 20㎝도 되지 않는 히메샤코가이까지 다양한 종류가 있지만, 일본에서 주로 식용하는 것은 히메샤코가이 외에 '히레샤코'와 '시라나미가이' 등 종류가 많지 않다. 또 '오샤코가이'는 멸종 위기에 있다.

대부분의 조개는 해수의 유기물을 먹고살지만 대왕조갯과 조개는 체내에 단세포조를 가지고 있어서 광합성으로 만든 단백질을 흡수하며 생활한다.

본 종은 오키나와에서는 중요한 식용 조개로 양식도 하고 있으며 회의 맛이 일품이라는 평을 받는다.

조개지만 고둥 같은 맛

오키나와에서는 조개껍데기가 붙어 있는 날것도 팔고 조갯살만 발라서도 판다. 일반적으로 날것을 쓰고 초밥 재료로는 외투막과 관자를 쓴다. 다른 조개에 비해 조갯살이 조금 단단하고 바다의 풍미가 강하다. 설명을 듣지 않고 먹으면 고둥이라고 생각할 수도 있다.

마다카아와비

먹는 것이라고 생각할 수 없을 정도로 비싼 전복
왕전복

眼高鮑 (마다카아와비)

DATA
계통 원시복족목 전복과
서식지 한국 남부와 일본에 분포
제철 봄~가을
명칭 전복이 호흡을 하는 공열이 높아 '마(메)다카아와비'라고 부른다.
식食 데이터 회로 먹는 것보다 삶거나 쪄서 먹는 것이 맛있다.

사카무시한 다음 그 국물에 숙성시킨 왕전복 초밥. 단맛과 감칠맛, 전복의 풍미를 한껏 느낄 수 있다. 부드럽게 잘 씹혀 초밥과 잘 어울린다.

보소반도 오하라산이 최상급

따뜻한 해역의 수심 10~50m의 바위에 붙어산다. 전북 중에서는 대형으로 몸길이는 30㎝ 정도고 무게는 1㎏이 넘는다. 해마다 그 수가 줄어들어 요즘은 구하기 힘든 어패류 중 하나다.

간토 지방의 어시장에서 간혹 볼 수 있는데 아주 비싸서 손이 가질 않는다. 지바현 소토보오하라에서 잡은 왕전복을 최상급으로 꼽는다.

날것은 평범한 맛이지만 찌거나 삶으면 특별

일본 어시장에서는 전복을 '나마가이生貝'라고 부른다. 아마도 날것으로 꼬들꼬들한 식감을 즐기는 흑전복에서 유래한 것 같다. 그런데 왕전복은 익혀서 쓰므로 부드럽게 잘 씹힌다. 일반적으로 소량의 물에 술과 다시마를 넣고 1시간 정도 찌는 술찜(사카무시) 과정을 거쳐 초밥 재료로 쓴다. 최고급 초밥 재료 가운데 하나로 초밥과 어울리는 맛이 일품이다.

에조아와비

세계 각지에서 양식
북방전복

蝦夷鮑 (에조아와비)

DATA
계통 원시복족목 전복과
서식지 한국과 일본 등에 분포
제철 봄~가을
명칭 홋카이도에서는 '아이베'라고도 부른다.
식食 데이터 회로 먹는 것이 가장 좋다.

주로 날것으로 초밥을 만들지만 사카무시하면 단맛이 증가하고 육질이 부드러워진다. 초밥의 산미와 잘 어울리는 완성도 높은 초밥.

생전복 위에 익힌 내장을 올리고 김으로 만 북방전복 초밥. 보기에 예쁘지는 않지만 맛은 화려하다. 내장의 농후한 감칠맛이 초밥과 전복의 맛이 잘 어울리도록 도와준다.

전복 가격이 경기를 반영

한랭한 해역에 서식하는 흑전복의 아종. 껍데기 표면이 흑전복보다 거칠고 타원형에 가깝다. 예전에는 전복이라고 하면 흑전복을 의미했지만 요즘은 왕전복과 양식으로 저렴해진 북방전복을 주로 쓴다.
북방전복은 성장이 빠르고 병에도 강해 일본 각지의 바다뿐 아니라 육상에서 양식한다. 일본뿐 아니라 한국과 중국에서도 양식을 많이 한다.

회전 초밥집에 진짜 전복이 등장

회전 초밥집에서 전복의 대용품을 사용하여 전복 초밥을 만들던 시대도 있었지만 요즘은 접시 색을 다르게 하여 진짜 전복을 올린다. 그 대부분이 수입산 전복이거나 북방전복이다. 전복은 날것도 익힌 것도 모두 고급 초밥 재료다. 감칠맛이 진한 전복의 내장을 올린 초밥은 그 맛이 배가된다.

구로아와비	메가이아와비
일반적으로 말하는 전복	흑전복의 암컷이라고 생각

흑전복 / 말전복

黒鮑 (구로아와비)   雌貝鮑 (메가이아와비)

살이 단단해서 얇게 썰어 칼집을 넣은 흑전복 초밥. 입에 넣는 순간 바다 향이 나면서 단맛이 퍼진다. 맛이 강한 초밥 재료 중 하나.

사카무시하여 만든 말전복 초밥. 육질이 부드럽고 바다 향이 강하며 은은한 단맛이 난다. 초밥과 궁합이 잘 맞는다.

DATA

계통 원시복족목 전복과
서식지 한국, 일본, 중국, 대만 등에 분포
제철 여름
명칭 '오가이아와비'
식용 데이터 회로 먹는 것이 가장 좋다.

DATA

계통 원시복족목 전복과
서식지 지바현과 아키타현 이남에 서식
제철 여름
명칭 말전복을 흑전복의 암컷이라고 여겨 '메가이아와비'라는 이름이 생겼다.
식용 데이터 찜 요리에 어울린다.

그냥 전복이라고 하면 흑전복을 지칭

조간대의 수심 20~30m 사이의 바위에 붙어산다. 날 것으로 먹는 전복 가운데 맛이 가장 좋아 초밥을 만들 때는 주로 날것을 사용한다. 일본 각지에서 양식을 시도하고 있지만 해마다 개체 수가 줄어들고 있다. 고급 초밥 재료인데 불구하고 경기가 좋지 않을 때에도 여전히 찾는 사람이 많다.

전에는 흑전복을 일등품, 말전복을 이등품으로 취급

따뜻한 해역의 바위 등에 붙어서 생활한다. 껍데기가 둥글고 약해 보여서인지 예전에는 말전복을 흑전복의 암컷이라고 생각했다. 시중에 유통되는 것은 대개 자연산이다. 살이 부드러워 씹는 식감이 덜하기 때문에 회로는 흑전복보다 인기가 없지만 익히면 맛이 일품이다. 말전복을 사카무시한 초밥은 인기가 많다.

도코부시

지금은 대부분 대만산
오분자기

床伏 (도코부시)

DATA
계통 원시복족목 전복과
서식지 한국과 일본 등에 분포
제철 봄~초여름
명칭 '센넨가이', '나가레코', '나가라메'
식食 데이터 샤브샤브로 먹어도 맛있다.

오분자기를 소량의 물에 술과 소금을 넣고 쪄서 만든 초밥. 전복보다 단시간 익혀도 살이 부드럽고 날것보다 감칠맛이 강하다.

예전에는 저렴한 조개였지만 지금은 고급 초밥 재료

크기는 흑전복의 반 정도다. 생김새가 전복과 비슷해 전복이라고 생각할 수도 있지만 다른 종류다. 껍데기 표면에 있는 흡수 구멍이 전복은 4~5개인데 오분자기는 6~7개로 더 많다. 또 전복은 구멍이 위로 솟아 있는 반면 오분자기는 구멍이 평평하다.

예전에는 흔했는데 지금은 개체 수가 감소하여 일본은 대만에서 양식산 오분자기를 수입하고 있다.

크기는 작아도 찌거나 삶으면 전복만큼 맛이 좋다

일반적으로 날것으로는 먹지 않고 술찜을 하거나 삶아서 먹는다. 익힌 오분자기는 전복보다 맛이 좋다는 초밥 요리사도 적지 않다.

대만에서 수입한 양식산도 유통되고 있지만 역시 일본산 오분자기가 맛이 좋다. 간토 지방에서는 초밥 재료로 전복을 선호하는데 오분자기의 산지에서는 오분자기를 초밥 재료로 쓴다.

아카네아와비	그린립

전통적으로 삶아 먹던 전복
아카네아와비
茜鮑 (아카네아와비)

은은한 바다 향이 나는 호주산 양식 전복
녹색전복
鮑 (아와비)

살아 있는 아카네아와비를 술찜하여 만든 초밥. 단맛이 은은하고 감칠맛이 강하다. 살이 적당히 부드러워 초밥과도 잘 어우러진다.

북방전복과 비슷하지만 살이 더 부드럽다. 은은한 바다 향이 나고 전복 특유의 맛을 즐길 수 있다.

DATA
학명 Haliotis (Nordotis) rufescens Swainson, 1822
계통 원시복족목 전복과
서식지 북아메리카의 서해안
제철 양식 전복이라서 연중 맛이 좋다.
명칭 그냥 '아와비'라고 부른다.
식食 데이터 과거에는 야마나시현 고슈의 명물 가운데 간장에 절인 '일본산 삶은 전복'이 있었지만 지금은 대부분 수입산이다.

DATA
계통 원시복족목 전복과
서식지 호주 남해안 일대
제철 겨울
명칭 종명이 아닌 상품명 'Jade tiger'로 부르기도 한다.
식食 데이터 수입산이지만 아주 맛이 좋다.

일본 각지에서 선물용 등으로 자주 등장
북아메리카에 사는 전복이지만 최근에는 칠레 등에서 많이 양식되어 일본으로의 수입이 늘고 있다. 전복치고는 살이 부드러워 날것으로 먹으면 식감이 좋지 않다. 오히려 익혀서 먹는 것이 맛이 좋다. 최근 일본에서 판매되는 가공품으로, 삶아서 파는 전복 대부분이 아카네아와비다. 초밥 재료로도 괜찮은 맛이다.

새롭게 등장한 전복
껍데기 길이가 20㎝ 이상 되는 남반구의 전복. 수산업이 발달한 호주에서 양식하여 일본으로 수출한다. 다양한 종과 교잡하며 관련 연구도 활발하다. 씹는 식감이 좋고 바다 향도 즐길 수 있는 맛있는 전복이다. 주로 날것으로 초밥을 만든다.

아카아와비	아와비모도키

입하량이 불안정한 것이 안타깝다
호주전복
赤鮑 (아카아와비)

술찜하여 만든 초밥인데 전복 특유의 맛을 즐길 수 있다.

DATA
계통 원시복족목 전복과
서식지 서남태평양
제철 겨울
명칭 특별히 없다.
식食 데이터 전복 중에서는 비교적 저렴해 석쇠에 구워 먹는다. 구울 때 전복이 움직이는 모습을 보고 일본에서는 '지고쿠야키(지옥구이)'라고 한다.

연중 수요가 많은 전복을 보충해주는 호주산 전복
남반구의 태평양에 사는 껍질이 붉은 전복. 뒤집으면 발(살)이 새까만 것이 특징이다. 일본산 흑전복 등과 비교하면 살이 조금 부드럽지만 아주 맛이 좋다. 날것으로도 익혀서도 초밥 재료로 사용한다. 살아 있는 일본산 전복을 구매하기 어려운 시기에는 구세주 같은 존재다. 결코 저렴한 전복은 아니다.

전복을 흉내 내는 조개
칠레전복
ロコガイ (로코가이)

냉동 칠레전복을 해동하여 만든 초밥. 맛이 없지는 않은데 전복과는 다른 맛이다. 오히려 소라에 가깝다.

DATA
계통 원시복족목 앗키가이과
서식지 칠레부터 페루에 걸쳐 분포
제철 냉동 상태로 수입되므로 특별히 없다.
명칭 옛날에는 그냥 '아와비(전복)'라는 이름으로 유통
식食 데이터 일본의 설음식에도 등장

전복을 닮았지만 전복이 아니다
남아메리카 대륙에 서식하며 전복과는 상관없는 다른 종이다. 겉모습이 전복을 닮아 '아와비모도키(전복을 흉내 내는 조개)'라고 한다. 초창기 회전 초밥집에서 전복이라고 팔아서 '칠레전복'이라 부르지만 지금은 일본 초밥집에서 그 모습을 찾아볼 수 없다. 전복과는 맛이 다르기 때문이다.

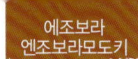

예조보라
엔조보라모도키

시각적으로 보기 좋은 크림색 고둥

북방매물고둥·조각매물고둥

真螺 (마쓰부)

DATA
계통 신복족목 물레고둥과
서식지 한국, 일본 등에 분포
제철 봄~초겨울
명칭 일본 어시장에서는 'A쓰부'라고 해도 통한다.
식食 데이터 침샘에 테트라민이라는 독이 있으니 주의

식감이 쫄깃쫄깃하고 단맛이 적당하다. 살과 초밥이 어우러지면서 입속에 감칠맛이 퍼진다. 뒷맛이 좋은 것도 특징이다.

주로 날것으로 먹지만 삶아도 좋다. 초밥과 잘 어울리고 전복과는 또 다른 맛이 있다.

조각매물고둥(왼쪽)과 달리 북방매물고둥(오른쪽)은 성장하면서 이 부분의 껍데기가 부풀어 올라 깨진다.

북방매물고둥과 조각매물고둥은 독을 제거해야

'마쓰부'에는 북방매물고둥과 조각매물고둥 2종이 있다. 북방매물고둥을 'A쓰부', 조각매물고둥을 'B쓰부'라고 구별하기도 한다. 2종 모두 조갯살 속에 있는 침샘에 테트라민이라는 독이 있다. 강한 독은 아니지만 조리할 때는 침샘을 제거해야 한다.
일본의 주요 산지는 홋카이도로 예전에는 산지에서만 먹었는데 지금은 어시장에서 흔히 볼 수 있다.

쫄깃쫄깃한 식감이 가장 큰 장점

홋카이도와 도호쿠를 대표하는 초밥 재료. 그런데 간토 지방 등에서는 입속에서 초밥과 잘 어우러지지 않는다는 이유로 호불호가 확연하게 갈린다.
고둥 가운데 북방매물고둥과 조각매물고둥은 살(발) 부위가 크림색이기 때문에 초밥으로 만들면 시각적으로 보기 좋고, 단맛이 강해서 고급 재료에 속한다.

아쓰에조보라

어획량이 풍부해 가격이 저렴

아쓰에조보라

厚蝦夷法螺 (아쓰에조보라)

약간 노란빛이 돌지만 신경 쓰일 정도는 아니다. 조개류 특유의 풍미와 맛, 씹는 식감이 좋으며 맛있고 저렴한 초밥이다.

DATA
학명 Neptunea heros (Gray, 1850)
계통 신복족목 물레고둥과
서식지 지바현 이남
제철 봄~초겨울
명칭 'B쓰부'
식食 데이터 살을 발라서 술과 소금으로 쪄도 맛있다.

껍데기가 단단하고 살이 노란 것이 단점

주로 홋카이도에서 잡히는 중형 고둥. 껍데기가 두껍고 무겁기 때문에 실제로 먹을 수 있는 부위가 적다. 일본에서는 에조보라를 'A쓰부'라 부르고 아쓰에조보라를 'B쓰부'라 부르기도 한다. 그렇지만 맛은 에조보라에 결코 뒤지지 않는다. 단맛이 강해 초밥 재료로도 훌륭하다.

구리이로에조보라

다른 고둥에 섞여서 입하

구리이로에조보라

栗色蝦夷法螺 (구리이로에조보라)

고둥다운 고둥으로 단맛이 강하고 기분 좋은 식감을 즐길 수 있다. 빛깔도 나쁘지 않아 물레고둥과 헷갈릴 수도 있다.

DATA
학명 Neptunea cf. lamellosa Golikov, 1962
계통 신복족목 물레고둥과
서식지 도호쿠 지방 이북
제철 봄~초겨울
명칭 'B쓰부'
식食 데이터 홋카이도의 명물 중에 '고둥구이'가 있다.

고둥의 종류가 많아 구별하기 힘들다

주로 홋카이도 등에서 다른 고둥에 섞여 입하된다. 고둥과 비슷한 것에는 우에에조보라, 가라후토에조보라 등 종류가 매우 다양하다. 그중에서 가장 눈에 띄는 것이 구리이로에조보라다. 껍데기가 갈색이라서 구별하기 쉽다. 살 빛깔도 좋아 'B쓰부' 중에서는 좋은 초밥 재료로 손꼽힌다.

> 엣추바이

동해를 대표하는 초밥 재료
물레고둥

白螺 (시로바이)

DATA
계통 신복종목 물레고둥과
서식지 한국, 일본 등에 분포
제철 가을~봄
명칭 간토 지방에서는 '시로바이', 돗토리현에서는 '시로니시'
식食 데이터 일반적으로 큰 것은 날것으로 먹고 작은 것은 삶아서 먹는다.

시마네현 오다에서 통발로 잡은 물레고둥으로 만든 초밥. 단맛이 강하고 씹는 식감도 좋아 날것 특유의 맛을 즐길 수 있다.

동해에서 많이 잡히는 고둥
동해안에서 잡히는 고둥 중에 가장 유명하며 통발에 미끼를 넣어 잡는다. 고둥 중에는 침샘에 테트라민이라는 독을 가지고 있는 종이 있는데 물레고둥은 테트라민이 없다. 물레고둥을 삶아서 먹는 간토 지방에서는 작은 것이 인기가 많고 날것으로 먹는 산인 지방에서는 큰 것이 인기가 많다.

일본의 대표 산지는 야마구치현, 시마네현, 돗토리현 등이다. 그중에서 시마네현 주변의 섬에서 잡히는 물레고둥이 크기가 크기 때문에 날로 먹기에 적합하다.

단맛이 강하고 부드러운 고둥
고둥 특유의 비린 맛을 내는 점액이 있으니 소금물에 해감한다. 초밥 재료로 쓸 때는 날것 그대로 쓰거나 사카무시해서 쓴다. 산지인 동해를 대표하는 초밥 재료로 날로 먹어도 살이 부드럽고 단맛이 강하다. 간토 지방 초밥집에서 잘 쓰지 않는 것이 신기할 정도로 맛이 훌륭하다.

아니와바이
오사가와바이

일본산보다 러시아산이 주류
바이

螺 (바이)

DATA
학명 Buccinum aniwanum Dall, 1907(아니와바이)/Buccinum osagawai Habe & Ito, 1968(오사가와바이)
계통 신복족목 물레고둥과
서식지 오호츠크해
제철 연중
명칭 일반적으로 '쓰부'라고 부른다.
식용 데이터 일본의 슈퍼마켓에서도 볼 수 있는 수입산 고둥. 저렴하여 샐러드나 무침 등으로도 먹는다.

회전 초밥집에도 등장하는 재료인데 살이 조금 얇은 것이 단점이다. 두께는 가공할 때 결정된다. 쫄깃쫄깃하게 씹히는 식감이 적당하고 조개류 특유의 감칠맛도 있다. 초밥과의 조화도 아주 좋아 인기가 많다.

에조바이과 에조보라속
테트라민이라는 독이 있다. 에조보라, 에조보라모도키, 구리이로에조보라, 아쓰에조보라 등이 속한다.

에조바이과 에조바이속 테트라민이라는 독이 없다. 엣추바이, 오엣추바이, 아니와바이, 오사가와바이 등이 속한다.

회전 초밥집에 등장하는 '고둥'의 정체는?

일본 국내의 어획량이 적어 대부분 러시아에서 수입한다. 일반적으로 초밥 재료로 쓸 수 있도록 가공되어 유통된다. 분류학적으로는 '바이'라고 표기해야 하지만 '쓰부'라고 표기한다. 슈퍼마켓, 회전 초밥집, 포장 초밥 등에 등장하는 고둥은 대부분 본 종이다.

내장
발

에조보라를 껍데기에서 발라낸 모습. 내장은 데치거나 술찜해서 먹는다. 발(회나 초밥 재료로 사용) 안에 테트라민을 함유한 침샘이 있다.

발을 펼친 모습. 이 크림색 부분이 테트라민을 함유한 침샘이다.

알아두면 무섭지 않은 쓰부의 독

에조바이과의 식용 고둥은 대부분 **에조바이속**과 **에조보라속**이다. 2종 모두 날것 또는 데쳐도 구워도 맛이 좋지만 큰 차이는 '테트라민'이라는 강하지 않은 독의 유무다. 테트라민을 먹으면 술에 취했을 때와 비슷하기 때문에 전쟁 중에 술을 구하기 힘들었을 때 어부들이 술 대신에 먹었다고 한다. 이러한 예는 예외이고 아이나 몸이 약한 사람들이 먹을 가능성을 생각한다면 확실히 구별하는 것이 좋다.

조개

 사자에

꼬들꼬들한 식감이 좋고, 지명도가 높다
소라

栄螺 (사자에)

입에 넣는 순간 바다가 생각나는 소라 초밥. 꼬들꼬들한 식감과 조개류 특유의 풍미와 단맛이 풍부하다.

DATA
계통 원시복족목 소랏과
서식지 한국 남부 연안, 일본 남부 연안에 분포
제철 연중. 봄에 잡은 소라가 가장 맛이 좋다.
명칭 내장의 쓴맛 때문에 '니가노코'라고도 부른다.
식용 데이터 회로 먹거나 쪄서 먹는다.

돌기가 없는 타입(시마네현산)

뿔 모양의 돌기가 있는 타입(미우라반도산)

가짜가 등장할 정도로 인기가 많다

조간대의 바위 밑에 살다가 성장하면서 해초가 많은 조간대 아래쪽으로 이동한다. 껍데기에 굵고 강한 돌기와 석회질의 뚜껑이 있는데 돌기가 있는 것과 없는 것 2종이 있다. 파도가 거친 곳에 살면 돌기가 생기고 파도가 잔잔한 곳에 살면 없다. 둘의 맛 차이는 없다. 일본의 산지는 여러 곳이지만 섬이 많은 나가사키현에서 가장 많이 잡힌다.

소라 초밥에 대해 부정적인 요리사도 있다

초밥을 만들 때는 날것을 쓰는 것이 일반적이다. 꼬들꼬들한 식감이 소라의 장점이지만 살이 단단하여 초밥과의 조화는 좋지 않다. 소라와 밥이 입속에서 따로 논다고 말하는 초밥 요리사도 있는데 이런 단점을 잊게 할 만큼 맛과 향은 뛰어나다.

> 야코가이

조갯살은 식용으로, 껍데기는 공예품이나 액세서리로
야광패
夜光貝 (야코가이)

DATA
계통 원시복족목 소랏과
서식지 서부 태평양과 인도양의 열대 해역에 분포
제철 연중
명칭 오키나와현에서는 '야쿠게'라고 부른다.
식용 데이터 회로도 먹지만 데치거나 버터구이로도 먹는다.

입에 넣는 순간 바다 향이 퍼지는 야광패 초밥. 감칠맛이 진하고 존재감이 강한 재료지만 초밥과는 잘 어울리지 못한다. 아쉽게도 야광패 맛에 초밥 맛이 묻힌다.

고대부터 야광패 껍데기는 비싸게 거래

열대 해역에 서식하는 대형 고둥. 살은 식용하고 껍데기는 단추나 나전칠기에 사용한다. 칙칙한 칠기를 장식하기 위해 야광패를 상감용으로 사용하는데 현재 생산되는 나전 재료 중 가장 화려하고 비싸다. 일본도 고대부터 야광패로 공예품이나 장신구를 만들어왔다. 식용하는 지역은 주로 열대 지역이다. 일본 전국으로 유통되지는 않고 간토 지방에서 간혹 볼 수 있다.

소라와 닮았지만 소라보다 바다 향이 진하다

무게가 2kg 이상 되는 대형 조개지만 식용 가능한 부분이 매우 적어 실망할 수 있다. 바다 향도 강하고 감칠맛 또한 진하다. 초밥으로서의 완성도는 높지 않지만 야광패 자체의 맛은 손에 꼽을 만하다.

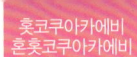

회전 초밥집에서 인기 급상승 중
단새우

甘海老 (아마에비)

일본산 단새우 고가 　수입 냉동 단새우 저가

홋카이도산 암컷 단새우로 만든 초밥. 새우 살은 달고 초밥 위에 올린 알은 입속에서 톡톡 터진다.

DATA
계통 십각목 도화새웃과
서식지 한국 동해, 일본, 북미 대서양 연안, 태평양 연해, 베링해, 오호츠크해 등에 분포
제철 연중
명칭 '난반에비' 또는 '고쇼에비'
식용 데이터 날것으로 주로 먹는다.

단새우를 튀겨서 만든 초밥. 단맛과 튀김의 고소함을 동시에.

그린란드산 참북쪽분홍새우

홋카이도산 북쪽분홍새우

수컷에서 암컷으로 바뀌므로 큰 것은 모두 암컷

일본에서 단새우라고 하면 주로 태평양에 서식하는 '북쪽분홍새우(홋코쿠아카에비)'와 대서양에 서식하는 '참북쪽분홍새우(혼홋코쿠아카에비)' 2종을 말한다. 몸길이는 10cm 정도로 홀쭉하고 표면이 매끄럽다. 알에서 부화해 미성숙 상태를 거친 후 수컷이 되어 생식에 참가하고 암컷으로 바뀐다. 암컷은 알을 낳으면 배에 품고 보호한다.
일본의 주요 산지는 홋카이도와 니가타이고 러시아, 캐나다, 그린란드에서 수입도 한다.

쓰임새가 다양한 단새우

일본에서 단새우가 주목받기 시작한 시기는 1980년대. 그전까지는 주로 산지에서만 초밥 재료로 사용했는데 냉동 단새우가 수입되면서 가격이 크게 떨어지자 회전 초밥집 등에서 인기가 급상승하게 되었다. 날것으로 초밥을 만들지만 요즘은 튀김이나 샐러드로도 만든다.

진켄에비

심해 생물의 보배
아마에비
甘海老 (아마에비)

입에 넣는 순간 사르르 녹으면서 달고 부드럽다. 크기가 작아서 초밥으로 만들기 어렵지만 단맛과 감칠맛이 초밥과 잘 어우러진다.

DATA
학명 Plesionika semilaevis Bate, 1888
계통 십각목 도화새웃과
서식지 스루가만부터 가고시마현에 걸쳐 분포
제철 가을~봄
명칭 '아마에비'는 시즈오카현에서 부르는 이름
식용 데이터 말린 새우가 일품. 그대로 먹어도 고소하고, 소면 맛국물을 낼 때도 유용하다.

스루가만에서 '아마에비'라고 하면 진켄에비
일본에는 홋코쿠아마에비 외에도 '아마에비'라고 불리는 새우가 있다. 스루가만은 심해 어패류의 보물 창고 같은 곳이다. 다양한 종류의 아름다운 심해어와 새우를 저인망으로 잡는다. 그중에서도 현지인들이 '아마에비'라고 부르는 진켄에비는 튀김이나 초밥 재료로 쓰이고 있으며 관광객들에게도 인기가 많다.

히메아마에비

2009년에 표준 일본명이 붙여진 새우
히메아마에비
姬甘海老 (히메아마에비)

단맛이 강하고 식감이 아삭한 히메아마에비 군함말이. 크기가 작아서 군함말이로는 제격이다.

DATA
학명 Plesionika semilaevis Bate, 1888
계통 십각목 도화새웃과
서식지 스루가만 이남
제철 연중
명칭 '시하에비', '시타에비'
식용 데이터 가고시마현 긴코만 주변에서는 생선 살로 만든 어묵의 일종인 '쓰케아게(사츠마아게)'가 유명

긴코만의 어부들이 좋아하는 새우
크기가 10cm도 안 되는, 심해에 사는 새우. 가고시마시의 긴코만에서 '돈토코어'라고 하는 저인망으로 잡는다. 크기도 작고 어획량이 적어서 지명도가 낮았지만 표준 일본명이 만들어지면서 주목받기 시작했다. 날것으로 먹어도 달고 식감이 좋기 때문에 초밥 재료로도 훌륭하다.

모란꽃처럼 아름다운 새우
도화새우

牡丹海老 (보탄에비)

DATA
계통 십각목 도화새웃과
서식지 동해, 일본, 알래스카주, 베링해, 오호츠크해에 분포
제철 연중
명칭 '오에비' 또는 '도라에비'
식食 데이터 보통 날것으로 먹지만 구워서도 먹는다.

알을 밴 암컷 도화새우로 만든 초밥. 단맛이 강하고 씹는 식감이 좋다. 톡톡 터지는 알을 초밥 위에 올려놓아 초밥 하나로 다양한 맛을 즐길 수 있다.

머리에 흰 무늬가 있으면 도화새우

도야마에서는 별로 잡히지 않는 '도야마에비'

수심이 조금 깊은 차가운 해역에 서식한다. 실제로 도야마에서는 많이 잡히지 않지만 표준 일본명을 지을 때 표본을 채취한 곳이 도야마였으므로 '도야마에비'라고 한다. 겉모습이 크고 화려한 모란꽃을 닮아서 '보탄에비'라는 이름으로 더 많이 알려져 있다. 그런데 표준 일본명이 '보탄에비'인 또 다른 새우가 있어서 혼동하기 쉽다. 대표 산지는 홋카이도로 생명력이 강해 간토 지방에 활어 상태로 들어온다.

맛은 좋은데 비싼 게 흠

일본에서는 일본산뿐 아니라 러시아, 알래스카주, 캐나다 등에서 수입한 냉동 도화새우가 유통된다. 냉동한 것도 싸지 않은데 일본산은 고가에 거래된다.
도화새우로 초밥으로 만들면 모양이 아름다울 뿐 아니라 투명감이 오래 지속된다. 날것으로 먹는 새우 가운데 가장 맛이 좋다고 할 수 있다. 가격이 비싸다는 것이 최대 단점.

보탄에비

동해의 도화새우에 비해 어획량이 불안정
보탄에비

牡丹海老 (보탄에비)

DATA
학명 Pandalus nipponesis Yokoya, 1933
계통 십각목 도화새웃과
서식지 홋카이도 우치우라만부터 도사만의 태평양 쪽에 분포. 서식지가 좁고 동해에는 없다.
제철 연중
명칭 특별히 없다.
식슝 데이터 스루가만의 어부들은 팔지 못하는 크기의 보탄에비로 된장국을 끓인다. 선상에서 먹는 이 된장국 맛이 일품이다. 새우구이를 해서 먹어도 그만이다.

식감이 좋고 단맛을 품고 있어서 입에 넣는 순간 깊은 맛이 퍼진다. 초밥의 단맛에 새우의 단맛이 어우러져 최고의 맛을 만들어낸다.

머리에 눈에 띄는 무늬가 없으면 보탄에비

일명 '태평양보탄에비'

한마디로 태평양의 '보탄에비'다. 수심 300m 이상의 심해에 서식한다. 주요 산지는 스루가만, 지바현, 이바라키현 등이다. 많이 잡히는 시기와 적게 잡히는 시기가 있기 때문에 어획량이 불안정하다. 한때는 잡히지 않아 어시장에서 잊혔던 시기도 있었다. 표준 일본명도 보탄에비고, 초밥집에서도 보탄에비로 통한다. 일본 어시장에서는 '혼보탄에비'라고 부르는 사람도 적지 않다. 주로 동해에 많은 도화새우에 비해 태평양에서만 살기 때문에 '태평양보탄에비'라고 불러도 좋을 것 같다.

붉은빛이 약해서 준주연급

'보탄에비' 중에서 초밥 재료로 주연은 도화새우이고, 본 종은 준주연급이다. 어획량이 불안정하고 양도 많지 않다. 동해의 도화새우 대신 본 종을 초밥집에 납품하자 '다른 새우'라고 돌려보냈다는 중간 도매업자의 이야기를 들은 적도 있다. 몸 빛깔은 노란빛이 강한 오렌지색이다. 화려하지는 않지만 가격도 맛도 최상급 새우다.

수입 '보탄에비'의 최고봉
보탄에비

牡丹海老 (보탄에비)

강한 단맛, 씹는 식감, 새우 특유의 감칠맛을 만끽할 수 있는 냉동 보탄에비 초밥.

DATA
학명 Pandalus platyceros Brandt. 한국에서는 '꽃새우'라고 부르기도 한다.
계통 십각목 도화새웃과
서식지 북아메리카 대륙 서해안
제철 연중
명칭 영어명은 'Spot prawn'이고, 일본 어시장에서는 '스폿에비'라고 부른다.
식음 데이터 바다 근처의 료칸에서 샤브샤브로 나오는 것을 보고 따라해 보았는데 정말 맛이 좋았다.

머리에 하얀 심줄이 있으면
수입산 보탄에비

수입 보탄에비 중 가장 많고 가장 비싸다

북태평양 북아메리카 대륙에 서식하는 보탄에비다. 한랭한 해역에는 드물게 최대급 새우다. 일본은 미국과 캐나다 등에서 수입한다.

일본산 보탄에비와 외형이 비슷해 머리 부위를 자세히 살펴보지 않으면 구별하기 힘들다. 고급 새우이므로 일본 각지에서 특산물로 등장하기도 한다. 고급 료칸에서 '특산물'로 나오면 당황스러울 때도 있다.

제3의 보탄에비

수입업자에게 방금 잡은 스폿프론의 맛을 물어보니 '날것으로 먹으면 일본산보다 맛이 좋을 것'이라고 했다. 냉동이지만 외형이 아름답고 단맛이 매우 강하다. 냉동을 잘하면 식감은 일본산과 거의 비슷하다.

수입 보탄에비 중에서는 가장 고가이고, 크고 좋은 것을 구입할 수 있기 때문에 고급 초밥 재료 중 하나로 손꼽힌다.

아르헨티나아카에비

보리새우에 가깝지만 옛날에는 '보탄에비'
아르헨티나 홍새우

赤海老(아카에비)

DATA
학명 Pleoticus muelleri(Bate)
계통 십각목 도화새웃과
서식지 남미의 브라질 남부부터 아르헨티나의 대서양에 분포
제철 연중
명칭 특별히 없다.
식용 데이터 회뿐 아니라 튀김으로도 제격이다.

날것이지만 붉은빛이 선명한 아르헨티나 홍새우 초밥. 아삭하게 씹히는 식감과 단맛이 있고 뒷맛이 고급스럽다.

날것도 나쁘지 않지만 표면을 살짝 구우면 맛이 배가된다. 새우의 풍미와 단맛, 식감을 즐길 수 있는 맛있는 초밥.

'보탄에비'와는 전혀 다른 남반구에서 온 새우

남아메리카 대륙 대서양에 서식하는 몸길이 20㎝ 전후의 새우. 날것으로 초밥을 만드는 도화새웃과가 아니라 보리새웃과에 속한다. 보탄에비와는 계통이 다르다. 남아메리카에서는 중요한 식용 새우로 맛이 좋아 인기가 많다. 일본에도 도화새웃과에 속하는 새우가 많은 편이고 일본 각지에서 식용하고 있다.

대용품에서 벗어나 '홍새우'로 당당히 유통

일본에서 유통되는 식료품 등의 명칭과 산지 표시가 엄격해지기 전에, 아르헨티나 홍새우는 보탄에비였다. 당시에는 회전 초밥집에서도 '보탄에비'라고 하면 아르헨티나 홍새우를 가리켰으며 맛이 좋고 볼륨감이 있어서 인기가 많았다. 그런데 이름이 바뀌어 지금은 '아르헨티나 홍새우' 또는 '홍새우'라고 부른다. 이름은 바뀌었지만 지금도 여전히 많이 찾는다.

히고로모에비

어획량이 아주 적은 태평양의 최고급 새우
포도새우

葡萄海老 (부도에비)

DATA
계통 십각목 도화새웃과
서식지 지바현 조시 이북부터 홋카이도까지의 태평양에 분포
제철 연중
명칭 주홍빛 옷을 의미하는 표준 일본명 '히고로모'는 살아 있을 때의 선명한 색에서 유래했다. 죽으면 포도색으로 변하므로 '무라사키에비(보라색새우)'라고도 부른다.
식용 데이터 아주 고가의 새우이기 때문에 익히지 않고 날것으로 그 맛을 즐기는 것이 좋다. 껍데기를 벗겨도 붉은빛이 선명하다.

날것이지만 붉은빛이 선명하고 은은하게 보랏빛이 도는 명품 초밥. 강한 단맛과 감칠맛, 뒷맛이 좋다.

단새우와 포도새우의 다른 점은 알의 개수

도호쿠 지방부터 홋카이도에 걸쳐 태평양에 서식하는 새우다. 지바현 조시 시와 북쪽 지방에서 통발이나 저인망 등으로 잡는다. 산리쿠의 항구에서 열리는 경매장에는 방대한 어패류가 있지만 포도새우는 몇 마리 없는 경우가 있다. 이처럼 수량이 적은 이유는 알을 많이 낳지 않기 때문이다. 일본의 주요 산지는 홋카이도와 산리쿠 등이다.

포도새우는 일본 어시장에서도 최고급

산지에서는 옛날부터 비쌌지만 초밥 재료로 써왔다. 그런데 지금은 산지보다 경제력을 갖춘 도쿄의 쓰키지 어시장에서 살 수 있는 가능성이 높다. 1마리에 약 2만 원 이상은 보통이다. 초밥 1개 가격을 상상하기 어려울 정도로 비싸다. 어시장에서 젊은 사람이 '살면서 한 번쯤 초밥으로 먹어보고 싶다'고 하는 말을 들은 적이 있는데, 정말 공감이 가는 말이다.

> 모로토게아카에비

물렁가시붉은새우
생살이 보석처럼 아름다운 동해의 고급 새우

縞海老 (시마에비)

DATA
계통 십각목 도화새웃과
서식지 동해와 홋카이도 인근 해역에 분포
제철 가을~봄
명칭 가고시마에서는 '스지에비'라고 부른다.
식술 데이터 회나 튀김 등으로 먹는다.

암컷으로 변하기 전의 작은 수컷으로 만든 초밥. 특유의 아삭한 식감이 있고 은은한 단맛이 난다. 뒷맛도 좋으며 최고의 초밥이라 할 만하다.

냉동할 만큼 어획량이 적은 고급 새우

수심 60~650m의 바다에 서식한다. 한국은 속초를 비롯하여 울릉도와 독도 인근에서 잡히며, 일본은 한국의 동해 연안인 산인 지방부터 홋카이도에 걸쳐 분포한다. 산란 수가 적어 어획량도 매우 적다. 몸 색깔은 전체적으로 붉은색을 띠고 몸 쪽에 흰 세로 줄무늬가 있어서 '줄무늬새우(시마에비)'라고 부르기도 한다. 물렁가시붉은새우는 일단 알에서 부화하면 수컷으로 성장하다가 암컷으로 바뀐다.

껍질을 벗겨도 남아 있는 줄무늬

홋카이도에서 항공편으로 입하되는데 생명력이 강해서 간토 지방까지 와도 살아 있다. 껍데기를 벗겨 초밥을 만들면 보석처럼 아름답고, 세로 줄무늬가 확실히 남아 있다. 동해에서 잡히는 식용 새우 가운데 가장 식감이 좋고 뒷맛이 깔끔해 좋아하는 사람이 압도적으로 많다.

구루마에비

삶은 보리새우의 빛깔이 가치의 반을 결정
보리새우

車海老 (구루마에비)

DATA
계통 십각목 보리새웃과
서식지 한국, 일본, 대만, 필리핀, 피지, 동아프리카, 터키, 이스라엘 등의 인도양, 태평양, 지중해에 분포
제철 가을~겨울
명칭 크기에 따라 '사이마키', '마키', '주마키', '다이구루마'라고 구별하여 부른다.
식용 데이터 날것으로도 먹지만 국이나 탕으로 끓여도 훌륭하다.

살아 있는 보리새우의 껍데기를 벗겨 만든 '오도리' 초밥. '오도리'는 초밥 위에서 새우가 움직이는 모습을 춤에 비유한 말이다. 날것 특유의 은은하고 고급스러운 맛을 즐길 수 있다.

초밥 요리사가 상태를 지켜보면서 삶은 보리새우를 온기가 남아 있는 상태에서 초밥으로 만들었다. 날것보다 단맛과 향이 강하다.

양식에 성공하기 전까지는 값비싼 새우

깊이가 100m를 넘지 않고 바닥이 모래나 진흙으로 덮여 있는 연안에서 주로 산다. 예전에 보리새우는 값비싼 갑각류 가운데 하나였다. 그런데 누구나 손쉽게 구입할 수 있도록 보리새우 양식을 연구한 사람이 수산학자인 '후지나가 모토사쿠藤永元作'다. 보리새우의 생태를 연구하여 양식 기술의 기초를 구축했다. 그리고 1963년에 야마구치현 아이오의 바다에서 처음 양식을 시작했다. 지금 유통되는 보리새우는 대부분 양식이고 자연산은 귀하다.

삶으면 선명한 붉은빛이 돈다

보리새우류는 삶아서 쓰는 것이 기본. 삶은 보리새우의 빛깔이 가치의 반을 결정한다고 말하는 초밥 요리사도 있다. 살아 있는 새우의 껍데기를 벗겨 만든 초밥을 '오도리'라고 하는데, 보리새우를 날것으로 쓰기 시작한 지방은 오사카다. 2차 세계대전 전에 미식가가 '오도리'를 먹으러 오사카에 갔다는 기록이 남아 있을 정도다. 날것으로 만든 초밥은 익힌 새우에 비해 비싸지만 맛은 어느 쪽이 더 낫다고 말하기 어렵다.

구마에비

대부분은 자연산
홍다리얼룩새우

足赤海老 (아시아카에비)

> **DATA**
> **계통** 십각목 보리새웃과
> **서식지** 한국과 일본뿐 아니라 세계 각지에 분포
> **제철** 가을~겨울
> **명칭** 오이타현에서는 '기지에비'라 하고, 전체적으로 검은빛을 띠어서 '가라스(까마귀)'라고도 한다.
> **식욕 데이터** 세토나이카이에서 새우튀김을 주문하면 홍다리얼룩새우 튀김이 나온다.

생새우에 삶은 새우 머리를 곁들인 홍다리얼룩새우 초밥. 살에 탄력이 있고 날것 특유의 담백하고 은은하고 고급스러운 맛이다. 초밥을 먹고 난 다음 머리의 미소(뇌)를 먹어도 좋고, 초밥 위에 미소를 올려 먹어도 맛있다.

익힌 홍다리얼룩새우는 보리새우만큼 빛깔이 붉다. 식감은 보리새우 이상으로 강하고 아주 단데, 이 단맛이 초밥과 잘 맞는다.

양식은 거의 하지 않는다

한국과 일본뿐 아니라 태평양, 인도양, 지중해, 남반구의 호주 등에 넓게 분포한다. 양식은 적고 거의 자연산이다. 일본에서는 서일본에서 주로 잡히는데 어획량이 적고 맛이 좋아 가격이 상당히 비싸다. 몸길이 20㎝ 정도 되는 중형 새우로 오사카 등에서는 고급 새우튀김의 재료로 쓰인다.

살아 있을 때는 검은빛, 삶으면 선홍색

서일본에서는 살아 있는 홍다리얼룩새우를 흔하게 볼 수 있지만 간토 지방 어시장에서는 거의 볼 수 없다. 좋은 일본산 홍다리얼룩새우는 서일본에 있다고 해도 과언이 아니다. 산지가 가까워 날것으로 만든 초밥을 파는 곳도 즐비하다. 물론 익힌 새우로 만든 초밥도 있는데 단맛이 강하고 보기에 아름다워 고급 초밥에 속한다.

우시에비

초밥 재료로는 물론 튀김으로도 대활약
블랙타이거새우

Black tiger (블랙타이거)

DATA
계통 십각목 보리새웃과
서식지 한국, 일본, 타이완, 인도양 등에 분포
제철 연중
명칭 중국에서는 '대하', 대만에서는 '초하'
식솝 데이터 초밥 재료 외에 다양한 요리에 쓰인다.

대형 고가 / 소형 저가

블랙타이거새우를 쪄서 만든 초밥. 살이 부드럽고 단데, 초밥과 만나면 새우 맛이 더 돋보인다.

보통

최근 회전 초밥집에 등장한 블랙타이거새우 튀김 초밥. 튀김의 고소함과 새우의 단맛을 즐길 수 있다. 점심 한 끼를 해결할 수 있을 정도로 볼륨감 있다.

일본에서 잡히는 보리새우류 가운데 가장 크다

도쿄만에서도 간혹 볼 수 있는 대형 새우. 표준 일본명을 '우시에비(소새우)'라고 한 것은 크기가 커서 그렇다. 최근 일본에서는 보리새우의 어획량이 줄어들어 동남아시아와 대만 등에서 블랙타이거새우를 수입하고 있다. 이 수입량이 폭발적으로 늘어난 것은 후지나가 모토사쿠의 양식 기술이 대만 등으로 전해져 1980년대에 양식 기술의 혁명이 일어나 블랙타이거새우의 생산량이 증가했기 때문이다.

초밥 재료의 대부분이 블랙타이거새우

일본 회전 초밥집에서 새우 초밥을 저렴하게 먹을 수 있는 것은 대만산 블랙타이거새우를 싸게 수입한 덕분이다. 수입산은 초밥을 만들 수 있는 상태로 손질된 것과 통째로 혹은 머리만 제거하고 냉동한 것이 있다. 맛은 냉동 새우를 초밥 요리사가 직접 손질한 것이 맛있다. 그런데 기술이 점점 발달하여 완성품으로 오는 것도 품질이 좋아지고 있다.

바나메이

최근 급속도로 증가하는, 일명 흰다리새우
바나메이새우

Vannamei (바나메이)

DATA
계통 십각목 보리새웃과
원산지 중남미
제철 연중
명칭 '반나무에비'
식용 데이터 국이나 탕, 튀김 등에 쓰인다.

붉은빛은 약하지만 새우의 향과 단맛이 살아 있는 바나메이새우 초밥. 살이 부드러워 초밥과 잘 어울린다.

마요네즈를 곁들인 작은 바나메이새우 군함말이. 샐러드를 얹기도 한다. 새우와 마요네즈, 초밥과의 조화가 절묘하다. 일명 '에비마요(새우마요네즈)'는 회전 초밥집 단골 메뉴 중 하나.

인공적으로 만든 이상적인 양식 새우

흰다리새우라고도 부른다. 원산지는 중남미. 1973년 플로리다에서 양식을 시작하여 지금은 세계 각지에서 양식하고 있다. 블랙타이거새우는 병에 약하고 같은 양식지에서 연속 생산이 불가능하다는 단점이 있는데 바나메이새우는 질병에도 강하고 성장이 빨라 생산 비용을 줄일 수 있다. 2004년에는 바나메이새우의 생산량이 블랙타이거새우를 앞질렀다.

서서히 바뀌어가는 회전 초밥집 주인공

얼마 전까지만 해도 일본 초밥집의 저렴한 새우 초밥 재료라고 하면 블랙타이거새우였는데 바나메이새우가 새롭게 등장했다. 냉동 새우를 손질해서 초밥을 만드는 경우는 거의 없고 초밥 재료로 가공되어 나오는 것을 그대로 쓴다. 붉은빛이 약하다는 것이 단점이지만 맛은 평균 이상이다. 쥠 초밥 외에 군함말이나 김말이 등의 초밥 재료로도 쓰인다.

이바라모에비

대게와 산지가 겹치는 괴상하게 생긴 새우
가시배새우

鬼海老 (오니에비)

DATA
계통 십각목 꼬마새웃과
서식지 한국, 일본 등에 분포
제철 가을~봄
명칭 홋카이도에서는 '고지라에비', 돗토리에서는 '사쯔키에비'
식술 데이터 날것으로 먹거나 구워서 먹는다.

생새우 위에 새우 알을 올린 가시배새우 초밥. 단맛이 강하고 오동통한 살을 씹는 아삭한 식감이 있다. 단맛뿐 아니라 날것 특유의 감칠맛도 느낄 수 있다.

전신에 가시가 돋친 괴상한 새우

동해의 대게와 마찬가지로 수심 200~300m에 서식한다. 따로 가시배새우잡이를 하지 않고 대게 등을 잡을 때 함께 잡히는데 요즘은 대게만큼이나 인기가 많다. 게다가 어획량이 적어 일본에서는 '동해의 보석'이라고 부르며 러시아에서 냉동 상태로 수입한다.

일본의 주요 산지는 시마네현 이북이고 해마다 가격이 올라 산지인 홋카이도에서는 먹고 싶어도 먹지 못한다고 안타까워한다.

보리새우와 단새우의 장점을 모두 지녔다

날것의 껍데기를 벗기면 색이 붉은데 시각적으로 아름답다. 보리새우보다 오동통한 살은 씹는 식감이 좋다. 원래 산지 한정 초밥 재료였는데 지금은 쓰키지 어시장에서 가시배새우를 사려고 줄을 서는 중간 도매업자가 있을 정도로 인기 상승 중이다. 초밥 재료로 선호하는 요리사들도 점점 늘고 있다. 물론 최고급 초밥 재료다.

> 이세에비

새우를 의미하는 '에비'라는 말을 만든 새우

닭새우

伊勢海老 (이세에비)

DATA
계통 십각목 닭새웃과
서식지 한국, 일본, 중국, 타이완 등의 서부 태평양 지역에 분포
제철 가을~봄
명칭 '가마쿠라에비'
식食 데이터 갑옷을 입은 무사처럼 생겼다고 일본에서는 5월 5일(단고노셋쿠)에 닭새우를 먹는다.

살아 있는 것을 바로 손질하여 만든 닭새우 초밥. 투명한 살이 보기에도 아름답고, 날것 특유의 맛과 새우의 독특한 단맛을 느낄 수 있다.

익히면 살이 붉게 변하여 멋스럽고, 단맛과 감칠맛이 배가된다. 모양도 맛도 훌륭한 초밥.

양식이 불가능한 닭새우

주로 바닥이 돌과 바위로 이루어진 따뜻하고 얕은 해역에 서식한다. 일본은 원칙적으로 산란기인 초여름부터 초가을에는 포획을 금지한다. 새우를 뜻하는 '에비'는 닭새우의 몸통 색이 '에비즈루(머루)', 즉 포도색을 닮아서 생겼다는 설이 있다. 익히면 아름다운 선홍색으로 변해서 잔치 음식에 빠지지 않는다.
대표 산지는 미에현이나 지바현 같은 태평양 쪽이고 공급이 수요를 따르지 못해 남반구나 동남아시아에서 비슷한 종류를 대량으로 수입하고 있다.

날것이든 익히든 화려한 초밥

닭새우는 활어 상태로 유통된다. 죽으면 가치가 반으로 떨어진다. 초밥 재료로 쓸 때는 활어를 그대로 손질하거나 보리새우처럼 익힌다. 날것은 투명한 살이 살아서 움직이는 것처럼 보이고 익히면 아름다운 선홍색으로 변한다. 산지에서는 닭새우를 초밥 재료로 많이 쓰고 있다.

우치와에비

새우 같지만 새우가 아니다
부채새우

団扇海老 (우치와에비)

DATA
계통 십각목 매미새웃과
서식지 한국, 일본, 중국, 타이완, 필리핀, 태국, 호주 등에 분포
제철 연중
명칭 '셋타에비' 또는 '파치파치에비'
식용 데이터 부채새우구이는 야마구치현의 명물 중 하나로 아주 달고 맛있다.

날것의 맛은 새우 중에서도 으뜸. 단맛이 강하고 씹히는 식감이 좋다. 간장과 고추냉이로 먹어도 괜찮지만 감귤류와 소금으로 먹어도 맛있다.

오바우치와에비　　　우치와에비

해마다 값이 올라 이름도 고급스럽게 바꿔야

일본에서 부채새우라고 하면 '우치와에비'와 '오바우치와에비'를 말한다. 이 둘은 색도 생김새도 비슷하여 산지에서도 특별히 구분하지 않는다.

따뜻한 해역에 넓게 분포하는 새우로 동일본보다 서일본에 많다. 닭새우보다 저렴하고 맛이 좋아 인기가 많다. 곤충 '이'를 닮았다고 야마구치현에서는 '시라미'라고도 부르는데, 해마다 값이 올라서 이름도 고급스럽게 바꾸어야 한다고 말하는 어부도 있다.

못생겨도 맛은 좋다

주로 서일본에서 초밥 재료로 쓴다. 간토 지방에서는 아직 인기가 없지만 그 맛이 점점 알려지고 있다. 어시장에서도 볼 수 있는 기회가 늘고 있으니 초밥 요리사의 눈에도 곧 띌 것이다. 날것으로도 익혀서도 초밥을 만드는데, 살아 있는 부채새우를 손질하여 방금 만든 초밥의 맛은 특별하다.

흰 눈으로 덮인 후지산과 빨간 벚꽃새우는 제일의 절경
벚꽃새우

桜海老 (사쿠라에비)

DATA
계통 십각목 벚꽃새우과
서식지 일본, 대만 등에 분포
제철 3월 하순~6월 상순, 10월 하순~12월 하순
명칭 벚꽃처럼 연핑크색이라 '벚꽃새우'라고 한다.
식용 데이터 날것으로도 먹지만 데치거나 튀겨서도 먹는다.

작은 벚꽃새우로 만든 군함말이. 입속에 넣는 순간 부드러운 껍데기와 새우 살의 풍미와 단맛이 확 퍼진다.

산지에서 잡아 바로 삶은 벚꽃새우로 만든 군함말이. 소금의 적당한 짠맛이 부드럽게 초밥과 어우러지면서 새우의 풍미가 살아난다. 저렴한 것도 장점.

아름다운 심해성 새우

지바현 이남의 심해에 서식하는 작은 새우. 낮에는 수심 150~300m 사이에서 생활하다 밤이 되면 얕은 곳으로 올라온다. 일본에서는 1952년 시즈오카현의 유이라는 곳에서 어부가 우연히 벚꽃새우를 발견하여 어업이 시작되었다고 한다. 말린 벚꽃새우나 산지에서 잡아 바로 삶은 가공품은 대만에서도 많이 수입한다. 예전에는 잡은 다음 바로 말려서 출하했다. 벚꽃새우가 날것으로 유통되기 시작한 지는 오래되지 않았다.

시즈오카현만의 초밥 재료가 회전 초밥집에 등장

1980년대에 도쿄에서 처음 날것으로 만든 벚꽃새우 군함말이를 보고 놀란 적이 있다. 오래된 초밥집이었는데 단골손님도 못 보던 초밥이라고 했다. 그런데 요즘은 'O레인 회전 초밥집'에 등장한다. 저렴한 대만산이 수입되어서 삶은 벚꽃새우로 만든 군함말이는 'T레인 회전 초밥집'에서도 먹을 수 있다.

다라바가니

세계에서 사랑받는 크기도 맛도 최고인 게
왕게

鱈場蟹 (다라바가니)

DATA
계통 십각목 왕겟과
서식지 동해, 일본, 연해지방, 북극해, 베링해, 오호츠크해 등에 분포
제철 가을~겨울
명칭 작은 것은 '앙코,' 아주 작은 것은 '구랏카'
식食 데이터 보통 찌거나 삶아서 먹지만 날것은 샤브샤브로 먹어도 맛있다.

초밥 위에 통나무를 얹은 것 같다고 할 정도로 볼륨감 있는 초밥. 단맛이 강한 왕게의 살이 부드럽게 씹힌다. 먹을 때의 행복감은 말로 표현하기 힘들다.

생왕게의 딱지를 벗겨 얼음물에서 게살을 꽃처럼 펼쳤다. 아삭하게 씹히는 식감과 은은한 단맛은 일품이지만 초밥과의 조화는 높이 평가하기 어렵다.

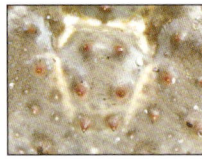

예외는 있지만 갑각의 중앙에 짧고 뾰족한 원뿔 모양의 가시가 6개 있다.

예전에는 왕게 어업이 따로 없었다

대구가 잡히는 깊은 곳에서 왕게가 함께 잡혀 일본에서는 왕게를 한자로 '다라바가니'라고 표기한다. 지금도 대구를 잡는 그물에 걸리기도 한다. 동물학상으로는 게 종류가 아니라 소라게의 무리에 해당한다. 다리는 10개지만 그중에 2개는 갑각 안에 숨겨져 있어 외견상으로는 8개다.

어획량이 적어 일본산은 거의 없고 대부분 러시아나 미국 등에서 수입한다. 생명력이 강해 활어 상태로 수입하기도 한다. 수컷이 맛도 좋고 비싸다.

날것으로도 초밥을 만들지만 기본적으로 익혀서 사용

왕게를 익히면 단맛과 감칠맛이 증가한다. 요즘은 날것으로 만든 초밥이 사랑받지만 날것 특유의 식감과 맛을 즐기기 위함이다. 풍미와 단맛을 살리려면 익혀서 쓰는 것을 추천한다. 활어를 초밥집에서 직접 삶아서 만들면 그 맛이 일품이지만 가격이 아주 비싸다. 물론 삶아서 파는 왕게를 써도 싸지 않다.

> 아부라가니

사실은 맛 좋은 게
청색왕게

油蟹 (아부라가니)

청색왕게를 쪄서 만든 초밥. 수분이 많고 단맛도 왕게보다 덜하지만 감칠맛과 단맛 모두 평균 이상이다.

DATA
계통 십각목 왕겟과
서식지 베링해, 오호츠크해, 쿠릴 열도, 사할린 등에 분포
제철 가을~봄
명칭 푸른빛을 띠므로 '아오가니'라고도 부른다.
식용 데이터 왕게라고 속여서 팔 정도로 맛있다.

왕겟과는 갑각 안에 좌우 2개의 다리를 숨기고 있는데 이 다리로 아가미를 청소한다.

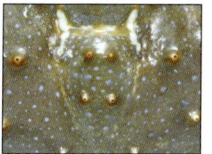

예외는 있지만 갑각의 중앙에 짧고 뾰족한 원뿔 모양의 가시가 4개 있다

왕게와 비슷해서 일반인은 구별하기 힘들다

청색대게가 속해 있는 왕겟과는 소라게와 게의 중간 생물이다. '게가 아니라 소라게'라고도 하지만 원래 '게' 자체가 분류학적 용어가 아니므로 적절한 표현이 아니다. 갑각 표면의 색이 마치 '바다에 흘러 들어간 석유의 색과 비슷하다'고 '아부라가니'라는 이름이 붙여졌다는 설도 있다. 외형이 왕게와 흡사하여 일본에서는 왕게라고 속여서 팔기도 한다. 일본산은 없고 주로 러시아 등에서 수입한 청색왕게가 유통된다.

외형뿐 아니라 맛도 왕게와 비슷

왕게에 비해 수분이 조금 많지만 왕게와 비교만 하지 않는다면 그 맛은 일품이다. 암컷보다 수컷이 맛이 좋으며 익혀서 초밥 재료로 쓴다.
시중에서 파는 익힌 청색왕게보다 활어를 초밥집에서 직접 삶은 것이 압도적으로 맛있다. 회전 초밥집에서 간혹 볼 수 있다.

| 즈와이가니 |

산지별 브랜드가 있는 대게
대게

頭矮蟹 (즈와이가니)

DATA
계통 십각목 물맞이겟과
서식지 동해, 캄차카반도, 일본, 알래스카주, 그린란드 등에 분포
제철 가을~겨울
명칭 수컷은 '마쓰바가니', '에치젠가니'라 부르고 암컷은 '메스가니', '세이코가니', '고바코가니'라 부르기도 한다.
식食 데이터 찜, 구이, 샤브샤브 등으로 먹는다.

소금물에 데친 대게 다리로 만든 초밥. 초밥집에서 대게 초밥을 주문하면 이런 모습으로 나온다. 부드러운 살의 단맛과 초밥이 잘 어울리며 뒷맛이 좋다.

알이 꽉 찬 암컷 대게를 삶아서 게딱지 안에 초밥을 넣고 알과 게살을 올려 완성했다. 꽃이 만발한 봄을 연상시키는 화려한 초밥.

암컷

수컷

수컷은 팔고 싼 암컷을 먹는다

동해와 태평양의 한랭한 수심이 깊은 해역에 서식하는 게. 수컷은 '마쓰바가니'나 '에치젠가니'라고 부르기도 한다. 몸집이 큰 수컷에 비해 암컷은 몸집이 작고 싸다. 동해산 대게는 고가라 산지에서는 '수컷은 팔고 싼 암컷을 먹는다'고 한다. 그런데 최근에는 러시아나 미국 등에서 냉동이나 생대게가 대량 수입되어 일본산 암컷 가격이 상대적으로 비싸졌다는 인상을 받는다.

수컷은 다리, 암컷은 알

처음에는 산지 한정 초밥 재료였다. 그런데 러시아 등에서 수입한 싼 대게가 회전 초밥집에 등장하면서 일본 전국에서 대게를 만날 수 있게 되었다. 지금도 아주 오래된 초밥집에서는 거의 쓰지 않는다. 초밥을 만들 때 수컷은 주로 다리를, 몸집이 작은 암컷은 알을 사용한다.

베니즈와이가니

삶지 않아도 붉은빛을 띠는 심해성 게
홍게

紅蟹 (베니가니)

> **DATA**
> **계통** 십각목 물맞이겟과
> **제철** 가을~봄
> **명칭** 붉은빛을 띠므로 '베니가니'라고 부른다.
> **식용 데이터** 홍게 껍데기에는 키토산이 다량 함유되어 있다.

단맛이 적당하고 살이 부드러운 홍게 다리 초밥. 맛이 좋고 저렴하다.

홍게 살을 발라서 다진 양파와 마요네즈로 버무린 샐러드로 만든 군함말이. 진한 마요네즈의 맛과 게살의 단맛, 초밥의 산미가 어우러져 군침이 돈다.

깊은 바다로 내려갈수록 붉은빛

대게보다 깊은 바다에 서식한다. 대게가 서식하는 곳에서 조금 더 깊이 들어가면 대개의 잡종인 분홍색 게가 있고 거기서 더 내려가면 빨간 홍게가 있다. 잡종이 생길 정도로 가깝다. 동해에서는 대게보다 어획량이 많고 삶지 않아도 빨개서 '홍게'라고 부른다. 그런데 근육 쪽은 붉지 않다. 대게와 비교해서 수분이 많아 감칠맛이 떨어진다는 이유로 대게보다 아주 저렴하다.

가공품 종류가 많아 홍게를 사용한 초밥 종류도 다양

홍게는 활어 상태로 유통되지만 삶아서도 팔고 살만 발라서도 판다. 가공품이 많은 만큼 만들 수 있는 초밥 종류도 다양하다. 쥠 초밥 외에 샐러드 군함말이, 흩뿌림 초밥 등에 사용한다. 회전 초밥집에서 주로 저렴한 홍게를 쓰는 덕분에 싸고 맛있게 다양한 맛을 즐길 수 있다.

샤코

예전에는 흔한 식재료
갯가재

蝦蛄 (샤코)

알을 밴 초여름의 갯가재로 만든 초밥. 단맛과 감칠맛이 강하며 촉촉한 육질의 '가쓰부시'로 만든 초밥은 미식가들이 인정하는 맛이다.

> **DATA**
> **계통** 구각목 갯가잿과
> **서식지** 한국의 서해와 남해, 일본, 중국, 필리핀, 베트남, 하와이 등에 분포
> **제철** 여름
> **명칭** 예전에는 에비(새우)와 같은 종이라고 생각하여 '샤코에비' 또는 '가자에비'라고 했다.
> **식용 데이터** 주로 삶아서 먹는다.

알을 밴 암컷 갯가재인 '가쓰부시'로 만든 초밥의 단면.

예전에는 도시에 면한 내만에서도 흔했다

갯가재는 새우, 게 등과 함께 갑각류에 속하지만 다른 종이다. 주로 내만의 진흙 또는 모래 진흙 바닥에 구멍을 파고 서식하며 작은 새우나 어류 등을 잡아먹는다. 예전에는 도쿄 앞바다에서도 많이 잡혔지만 지금은 그 모습을 거의 찾아볼 수 없고 다른 산지에서도 해마다 어획량이 줄고 있다. 중국 등에서 수입도 한다.

도쿄식 쥠 초밥의 대표

옛날 도쿄만 연안에서는 갯가재를 잡아서 삶는 풍경을 자주 접할 수 있었다고 한다. 갯가재가 도쿄식 쥠 초밥의 대표 초밥 재료가 된 것은 산지가 가깝고 저렴했기 때문이다. 지금은 도쿄만산은 아주 비싸서 고급 초밥집이 아니면 먹을 수 없다. 제철은 봄부터 초여름인데 특히 초여름에 알을 밴 암컷인 '가쓰부시'의 맛이 일품이다.

> 우니

참치처럼 경매로 결정되는 몇 안 되는 어종
성게

海胆 (우니)

DATA
계통 성게강에 속하는 동물의 총칭
명칭 Sea urchin

칠레성게 요즘 가장 싼 칠레산 성게. 성게를 유통할 때 방부의 목적으로 명반(백반)을 넣는데 산지가 멀어서 들어간 명반의 양이 많은 지 쓴맛이 나기도 한다.

캐나다산 성게 가끔 대량으로 시장에 나올 때가 있기 때문에 회전 초밥집에서 저렴하게 제공하기도 한다. 감칠맛이 조금 부족한 것이 단점.

성게는 자웅이체로 먹을 수 있는 부분은 난소뿐 아니라 생식소이므로 암컷과 수컷 상관없이 먹을 수 있다. 생식소는 오각형의 몸통 안에 5개가 들어 있다.

먹기 전에 알아보는 '성게'

체벽에 칼슘성의 뼛조각을 함유하거나 석회판의 견고한 골격을 만드는 동물을 극피동물이라고 한다. 극피동물에는 성게 외에 해삼과 불가사리, 바다나리 등이 있다. 성게의 가시는 외부로부터 몸을 보호하는 역할뿐 아니라 이동 수단이 되기도 한다.

일본에서 식용으로 주로 먹는 둥근성게와 새치성게 2종이 전체의 반 이상을 차지한다. 그 외에는 말똥성게, 분홍성게, 흰수염분홍성게 등이 있다. 수입 성게로는 칠레에서 수입되는 칠레성게와 캐나다와 미국 등에서 수입하는 성게가 있다.

산지 주변에서 소비되던 성게가 일본 전국으로 유통되기 시작한 시기는 2차 세계대전 이후다. 기본적으로 껍질을 벗긴 다음 상자에 담아서 유통한다. 요즘은 어시장에서 경매를 하는 수산물이 적은데 성게는 참치와 함께 경매로 가격이 결정되는 몇 안 되는 어종이다.

에조바훈우니

맛도 가격도 성게 가운데 최고
새치성게

蝦夷馬糞海胆 (에조바훈우니)

DATA
계통 성게목 둥근성게과
서식지 한국, 일본, 중국, 러시아 등에 분포
제철 일본에서는 성게 번식을 보호하려고 금어기를 정해놓았는데 새치성게는 9~10월이다. 이 시기 외에는 항상 맛이 좋다.
명칭 홋카이도에서는 '간제', 어시장에서는 생식소가 빨개서 '아카'
식食 데이터 주로 날것으로 먹지만 통조림이나 찐 성게도 있다. 익히면 맛이 진해진다.

일본산 작은 새치성게로 만든 군함말이. 단맛과 풍미가 풍부하고 인상에 강하게 남는다.

껍질을 벗기지 않은 싱싱한 성게를 초밥 요리사가 직접 쪄서 만든 군함말이. 생것보다 맛이 진한데 요즘은 좀처럼 만나기 힘들다.

둥근성게와 함께 일본 2대 성게 중 하나

차가운 해역에서 다시마 같은 해조류를 먹고산다. 예전에는 다시마를 해친다고 없애기도 했다. 가시 길이는 짧고, 식용하는 생식소가 붉은빛을 띠어서 어시장에서는 '아카赤'라고 부른다. 일본에서 유통되는 대부분이 홋카이도산과 러시아산이고, 특히 러시아산은 비교적 저렴하다.

군함말이는 날것으로

일본에서는 성게를 산지가 아닌 출하하는 회사를 보고 구매한다. '하다데'나 '다치바나'가 유명한데 대부분 홋카이도에 있다. 성게가 초밥 재료로 인기가 많아진 것은 유통의 발달과 군함말이가 등장하면서부터다. 성게는 주로 날것으로 군함말이를 만드는데 찐 성게로 만든 군함말이도 맛있다. 성게를 찌면 풍미와 맛이 증가하기 때문이다. 예전에는 어시장에서 종종 볼 수 있었지만 요즘은 거의 찾아보기 힘들다.

> 기타무라사키우니

일본 2대 성게 중 하나
둥근성게
北紫海胆 (기타무라사키우니)

DATA
계통 성게목 둥근성게과
서식지 한국, 일본, 러시아 등에 분포
제철 늦가을~여름
명칭 홋카이도에서는 '노니', 어시장에는 '시로'
식용 데이터 주로 날것으로 먹고 파스타나 오믈렛에 이용하기도 한다.

둥근성게 초밥. 거부감이 없고 고급스러운 맛이다. 초밥의 산미와 성게의 단맛이 절묘하게 어우러진다.

새치성게에 가깝고 보라성게와는 다르다
수심 5m 전후의 암반 조하대 또는 수중 암초에 서식하는 가시가 긴 성게. 둥근성게 Strongylocentrotus nudus (A. Agassiz, 1863)를 보라성게 Anthocidaris crassispina와 비슷한 종이라고 알고 있지만 이 둘은 서로 다른 종이다. 둥근성게는 새치성게나 북쪽말똥성게가 속해 있는 둥근성게과이고 보라성게는 만두성게과이다. 일본에서 먹는 성게 대부분은 둥근성게과로 미국이나 캐나다 등에서 수입도 한다.

은은하고 섬세한 맛을 가진 성게
생식소는 연한 노란색이고 어시장에서는 둥근성게를 '시로'라고 부른다. 맛이 은은하고 고급스러우며 성게 향은 조금 약하지만 뒷맛이 좋다. 새치성게는 참치 대뱃살처럼 맛이 진한 데 비해 둥근성게는 맛이 소박하다. 그래서 둥근성게를 선호하는 초밥 요리사도 있다. 둥근성게는 단맛과 향을 손님이 오롯이 느끼도록 김으로 말지 않는다.

아카우니

은은하고 뒷맛이 좋은 가을 성게
분홍성게

赤海胆 (아카우니)

DATA
계통 성게목 둥근성게과
서식지 한국과 일본에 분포
제철 가을
명칭 '오니가제'
식용 데이터 도쿠시마현 등에서 만드는 분홍성게 알젓이 일품

제철 분홍성게로 만든 초밥. 맛이 은은하고 깔끔해서 김을 사용하지 않았다. 입속에서 천천히 맛을 음미해야만 분홍성게의 진정한 맛을 알 수 있다.

가을에 잡히는 분홍성게

난류의 영향을 받는 비교적 따뜻한 지역에서 잡힌다. 가시가 붉은빛을 띠어서 '아카우니'라는 이름이 생겼다. 둥근성게나 북쪽말똥성게처럼 서일본에서 잡히는 성게는 수량이 많지 않아 산지 주변에서 유통되어 소비된다. 그런데 분홍성게는 가을에 한정적이긴 하지만 많이 잡힌다.

미우라반도 같은 곳에서 도쿄 어시장으로 들어오는데 많지는 않다. 어시장 사람들도 분홍성게가 들어오면 가을이라고 실감하게 된다.

고급스럽고 은은한 단맛이 특징

껍질이 평평하고 생식소가 그다지 두툼하지 않다. 옅은 황금빛의 생식소는 맛이 고급스럽고 은은한 단맛이 난다. 성게 특유의 씁쓸한 맛이 적어 뒷맛도 좋다. 초밥으로 먹을 때는 맛이 진한 재료 다음에 먹으면 분홍성게의 맛을 제대로 느낄 수 없다. 천천히 맛을 음미하면서 먹어야만 분홍성게의 진가를 알 수 있다.

시라히게우니

산호초에 서식하는 대형 여름 성게
흰수염분홍성게

白髭海胆 (시라히게우니)

DATA
계통 공치목 나팔성게과
서식지 한국, 서부 태평양, 인도양에 분포
제철 여름
명칭 가고시마에서는 '시마우니', 오키나와에서는 '가차'
식용 데이터 일본에서 성게라고 하면 홋카이도와 도호쿠, 동해를 떠올리는데 흰수염분홍성게는 열대에서 잡힌다.

열대에서 잡히면 맛이 담백할 것이라고 생각하기 쉽지만 그렇지 않다. 성게 특유의 풍미도 적당하고 맛이 진하고 달다. 초밥과 어우러져도 그 존재감이 살아 있다.

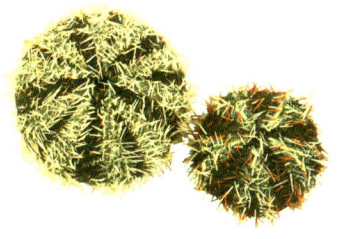

오키나와에서 성게는 '흰수염분홍성게'

일본의 주요 산지는 가고시마현 남부에 있는 섬들과 오키나와 등이다. 아마미오섬에서는 여름을 대표하는 먹거리 중 하나가 흰수염분홍성게다. 분류학상으로 새치성게와 둥근성게 등은 성게목 둥근성게과에 속하지만 흰수염분홍성게는 공치목 나팔성게과에 속한다. 나팔성게과 성게는 미국 플로리다 같은 지역에서도 식용하는 열대 한정의 성게다.

생식소 크기도 큰 대형 성게

지름이 10cm를 넘는 대형 성게. 생식소는 황금색으로 두툼하지 않지만 크기가 크다. 흰수염분홍성게는 7~8월 사이에 시중에 나오므로 여름용 초밥 재료 가운데 하나라고 할 수 있다. 기본적으로 껍질을 벗겨 발포 트레이 등에 담아서 판다. 감칠맛과 단맛이 강하고 홋카이도 같은 지역에서 잡히는 성게와 비교해도 맛이 떨어지지 않는다.

다마고야키

초밥집과 시대에 따라 맛도 만드는 방법도 다르다
달걀말이

玉子焼き (다마고야키)

맛국물 달걀말이 주머니 초밥 가쓰오부시 국물을 넣고 만든 달걀말이를 1인분 크기로 자른 다음 중앙에 칼집을 넣고 초밥을 채웠다. 달걀의 풍미가 살아 있다.

달걀말이 종류
맛국물 달걀말이가 가쓰오부시 국물을 넣는다.
얇은 달걀말이 새우을 으깨어 넣는다.
두꺼운 달걀말이 생선 살 등을 으깨어 넣는다.

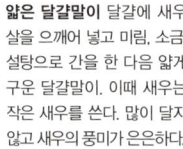

얇은 달걀말이 달걀에 새우 살을 으깨어 넣고 미림, 소금, 설탕으로 간을 한 다음 얇게 구운 달걀말이. 이때 새우는 작은 새우를 쓴다. 많이 달지 않고 새우의 풍미가 은은하다.

두꺼운 달걀말이 달걀에 생선 살을 으깨어 넣고 미림, 소금, 설탕 등으로 간을 한 다음 위아래에 열을 가해 구운 달걀말이. 카스텔라처럼 부드럽고 단맛이 강하다.

얇은 달걀말이와 두꺼운 달걀말이가 기본

붉은 살 생선인 참치와 달걀말이는 에도마에즈시에서 빠지지 않는다. 일본에서 흰살생선이 없는 초밥집이 있어도 달걀말이가 없는 초밥집은 없을 것이다. 17세기 초부터 2차 세계대전 전까지 달걀은 아주 귀했다. 물론 초밥 재료로도 고급이라 초밥집들은 자신들만의 독특한 맛과 굽는 방법을 연구했다고 한다.

세 종류의 달걀말이

'얇은 달걀말이'는 달걀에 새우 살 등을 으깨어 넣고 미림, 소금, 설탕 등으로 간을 한 다음 1.5cm 정도로 얇게 굽는다. '두꺼운 달걀말이'는 새우나 생선 살을 으깨어 넣고 미림, 소금, 설탕 등으로 간을 한 다음 두껍게 굽는다. '맛국물 달걀말이'는 달걀에 가쓰오부스 국물, 미림, 소금, 설탕 등을 넣고 조금씩 달걀구이용 팬에 부으면서 굽는다.

달걀말이의 기본은 얇은 달걀말이와 두꺼운 달걀말이지만, 요즘은 가쓰오부시 국물을 넣어 만든 달걀말이를 더 자주 볼 수 있다.

> 스시비노리

세상 모든 사람이 1장씩 먹어도 남는 생산량
김

海苔(노리)

DATA
계통 홍조류 보라털과
서식지 한국, 일본, 중국 등에 분포
제철 겨울
식용 데이터 일본에서는 연간 80~100억 장 정도의 김을 생산하지만 부족하여 한국과 중국에서 수입한다.

김띠 초밥 위에 안정적으로 올리지 못하는 재료는 김으로 마는데 김띠海苔帶라고 한다. 다양한 재료를 초밥에 사용할 수 있도록 도와준다.

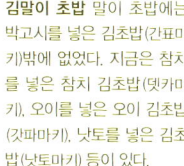

김말이 초밥 말이 초밥에는 박고지를 넣은 김초밥(간표마키)밖에 없었다. 지금은 참치를 넣은 참치 김초밥(뎃카마키), 오이를 넣은 오이 김초밥(갓파마키), 낫토를 넣은 김초밥(낫토마키) 등이 있다.

군함말이 2차 세계대전 전에 긴자의 초밥집에서 만들기 시작했다는 설이 있다. 성게 알이나 연어알, 샐러드처럼 쥠초밥으로 만들기 어려운 재료를 군함말이로 만든다.

기타

참김에서 방사무늬돌김으로 세대 교체
김은 인류가 이용한 해조류 중 가장 오래된 것 가운데 하나로 자연산으로는 부족하여 일찍부터 양식을 해왔다. 일반적으로 양식한 것을 '김'이라 부르고 이에 상대적인 의미로 자연산을 '돌김'이라 부른다. 일본에서는 17세기 이전부터 고도성장기까지 참김(아사쿠사노리)을 도쿄만 등에서 양식했다. 그런데 내만이 오염되면서 병과 오염에 강한 방사무늬돌김(스사비노리)을 양식하기 시작했다. 현재 참김은 거의 멸종 상태이고 양식하는 김 대부분이 방사무늬돌김이다.

김말이 초밥은 18세기부터 있었다?
18세기에 도쿄의 아사쿠사, 시바, 시나가와 등에서 김을 양식했는데 여기에 아사쿠사에서 발달한 종이 뜨는 기술을 응용해 김을 만들었다. 이 김으로 18세기부터 김말이 초밥을 만들었다고 한다. 요즘 김은 김초밥, 손말이 초밥(데마키), 군함말이, 김띠 등에 쓰이는 초밥에서 빼놓을 수 없는 중요한 재료다.

초밥을 즐기기 위한 용어 모음

ㄱ

가리がり 초생강. 얇게 썰어 초에 절인 생강. 씹으면 으드득으드득がりがり 소리가 난다고 '가리'라고 한다. 초밥을 먹을 때 입가심으로 먹는다.

가마토로かまとろ 뱃살. 가슴지느러미가 붙어 있는 부위로 사람으로 말하면 어깨 부위에 해당.

가베스かべす 과자か, 도시락べんとう, 초밥すし의 머리글자를 딴 말. 예전에는 가부키 공연 시간이 지금보다 길었다. 돈이 많은 사람들은 공연장 근처에 있는 식당茶屋에서 음식을 먹고 다시 공연을 보러 왔는데, 일반인들은 공연장 안에서 과자나 도시락, 초밥 등을 먹었다. 이때 초밥은 참치, 문어, 전어, 달걀말이를 말한다.

가와시모皮霜 껍질과 껍질 아래에 감칠맛이 있는 생선을 껍질을 벗기지 않고 사용할 때, 껍질 부분에 뜨거운 물을 부어 살짝 익히는 것. 껍질이 부드러워지고 생선 비린내도 잡아준다.

가이바시라貝柱 조개 관자. 조개껍데기를 닫는 역할을 하는 근육. 보통 껍데기 안쪽의 앞뒤에 붙어 있으며 각각 전폐각근, 후폐각근이라고 한다.

가이텐즈시回転ずし 회전 초밥. 1958년 오사카 부 후세 시(현 히가시오사카 시)에서 시작. 초밥 요리사가 만든 초밥을 회전 레일 위에 올려 순환시키면 손님이 좋아하는 초밥을 골라 먹는 초밥집.

가즈数 초밥 업계 사람들이 쓰는 초밥을 세는 단위. 1개=핀, 2개=랸, 3개=게타, 4개=다리, 5개=메노지, 6개=로노지 또는 론지, 7개=세이난, 8개=반도, 9개=기와, 10개=핀(오핀/핀마루), 11개=핀핀(나라비/아사), 12개=촌부리, 13개=소쿠키리, 14개=소쿠다리 15개=소쿠메(아노), 16개=소쿠론, 17개=소쿠세이, 18개=소쿠반, 19개=소쿠키와, 20개=랸코(소나라비) 등.

간かん 초밥을 세는 단위. 예전에는 초밥 1개의 크기가 커서(약 100g) 반으로 잘라 잇칸(1개)이라고 하면 초밥 2개를 의미한다는 설도 있다.

감귤류 감귤나무속의 나무 또는 그 열매. 유자, 영귤, 레몬, 등자나무 열매 등이 있으며 껍질과 과일

즙 등을 사용.

갑각류 정확하게는 갑각강으로 새우, 게, 가재 등이 여기에 속한다.

갓파마키かっぱまき 오이 김초밥. 간사이 지방에서는 '규리마키'라고 부른다. 1929년 오사카 시 기타구 소네자키에 있던 초밥집 '진고로甚五郎'의 주인인 오야신지로大宅真次郎가 처음 만들었다.

게소げそ 오징어 다리를 가리키는, 초밥집에서 쓰는 속칭. 모임에 모인 사람들이 무질서하게 벗어놓은 신발을 뜻하는 게소쿠下足에서 유래한 말.

게우오下魚 비교적 싼 초밥 재료.

게타げた 손님에게 초밥을 만들어 올리는 나무로 만든 작은 도마.

과 생물은 계界-문門-강綱-목目-과科-속屬-종種으로 분류. '과'는 외양이 비슷하고 계통을 같이 하는 생물군.

교쿠ぎょく 달걀말이. 초밥 요리사가 사용하는 말. 손님은 사용하지 않는다.

구사くさ 김.

군칸마키軍艦巻き 군함말이. 밥을 김으로 만 다음 초밥 재료를 얹은 초밥의 한 종류. 모양이 군함을 닮았다고 '군함말이'라고 한다. 도쿄 긴자의 초밥집에서 처음 만들었다는 설이 있다.

기리쓰케切りつけ 세장뜨기를 한 다음 껍질과 뼈 등을 제거한 상태에서 초밥 재료로 자르는 일.

기미오보로黄身おぼろ 삶은 달걀의 노른자를 으깨어 설탕과 소금을 넣고 건조하듯이 볶은 것.

기즈마키きづまき 박고지 김초밥. 오사카 시 기즈 지역(현 나니와 구)이 박고지 산지여서 붙여진 이름.

ㄴ

나미다なみだ 고추냉이. 고추냉이를 많이 먹으면 눈물なみだ이 난다고 붙여진 이름.

나카오치中落ち 갈빗살. 생선 중간 뼈 부위 또는 여기에 붙어 있는 생선 살.

네기토로ねぎとろ 참치 살을 으깨어 파와 섞은 것. 등뼈에 붙은 살을 긁어내는 것을 예전에는 '네기토루' 또는 '네키토루'라고 하였는데 이 말에서 유래.

네타ねた 초밥 위에 올리는 생선이나 조개 같은 재료.

네타케이스ねたけーす 초밥 재료를 넣어두는 냉장 유리 케이스.
노렌暖簾 출입구에 쳐놓는 발.
노리오비海苔帯 김띠. 초밥 위에 안정적으로 올라가지 않는 재료를 말 때 쓰는 김.
노지메野締め 자연사한 생선. 이케지메로 즉사시킨 생선에 비해 감칠맛이 떨어지고 사후경직도 빠르다.
니칸즈케にかんづけ 쥠 초밥을 2개 단위로 손님에게 내는 것.
니키리煮きり 간장, 미림, 술, 육수 등을 넣고 끓여서 조린 것.

ㄷ

다네たね 초밥 위에 올리는 재료. '스시다네', '스시네타', '네타'라고도 한다.
다라바鱈場 수심 500m 이상 되는 깊은 바다. '다라바가니(왕게)'라는 이름은 깊은 바다에 서식해서 붙여진 이름.
다이라노 기요모리平清盛 무장(1118~1181).
다즈나마키手綱巻き 3가지 정도의 초밥 재료를 김발 위에 어슷하게 놓고 밥을 올린 다음 만 것.
다치미세立ち店 개인이 운영하는 초밥 전문점. '다치' 또는 '다치즈시'라고도 한다. 포장마차 같은 노점에서 손님이 서서 초밥을 먹었기 때문이라는 설과 초밥 요리사가 서서 초밥을 만들기 때문이라는 설이 있다.
다테지마縦縞 생선의 세로 줄무늬.
단무지 일본에는 무를 말려서 쌀겨 절임을 한 것과 말리지 않고 소금으로 적당히 수분을 제거한 다음 조미료에 절인 것이 있다.
데마키즈시手巻きずし 손말이 초밥. 김발 없이 손바닥 위에 펼친 김 위에 재료를 올리고 손으로 만 초밥.
뎃카마키鉄火巻き 참치 김초밥. 옛날 도박장을 '뎃카바鉄火場'라고 하는데, 도박을 하면서 먹기 편하다고 생긴 말.
도요노우시노히土用の丑の日 도요土用는 입하를 기준으로 약 18일 정도를 말하며 이 기간에 들어 있는 12간지 중 소의 날을 '도요노우시노히'라고 한다.
돈샤리どんしゃり 간을 하지 않은 밥.
동일본東日本 일본을 양분하였을 때 동측에 해당되는 부분. 일반적으로 넓게는 홋카이도, 도호쿠 지방, 간토 지방을, 좁게는 도호쿠 지방 및 간토 지방을 지칭.

두족류頭足類 오징어나 문어같이 머리에 다리가 달려 있는 생물.
드레스どれす 생선의 머리와 내장을 제거한 상태.
등 푸른 생선 등이 파랑 또는 흑청색을 띠는 생선. 정어리, 고등어, 꽁치, 전갱이 등이 속한다.

ㅁ

마루즈케丸づけ 작은 생선 1마리로 초밥 1개를 만드는 것.
마코真子 생선의 난소.
마키모노巻き物 말이 초밥. 가는말이(호소마키)와 굵은말이(후토마키)가 기본이고 이외에 손말이(데마키), 군함말이 등이 있다.
마키스巻きす 김초밥이나 재료를 말 때 사용하는 김발.
마코오사메巻きおさめ 쥠 초밥 마지막에 먹는 김말이 초밥.
모미지오로시紅葉おろし 무 속에 구멍을 내어 홍고추를 넣고 갈아낸 무즙. '아카오로시'라고도 한다.
목目 생물을 분류하는 단위. 생리적 공통점이 있다.
뫼니에르meunière 생선에 밀가루를 묻혀서 굽는 프랑스식 요리의 하나.
무라사키むらさき 간장.
무라사키 시키부紫式部 일본의 대표 고전 문학인 《겐지 이야기源氏物語》를 쓴 여류 작가.
무시에비むしえび 익힌 새우. '유데에비(삶은 새우)'라고도 하지만 초밥 요리사들은 무시에비라고 한다.
미소みそ 갑각류의 중장선中腸線.

ㅂ

바란ばらん 엽란. 용기에 초밥을 담을 때 칸막이로 쓰거나 초밥을 올리는 접시로 사용. 엽란 대신 조릿대를 쓰기도 한다.
보미棒身 게 다리 살. 또는 '보니쿠棒肉'.

ㅅ

사라다さらだ 샐러드. 초밥 재료와 채소 등을 마요네즈와 섞은 것.
사카무시酒蒸し 재료에 술을 뿌려서 쪄낸 즉, 청주의 풍미를 이용한 요리. 흰살 생선, 조개 등에 주로 이용되며 생선은 다시마를 깔고 찌고, 대합과 전복은 찌면 살이 줄어들므로 청주와 물을 혼합하여 찐다.

사쿠도루作取る 생선을 세 조각으로 포를 뜨거나 회를 뜨기 전에 적당한 덩어리로 자르는 것.

산리쿠三陸 미야기현, 이와테현, 아오모리현의 해안 지방.

산인山陰 일본에서는 동해 연안을 '산인', 태평양 연안을 '산요山陽'라고 한다.

서일본西日本 일본을 양분하였을 때 서측에 해당. 일반적으로 혼슈의 도야마현과 기후현, 아이치현의 서쪽을 가리킨다.

선망旋網 두릿그물. 크고 기다란 띠 모양의 그물로서 물속에 수직으로 둘러친 다음에 미리 장치해둔 주머니 끈 모양의 죔줄을 졸라매어, 고기 떼가 달아나지 못하게 하여 차차 죄어가며 고기를 잡는다.

소토코外子 산란 후의 알. 새우나 게는 산란한 후 일정 기간 배다리에 알을 품고 보호하는 데 이 상태의 알.

속屬 생물을 분류하는 단위. 외형이 아주 비슷하고 경우에 따라서는 서로 교배도 가능.

쇼가しょうが 생강. 원산지는 동남아시아로 뿌리와 줄기를 먹는다. 전갱이나 정어리, 가다랑어처럼 감칠맛이 강한 초밥 재료 위에 올린다.

쇼쿠닌職人 초밥을 만드는 사람. 원래는 손 기술로 물건을 만드는 일을 직업으로 하는 사람을 가리키는 말이었다. 또는 '이타마에板前'.

수관水管 외투막이 변형된 것으로 조개 같은 어패류는 수관을 통해 호흡을 하고 유기물 같은 영양분을 섭취한다. 왕우럭조개나 코끼리조개 등은 수관을 초밥 재료로 사용.

스酢 식초. 쌀로 빚은 술을 초산 발효시켜서 만든 식초를 쌀식초米酢라고 한다. 초밥에는 향이 약하고 무색인 '시라즈白酢'와 술지게미로 만든 색이 짙은 '아카즈赤酢'를 쓰는데 지금은 시라즈를 주로 사용.

스시메시すし飯 식초, 소금, 설탕을 넣고 간을 한 초밥용 밥. 또는 '샤리'.

스지메筋じめ 초절임. 생선을 초에 절인 것을 간사이 지방에서는 '기즈시生ずし'라고 한다.

시라코白子 이리. 생선의 정소.

시로미白身 붉은 색소 단백질인 미오글로빈을 포함하지 않는 부분. 미오글로빈 함량이 적은 생선을 '흰살생선'이라고 한다.

시샤모 홋카이도 남동부 연안에 분포하는 바다빙엇과

의 작은 물고기.

시코미仕込み 초밥 재료를 자르기 직전까지 하는 준비 작업을 지칭.

쓰메つめ 간장, 술, 미림, 설탕 등을 넣고 조려서 만든 간장 소스.

쓰케다이つけ台 손님이 주문한 초밥을 올려놓을 수 있도록 카운터보다 조금 높게 만든 판자台. 요즘은 없는 경우가 많다.

쓰케루つける 예전에 초밥은 절임 요리(발효 식품)여서 초밥을 '만든다'고 하지 않고 '절인다つける'고 했다.

쓰케바つけ場 초밥 요리사가 초밥을 만드는 곳.

ㅇ

아가리あがり 차. 생선이 주인공인 초밥집에서는 고급 녹차 대신 생선의 비린 맛을 없애주는 입가심용으로 분말 녹차 등을 사용.

아니키あにき 재고품. 아니키는 원래 형兄의 경칭인데, 초밥집에서는 어제 팔다 남은 재료나 구매한 지 오래된 재료를 가리킨다. 새로 구매한 재료는 오토토弟.

아부리あぶり 초밥 재료의 표면을 버너나 직화로 굽는 것. 요즘은 초밥에 재료를 올리고 토치 등으로 표면을 굽기도 한다.

아스타크산틴astaxanthin 새우, 게, 연어 등에 포함된 적색의 카로티노이드계 색소. 뛰어난 항산화 작용과 산화 방지 작용으로 주목받고 있다.

아카미赤身 미오글로빈이라고 하는 붉은 색소를 가진 단백질을 함유하고 있는 근육. 가다랑어나 참치처럼 일생 동안 장거리를 헤엄치는 생선이 바다에서 산소를 효율적으로 순환시킬 수 있도록 도와준다. 미오글로빈을 다량 함유하고 있는 생선을 '붉은 살 생선'이라고 한다.

야마やま 조릿대. 칸막이나 장식 역할을 한다.

야키시모焼き霜 생선 껍질을 구워서 바로 찬물에 식히는 것.

연체동물 조개, 오징어, 문어처럼 살이 부드럽고 외투막에 둘러싸여 있는 생물.

오도리踊り 살아 있는 새우의 껍데기와 등 내장만 제거하고 만든 초밥. 초밥 위에서 새우가 움직이는 모습을 춤에 비유한 말.

오바大葉 차조기 잎. 정어리나 가다랑어 같은 재료의 고명으로 얹거나 김말이 초밥의 재료로 사용.

오보로おぼろ 또는 '소보로'. 새우나 생선을 삶아서 으깬 다음 간을 하고 수분을 제거한 것. 식용 색소로 붉게 물들인 것이 많다. 초밥 재료 사이에 넣거나 위에 올리기도 하고 흩뿌림 초밥에 사용한다.

오치落ち 물고기가 추위를 피해 깊은 곳으로 이동하는 것.
와사비わさび 고추냉이. 와사비는 크게 생 와사비(사진 위)와 분말 와사비(사진 아래)로 나눌 수 있다. 분말 와사비는 서양 와사비를 분말로 만든 것으로 저렴하지만 생 와사비에 비해 향이 약하다.

와카사야키若狭焼き 사케 또는 사케에 간장을 섞어 바르면서 생선 비늘째 굽는 생선구이.
요쓰데아미四つ手網 얕은 물속에 가라앉혔다가 건져내 고기를 잡는 네모난 그물.
요코지마横縞 가로 줄무늬.
우리마키うりまき 술지게미로 담근 장아찌인 '나라즈케'를 넣고 만든 김초밥.
우치코内子 새우, 게, 갯가재 같은 갑각류가 산란하기 전에 체내에 가지고 있는 알.
이케지메いけじめ 살아 있는 생선을 칼 등으로 즉사시킨 후 피를 제거하는 것. 감칠맛을 내는 아데노신 3인산의 감소를 막아주고 사후경직을 늦춰준다. 바다에서 잡아 즉사시키는 방법과 일정 기간 활어조에 두었다가 즉사시키는 방법이 있는데 후자가 맛이 더 좋다. '이케메', '이키지메', '이키시메'라고도 한다.
인로즈메いんろうづめ 오징어 몸통에 초밥을 채운 것.

ㅈ

자망刺網 걸그물. 바다에서 물고기 떼가 지나다니는 길목에 놓아 고기를 잡는 데 쓰는 그물. 물고기가 지나가다 그물에 말리거나 그물코에 걸리도록 하여 잡는다.
저인망底引網 바닥 끌그물 또는 쓰레그물. 바다 밑바닥으로 끌고 다니면서 깊은 바닷속의 물고기를 잡는 그물.
정치망定置網 자리그물. 한곳에 쳐놓고 고기 떼가 지나가다가 걸리도록 한 그물.
조반常磐 지금의 이바라키현과 후쿠시마현의 동부 지방.
조우오上魚 고급 초밥 재료.
주낙 물고기를 잡는 기구의 하나. 긴 낚싯줄에 여러 개

의 낚시를 달아 물속에 늘어뜨려 고기를 잡는다.
즈케づけ 간장 등에 절이는 것. 예전에는 참치를 간장에 절여서 참치의 붉은 살을 '즈케'라고도 한다.
지아이血合い 생선이 검붉은 살.

ㅌ

토로とろ 지방이 많은 참치 뱃살을 가리키는 말. 지방의 함유량으로 '오토로(大とろ, 대뱃살)'와 '주토로(中とろ, 중뱃살)'로 구별. 요즘은 '지방이 많은 부위'라는 의미로 넓게 쓰인다.
통발 가는 댓조각이나 싸리를 엮어서 통같이 만든 고기잡이 기구. 아가리에 작은 발을 달아 날카로운 끝이 가운데로 몰리게 하여 한번 들어간 물고기는 거슬러 나오지 못하게 하고 뒤쪽 끝은 마음대로 묶고 풀게 되어 있어 안에 든 물고기를 꺼낼 수 있다.

ㅎ

하치노미はちの身 머릿살.
호구시미ほぐし身 발라놓은 생선 살.
효준와메이標準和名 동식물의 표준 일본명.
후토마키太巻き 굵게 만 김초밥.
히모ひも 조개와 가리비 등의 외투막. 꼬들꼬들한 식감이 있다.
히카리모노光り物 등 푸른 생선. 은색으로 빛나는 작은 생선과 초절임해 사용하는 생선. 최근에는 등 푸른 생선과 같은 의미로 사용.

알파벳

T레인 회전 초밥 회전 초밥 종류의 하나. 가게 안에는 컨베이어 벨트밖에 없고, 주방은 보이지 않는 곳에 있다. 주방에서 로봇이 초밥을 만들고 손님은 터치 패널로 주문과 정산을 한다.
O레인 회전 초밥 회전 초밥 종류의 하나. 일반 초밥 전문점의 모습이 많이 남아 있고 타원형의 컨베이어 벨트 안에서 초밥 요리사가 초밥을 만든다.

색인

ㄱ

가가라미 127
가게키요 94
가고가키다이 95
가나 109
가나기 136
가네히라 94
가라스 193
가라스가레이 72
가라후토시샤모 (생선알) 38
가레이 66
가마스고 136
가마쿠라에비 197
가미나리이카 139
가미소리가이 168
가사고 120
가스고 56
가쓰오 26
가와다이 82
가와하기 130
가이구레 103
가이와리 50
가이즈 81
가자에비 204
가즈노코 37
가차 209
가쿠아지 50
가쿠요 127
가키 170
가타나 52
가타쿠치이와시 135
가페린코 38
간누키 44
간바 128
간제 206
간파치 76
겐사키이카 142
겐이카 141
고나고 136
고노시로 40
고다이 79
고로다이 103
고마사바 47
고모치다코 150
고모치콘부 37
고바코가니 202
고부시메 147
고쇼다이 102
고쇼에비 184
고시나가마구로 25
고이카 138
고이카 143, 146
고지라에비 196
고진메누케 123
고쿠라마테 169
고타이 102
고텐아나고 59
고하다 40

곳파 106
교겐 95
교겐바카마 95
구랏카 200
구레 100
구로다이 81
구로마구로 20
구로메 62
구로봇카 126
구로소이 126
구로아와비 174
구로야 100
구로카라 126
구루마에비 192
구리이로에조보라 179
구마에비 193
구부시메 147
구부시미야 147
구소쿠다이 99
구에 108
구지 89
구치구로 88
구치보소 66
구치비 87
구치지로 88
규센 115
그린립 176
기누가이 154
기다이 56, 80
기라 171
기미이와시 43
기비나 43
기비레 82
기스 51
기쓰네 160
기자미 115
기지에비 193
기지하타 110
기치누 82
기치무라사키우니 207
기하다마구로 25
긴 34
긴가레이 72
긴교 116, 122
긴긴 122
긴메다이 98
긴아나고 59
긴아지 50
긴자케 34
긴키 122
긴토키다이 94

ㄴ

나가가키 170
나가라메 175
나가레메이타 70
나가레코 175

나가우바가이	167
나가하게	131
나나쓰보시	42
나마시라스	135
나미가이	159
나쓰토비	54
나카즈미	40
난다	133
난반에비	184
네봇케	105
노나	207
노도쿠로	116
노리	211
니가노코	182
니구	171
니신	43
니신(생선알)	37
니지마스	33
니타리	82

ㄷ

다라	132
다라바가니	200
다라바홋케	105
다라코	34
다루마	90
다루이카	145
다마고야키	210
다만	87
다이	78
다이라가이	164
다이라기	164
다이세이요마구로	20
다이세이요사케	32
다치가이	164
다치우오	52
다코	148
덴지쿠다치	52
뎃모	128
도라에비	186
도라후구	128
도로메	135
도리가이	160
도비요	127
도비우오	54
도비우오(생선알)	38
도비코	38
도산	27
도야마에비	186
도코부시	175
도쿠비레	127
돈보	24
돈부리가이	166
돈비호치	71

ㄹ

렌코다이	80
로코가이	177

ㅁ

마가키	170

마다라	132
마다라(생선알)	39
마다라코	39
마다이	56, 78
마다카아와비	172
마다코	148
마루사바	47
마루아나고	61
마루아지	49
마사바	46
마스	35
마스가레이	65
마스가이	153
마쓰바가니	202
마쓰부	178
마쓰이카	146
마쓰카와가레이	68
마아나고	58
마아지	48
마이와시	42
마이카	138, 139, 144
마카지키	29
마코가레이	66
마쿠보	114
마키	192
마테가이	169
마하타	109
만다이	93
만보	93
만주가이	155
메가이아와비	174
메누케(아코다이)	124
메누케(오사가)	123
메다이	90
메다이(메이치다이)	97
메다카가레이	70
메다카아와비	70
메바치	59
메바치마구로	23
메부토	90, 116
메이메이센	122
메이치다이	97
메이타가레이	70
메잇차	97
메지나	100
메카지키	28
멘메	122
멧키	50
모로토게아카에비	191
모미지코	39
모치가레이	69
모치하기	130
몬다이	93
몬주가이	158
몽고이카	139
무기와라다이	78
무기와라이사키	101
무기이카	144
무라사키에비	190
무쓰	117
미나미마구로	22
미나토가이	154
미루가이	158
미루쿠가이	158

217

미루쿠이	158
미즈가마스	119
미즈다코	149
미즈이카	140

ㅂ

바나메이	195
바라이카	144
바라하타	112
바쇼이카	140
바이	181
바치(메바치마구로)	23
바치(사토가이)	153
바치다마	153
바치마구로	23
바카가이	154
바케	25
바훈우니	206
반나무에비	195
베니가니	203
베니즈와이가니	203
베라	115
베이카	147
베코	147
보즈콘나쿠	223
보탄에비	186, 188
보탄에비	187
부도에비	190
부리	74
블랙타이거	194
빈나가마구로	24
빈초마구로	24
빈토로	24

ㅅ

사고치	53
사메가레이	71
사바	46
사베루	52
사사이카	141
사쓰키에비	196
사와라	53
사와라(마카지키)	29
사요리	44
사요리(산마)	45
사이라	45
사이마키	192
사자에	182
사케(생선알)	36
사케노쓰카에다이	100
사쿠라가이	154
사쿠라다이	78
사쿠라마스	35
사쿠라에비	199
사토가이	153
산마	45
산바나	92
산바소	88
새먼	32, 33
새먼 트라우트	33
샤코	204
샤코에비	204

샤쿠하치	118
세다이	83
세이고	106
세이차	145
세이코가니	202
센넨가이	175
센넨다이	92
셋타에비	198
소데이카	145
소데후리	158
소비오	127
슈토메	28
스루메이카	144
스마	28
스미이카	138
스사비노리	211
스즈키	106
스지아라	112
스지에비	191
스지코	36
스케토다라(생선알)	39
스폿에비	188
스폿프론	188
시나노유키마스	30
시나하마구리	156
시라스	135
시라스(우나기의 치어)	62
시라우오	134
시라하타	55
시라히게우니	209
시로	207
시로가이	155
시로기스	51
시로니시	180
시로다이	83
시로미루	159
시로바이	180
시로사바후구	129
시로아나고	59
시로이카	142
시로쿠라베라	114
시마아지	77
시마에비	191
시마우니	209
시바	80
시바다이	80
시샤모코	38
시추마치	96
시타에비	185
시하에비	185
신코	40
쓰나시	40
쓰노기	131
쓰부	181
쓰즈노메바치노	125
쓰쿠시토비우오	54

ㅇ

아게마키	168
아나고	58, 61
아니와바이	181
아라	113
아라(구에)	108

아라스지사라가이	155		에조이시카게가이	161
아라카부	120		에치젠가니	202
아르헨티나아카에비	189		엔가와	73
아마다이	89		엣추바이	180
아마에비	184, 185		오가레이	64
아미테	70		오가레이	65
아부라가니	201		오가이(이와비)	174
아부라가레이	73		오고다이	85
아부라메	104		오구치가레이	64
아시아카에비	193		오나가	84
아쓰에조보라	179		오니가제	208
아오가니	201		오니에비	196
아오가마스	119		오니오코제	121
아오다이	96		오다코	149
아오리이카	140		오마쿠부	114
아오아지	49		오마테가이	169
아오야기(개랑조개)	154		오미조가이	165
아와비	176		오사가	123
아와비모도키	177		오사가와바이	181
아이나메	104		오에비	186
아이베	173		오오나기	62
아즈키마스	110		오카미	77
아지	48		오코제	121
아지케	171		오키노멘가이	159
아카(간마치)	76		오키메바루	125
아카(에조바후우니)	206		오키무쓰	117
아카가마스	118		오키스즈키	107, 113
아카가이	152		오키하모	60
아카기	111		오히마	156
아카네와비	176		오효	65
아카니바라	111		온시라스	117
아카마치	87		와라사	74
아카만보	93		와카쓰	127
아카메바루	120, 125		와카시	74
아카무쓰	116		요로이다이	99
아카미바이	111		요로이이다치우오	133
아카미즈	110, 112		우구이스	69
아카바	111		우나기	62
아카아마다이	89		우니	205
아카아와비	177		우마즈라하기	131
아카에비	189		우미우나기	63
아카우니	208		우바가이	166
아키이카	142		우스메바루	125
아카조	112		우시에비	194
아카진미바이	112		우치와에비	198
아카하타	111		이나다	74
아카히라	76		이다코	150
아코다이	124		이라코아나고	60
아키타가이	162		이바라모에비	196
아키토비	54		이보다이	91
아틀란틱 새먼	32		이사키	101
앗팟파가이	163		이세에비	197
앙코	200		이시가레이	67
야나기	53		이시가키가이	161
야리이카	141		이시가키다이	88
야마노카미	121		이시다이	88
야마토카마스	119		이시다코	148, 150
야이토	28		이시모치가레이	67
야코가이	183		이와나	31
에비스다이	99		이와시	42
에조바훈우니	206		이카나고	136
에조보라	178		이쿠나	86
에조보라모도키	178		이쿠라	36
에조아와비	173		인도마구로	22

219

ㅈ

조센하마구리	157
즈와이가니	202
지가이	152
지고메다이	223
지다이	56, 79
지지이가이	153
지카메킨토키다이	94
진도이카	143
진진	81
진켄에비	185

ㅋ

캐나다훗키	167
킨후구	129

ㅌ

트라우트	33

ㅍ

파치파치에비	198
파타파타가이	163
핏카리	50

ㅎ

하가쓰오	27
하게	130
하나다이	79
하루토비	54
하리이카	138
하마고이와시	43
하마구리	156
하마다이	84
하마치	74
하마토비우오	54
하마후에후키다이	87
하모	63
하무	58
하쓰	25
하쓰코	40
하카리메	58
하쿠라	106
하타	109
하타하타	55
핫카쿠	127
헤다이	83
헤로키	43
헤이타이가이	168
호시가레이	69
호타	85
호타루이카	146
호타테가이	162
혼가쓰오	26
혼다가레이	71
혼도비우오	38
혼마구로	20
혼마스	35
혼사바	46
혼스즈키	107
혼아지	48
혼카마스	118
혼하모	63
혼하쓰	25
홋케	105
홋코쿠아카에비	184
홋키가이	166, 167
후에다이	86
후유가레이	72, 73
후쿠라이	27
훗코	106
휴휴	119
히게다라	133
히고로모에비	190
히라가키	170
히라마사	75
히라메	64
히라사바	46
히라소	75
히라소다가쓰오	27
히라스	75
히라스즈키	107
히라아지	48
히메다이	85
히메샤코가이	171
히메아마에비	185
히오우기가이	163
히이카	143
히지타타키	51

알파벳

A쓰부	178
Black tiger	194
B쓰부	179
Jade tiger	176
Sea urchin	205
Spot prawn	188
Surf-clam	167
Vannamei	195

※굵은 글씨는 어패류의 표준 일본명이고, 작은 글씨는 초밥집에서 사용하는 이름이나 별칭이다.

참고 문헌

『握りの真髄 江戸前寿司の三職人が語る』(文春文庫)
『江戸前寿司への招待 寿司屋のかみさん、いきのいい話』(佐川芳枝　PHP研究所)
『神田鶴八鮨ばなし』(師岡幸夫　新潮文庫)
『聞き書 ふるさとの家庭料理 第一巻 すし なれずし』(農文協)
『塩釜すし哲物語』(上野敏彦　ちくま文庫)
『偲ぶ 與兵衛の鮓』(吉野曻雄　主婦の友社)
『いい街すし紀行』(里見真三 写真・飯窪敏彦　文春文庫)
『すきやばし次郎 旬を握る』(里見真三　文春文庫)
『すし技術教科書〈江戸前すし編〉』(全国すし商環境衛生同業組合連合会監修　旭屋出版)
『すし技術教科書〈関西すし編〉』
　　　　　　　　　(全国すし商環境衛生同業組合連合会監修　荒木信次編著　旭屋出版)
『鮓・鮨・すし すしの事典』(吉野曻雄　旭屋出版)
『すしの事典』(日比野光敏　東京堂出版)
『すし物語』(宮尾しげお　自治日報社出版局)
『東大講座 すしネタの自然史』
　　　　　　　　　(大場秀章、望月賢二、坂本一男、武田正倫、佐々木猛智　NHK出版)
『寿司屋のかみさん うまいもの暦』(佐川芳枝　講談社文庫)
『すしの貌 日本を知る 時代が求めた味の革命』(日比野光敏　大巧社)
『日本の味覚 すしグルメの歴史学』(岐阜市歴史博物館)
『ベストオブすし』(文春文庫)
『弁天山美家古 浅草寿司屋ばなし』(内田榮一　ちくま文庫)
『弁天山美家古 これが江戸前寿司』(内田正　ちくま文庫)
『図説有用魚類千種 正続』(田中茂穂・阿部宗明　森北出版　1955年、1957年)
『日本産魚類検索 全種の同定 第二版』(中坊徹次編　東海大学出版会)
『東シナ海・黄海の魚類誌 水産総合研究センター叢書』
　　　　　　　　　(山田梅芳、時村宗春、堀川博史、中坊徹次　東海大学出版会)
『日本近産貝類図鑑』(奥谷喬司編著　東海大学出版局)
『新・世界有用イカ類図鑑』(奥谷喬司　全国いか加工業協同組合)
『世界海産貝類大図鑑』(R.T.アボット、S.P.ダンス　監修訳 波部忠重、奥谷喬司　平凡社)
『ウニ学』(本川達雄編著　東海大学出版会)
『新顔の魚 (復刻版)』(阿部宗明　まんぼう社)

협력

시장스시 다카, 스시쥬 제2호점, 스시쥬 제3호점(이상 하치오지시), 스시세이(히노시), 히초(쓰키지), 피쉬딜러 다카노, 마루코우 수산, 야마기시(이상 하치오지시), 야마초키쿠사다(누마쓰시), 이와사키 어점(오와세시), 다나카 수산(가고시마시), 신다테 선어점(오키나와), 이와타 아키히토(오와세시), 야쿠시진 가마보코(우와지마시), 시마네현 수산과, 야마구치현 수산진흥과, 독립행정법인 수산종합연구센터, malmo(일러스트)

하치오지 종합도매센터
시장스시 다카 와타나베 다카유키

시즈오카현 출신. 스시 장인이 된 지 40년이 되었다. 결코 명인은 아니지만, 평범한 스시 장인으로서 '부담 없는 가격에 맛있는 스시를 드셨으면' 하는 마음으로 매일 철저하게 영업하고 있다.

보즈콘냐쿠

이름이 이상하고 저렴하지만 맛이 좋다
보즈콘냐쿠
坊主蒟蒻 (보즈콘냐쿠)

DATA
계통 농어목 에보시다이과
서식지 사가미만, 산인지방 이남
제철 봄~여름
명성 옛날에는 '지고메다이'라고 불렀다.
식食 데이터 최근에는 말려서 유통된다. 맛은 좋지만 이상한 이름 탓에 잘 팔리지 않는다.

아름다운 흰살생선 초밥. 피하 지방이 있어서 달다. 한 번 먹어보면 계속 먹고 싶어지는 맛이다.

저는 서비스!

연중 잡히는 곳은 긴코만뿐일지도 모른다
비교적 흔하지 않은 바닷물고기. 학자들도 '막상 구하려고 하면 구하기 힘든 물고기'라고 한다. 손바닥 정도 되는 크기인데 심해어에 속한다. 가끔 저인망 등에 대량으로 잡히면 생선 이름을 아는 사람이 없어서 당황해한다. 이상하게 생겼어도 맛은 좋지만 눈에 띄지 않기 때문에 팔리지 않는다. 마치 저자인 '나'를 닮은 생선이라서 동정심이 생긴다. 그래서 필명을 '보즈콘냐쿠'라고 지었다.

섬세하고 거부감 없는 맛
누구나 좋아하는 거부감이 없는 맛으로 호감도가 높다. 필자처럼 깊은 맛을 느낄 수 있는 생선이다. 샛돔과 비슷한 생선이기 때문에 맛은 샛돔을 연상하면 된다. 가고시마현 등에서는 그래도 잡히니까 찾아가서 한번 먹어보기를 추천한다. 가고시마 시의 초밥집에서는 저의 분신을 지역 명물로 하지 않으시겠습니까?

맺음말

필자가 식용으로 하는 생물을 조사한 지는 30년 이상이 되었고, 초밥 재료를 조사하면서 직접 초밥으로 만들어 촬영을 한 지는 15년 이상이 되었다. 현재 어패류 관련 사진은 50만 장 이상, 초밥 사진은 2만 장 이상 보유하고 있다.

필자에게 초밥을 만들어주고 있는 사람은 초밥 장인인 와타나베 다카유키 씨다. 일반 초밥 재료는 물론 희귀한 생선이나 누구도 먹어보지 못한 어패류를 구매하여 초밥으로 만든다. 그중에는 두 번 다시 만지고 싶지 않은 것도 있었고, 시중에서 파는 초밥보다 맛이 좋은 것도 있었다. 와타나베 씨와는 희로애락을 함께하고 있다.

최근에 와타나베 씨가 "이제 새로운 초밥 재료는 없겠지?"라고 물어왔는데 "이제부터 시작입니다"라고 대답했다. 이 말은 진심이다. 어패류의 종류는 방대하고 일본 국내에서 사용할 수 있는 초밥 재료만 해도 몇 천 종은 될 것이다.

이 책은 촬영한 초밥 재료 가운데 일반적인 것만 다루었다. 일본 각지에서 실제로 사용하는 초밥 재료라고 보면 된다. 초밥 재료 관련 서적을 쓰려면 최소 10년 이상은 걸린다. 이 책 역시 그간의 자료를 바탕으로 몇 년을 기획해서 만들었다. 아직 갈 길이 멀지만 이 책을 통해 '초밥의 기본'은 알 수 있을 것이라고 생각한다.

책을 읽고 난 다음 '초밥'을 먹었을 때 전과는 다른 느낌을 받을 수 있다면 저자로서 행복하겠다.

보즈콘냐쿠 (후지와라 마사타카)

SUSHI ZUKAN by Bouz-Konnyaku Masataka Fujiwara
Copyright ⓒ 2013 Masataka Fujiwara
All rights reserved.
Original Japanese edition published by Mynavi Publishing Corporation
This Korean edition is published by arrangement with Mynavi Publishing Corporation, Tokyo
in care of Tuttle-Mori Agency, Inc., Tokyo through Botong Agency, Seoul.

STAFF
디자인 요시무라 토모코
사진 촬영 보즈콘냐쿠 후지와라 마사타카
사진 협력 독립행정법인 수산총합연구센터(Fisheries Research Agency), 만보우 사(Manbow sha)
편집 협력 유한회사 Clair(후지와라 토시코, 하기와라 사토카)
기획·편집 야마모토 마사유키(주식회사 마이나비 출판)

이 책의 한국어판 저작권은 Botong Agency를 통한 저작권자와의 독점 계약으로 한스미디어가 소유합니다.
신 저작권법에 의하여 한국 내에서 보호를 받는 저작물이므로 무단전재와 무단복제를 금합니다.

스시 도감

1판 1쇄 발행 2018년 2월 12일
1판 3쇄 발행 2024년 6월 14일

지은이 보즈콘냐쿠(후지와라 마사타카)
옮긴이 방영옥
펴낸이 김기옥

실용본부장 박재성
편집 실용2팀 이나리, 장윤선
마케터 이지수
지원 고광현, 김형식

디자인 푸른나무디자인 | 인쇄·제본 대원문화사

펴낸곳 한스미디어(한즈미디어(주))
주소 121-839 서울시 마포구 양화로 11길 13(서교동, 강원빌딩 5층)
전화 02-707-0337 | 팩스 02-707-0198 | 홈페이지 www.hansmedia.com
출판신고번호 제 313-2003-227호 | 신고일자 2003년 6월 25일

ISBN 979-11-6007-226-6 (13590)

책값은 뒤표지에 있습니다.
잘못 만들어진 책은 구입하신 서점에서 교환해 드립니다.